Ulrich Wendel

Alltagsbeter

Beten – auch wenn das Leben laut ist

SCM
R.Brockhaus

SCM

Stiftung Christliche Medien

Der SCM Verlag ist eine Gesellschaft der Stiftung Christliche Medien, einer gemeinnützigen Stiftung, die sich für die Förderung und Verbreitung christlicher Bücher, Zeitschriften, Filme und Musik einsetzt.

MIX
Papier aus verantwortungsvollen Quellen
FSC® C014496
FSC www.fsc.org

Internet: www.scm-brockhaus.de; E-Mail: info@scm-verlag.de

Umschlaggestaltung und -illustration:
Vitalli Peters, Hannover, www.vita-grafik.de
Satz: Christoph Möller, Hattingen
Druck und Verarbeitung: GGP Media GmbH, Pößneck
Gedruckt in Deutschland
ISBN 978-3-417-26825-6
Bestell-Nr. 226.825

Inhalt

Vorwort

Drei Dinge würde ich im Alltag gern besser können.

Schöner schreiben: Meine Handschrift ist ziemlich ungleichmäßig und nicht besonders schön. Nicht jeder kann sie sofort lesen. Gern hätte ich eine vorzeigbarere Handschrift.

Ordnung halten: Mein Schreibtisch sieht meist wild aus und mein Arbeitszimmer ebenso. Blätter und Bücher liegen in Schichten übereinander. Es geht zu wie bei einer archäologischen Ausgrabung – je älter eine Angelegenheit ist, desto tiefer muss ich buddeln. Ich wäre froh, wenn es mir leichter fiele, diese Berge gar nicht erst anwachsen zu lassen.

Ausdauernd beten: Gern würde ich intensive Gebetszeiten erleben, die mir Freude machen und aus denen ich regelmäßig mit neuer Wegweisung herauskomme, erfüllt mit Gottes Gegenwart.

An meiner Handschrift werde ich nicht mehr grundsätzlich etwas ändern können. Ordnung halten bekomme ich nur kurzfristig hin – es steckt einfach nicht in mir drin. Doch beim dritten Thema, dem Gebet, ist noch Veränderung möglich. Mein Alltag ist zwar fast nie besinnlich. Aber mitten in diesem Alltag ein Beter werden – ich glaube, das kann ich. Und dieses dritte Lebensfeld ist auch mit Abstand am wichtigsten. Mit krakeliger Handschrift und Schreibtischchaos werde ich irgendwie durchs Leben kommen. Aber ich möchte um keinen Preis darauf verzichten, ein Alltagsbeter zu sein.

Wenn Ablenkungen und Gegenkräfte kommen, ist es wichtig, dennoch zu beten, denn ein Leben im Gebet hat große Kraft. Deshalb gebe ich in diesem Buch auch eine Fülle von praktischen Tipps und Erfahrungen, die sich für mich bewährt haben. Außerdem erzähle ich davon, was mich zum Beten ermutigt und wie leicht Gott es mir oft macht, im Alltag mit ihm zu reden.

Dabei sind mir für dieses Buch zwei Quellen wichtig. Zum

einen ist das meine eigene Erfahrung. Ich betrachte mich keineswegs als vorbildlichen Beter. Ich muss es mir erkämpfen, ein Alltagsbeter zu werden. Aber wahrscheinlich fliegt den meisten die Ausdauer beim Beten nicht einfach so zu. Deshalb möchte ich meine Leser mitnehmen auf meine eigene Reise. Zum anderen wende ich mich sehr oft in diesem Buch der Bibel zu und ziehe aus ihr Möglichkeiten und Verheißungen für das Gebet. Denn die Bibel ist für mich das große Lebensbuch und das große Gottesbuch. Sie hat für mich einen weiten Vorsprung vor allen menschlichen Erfahrungen und Einsichten. Deshalb knüpfe ich meine Gedanken immer wieder an die Bibel an.

Die ersten Notizen zu diesem Buch habe ich in meiner unordentlichen Handschrift gemacht, auf einem mit Blättern übersäten Schreibtisch. Beides, Schrift wie auch Schreibtisch, sieht immer noch so aus wie zu Beginn dieses Buchprojektes. Doch mein Beten hat sich verändert. Ich habe neue Möglichkeiten entdeckt, das Gespräch mit Gott in meinem oft so vollgepackten Alltag zu verankern.

Ich wünsche mir, dass dieses Buch vielen Menschen hilft, Alltagsbeter zu werden und zu sein.

Ulrich Wendel

I. Abgelenkt

1. Auf der Suche nach dem Fokus

Ich lebe gern in der Informationsgesellschaft. Ich schätze es, schnell Bescheid zu wissen, wenn beim Tischgespräch eine Frage aufkommt. Was sind eigentlich Pastinaken? (Eine Frage, die meine Frau neulich gestellt hat.) Seit wann gilt Pluto nicht mehr als richtiger Planet, sondern bloß noch als Zwergplanet? (Solche Fragen tauchen eher im Gespräch mit meinem Sohn auf.) Gern greife ich dann zu meinem Mobilgerät und schaue bei Wikipedia nach. Manchmal passiert das schon beim Frühstück – und sei es nur, dass ich den Wetterbericht checke, um zu sehen, ob heute Fahrradwetter ist. Und schon hat der Tag begonnen mit Informationen und mit Entscheidungen, die daraus folgen.

Beides prägt den weiteren Verlauf fast jeden Tages: Ich nehme Informationen auf und muss sie sortieren. Ich muss Entscheidungen treffen, zumindest darüber, ob ich eine Sache sofort entscheiden will oder erst später. Vermutlich täuscht der Eindruck nicht: Im Laufe der Jahre hat sich der Kreislauf beschleunigt. Immer mehr Informationen und Entschlüsse drängen sich in eine einzelne Stunde.

Wie gesagt, ich mag die Möglichkeit, einen schnellen Einblick zu bekommen. Aber damit kaufe ich mir natürlich zugleich auch etwas anderes ein: Ablenkung. Mangelnde Konzentration. Meine Aufmerksamkeit ist meist verzweigt. Meine Gedanken scheinen wie von Magneten umringt zu sein und werden in alle möglichen Richtungen gezogen. Gespräche, Broschüren, Hintergrundmusik, Webseiten, Telefonnotizen, Nachrichten, Zeitschriften, Pausenplaudereien, Werbung, Arbeitsaufträge, erzählfreudige Kinder, Bildschirme (Rechner, Smartphone und Fernseher), Anrufe – all das gehört in verschiedener Mixtur und Dosierung zu jedem Tag. Bei anderen Menschen sind es andere Dinge, aber ebenfalls eine Vielzahl an unterschiedlichen Impulsen. Alles nicht schlecht, aber oft ist es so dicht, dass es schwerfällt, sich zu fokussieren. Und der Umgang damit – was lasse ich wann an mich heran? - erfordert dann schon wieder Entscheidungen. Diesen Ablenkungen und Gegenkräften ist der erste Hauptteil dieses Buches gewidmet.

Klar, dass dies nicht nur das Leben an sich betrifft, sondern auch das Leben mit Gott. Es ist fast immer eine Art innerer Sammlung nötig, um zu beten. Und weil diese Sammlung nie von allein kommt, kommen auch Gebets-Gelegenheiten kaum automatisch. Wie man dennoch fokussiert beten kann, darum geht es in diesem Buch. Ich glaube, dass man kein besonders „begabter" Beter sein muss, um sich im Alltag auf Gott auszurichten. Man muss auch nicht seine Wochenarbeitszeit reduzieren oder regelmäßig einen Tag im Kloster verbringen. Der Gesprächsfaden mit Gott lässt sich mitten im Alltag finden. Ich zeige im zweiten und größten Hauptteil dieses Buches viele praktikable Wege, um während eines gewöhnlichen Tageslaufes mit Gott zu reden. Dabei haben auch kurze Gebete schon eine beträchtliche Wirkung, und man sollte die Gebete, die nur aus wenigen Worten bestehen, nicht unterschätzen. Ich berichte davon, wie Unlust beim Gebet ihre Kraft verlieren kann. Ich persönlich habe durch die kleinen und größeren Schritte, von denen ich erzählen werde, deutlich mehr Freude am Beten gewonnen. Ich werde auch von den Kraftquellen sprechen, die ein lebendiges Gebetsleben beflügeln. In der Bibel habe ich viele Beispiele dafür gefunden, was mit Menschen passiert, die am Gespräch mit Gott festhalten.

Im dritten Hauptteil teile ich einige Entdeckungen, die mir großen Mut gemacht haben. Wo meine Gebetsmöglichkeiten begrenzt sind, ist Gott viel größer und macht mehr aus meinem Beten, als ich selbst es je könnte.

Wenn jemand, nachdem er dieses Buch gelesen hat, eine Menge Ideen für das eigene Gebetsleben bekommen hat und zugleich ermutigt ist, viel von seinem Gebet zu erwarten, auch wenn es oft kümmerlich erscheint - dann hat das Buch sein Ziel erreicht.

Melancholie vorm Kaminofen

Unser Alltag hat oft eine große Geschwindigkeit und ist mit vielerlei Eindrücken gefüllt. Schnell kommt man ans Rotieren, und wer rotiert, ist Fliehkräften ausgesetzt. Was nach innen gehört, wird nach außen gezogen. Deshalb ist es nicht leicht, sich zu sammeln.

Es wäre verwunderlich, wenn das Leben in der Gemeinschaft mit Gott davon nicht betroffen wäre. Zweifellos: Es ist betroffen. Das spüre ich vor allem, wenn ich bete. Sehr schnell bin ich mit meinen Gedanken ganz woanders. Die Konzentration hält wenige Minuten an, aber danach ist es ein Pingpongspiel. Ein Kampf darum, dass ich zurück zu meinem eigentlichen Vorhaben komme: beten. Die Freude an ausgedehnten Zeiten der Stille mit Gott ist mir auf diese Weise abhandengekommen.

Natürlich gibt es Wege, um gegenzusteuern. Einen davon praktiziere ich seit vielleicht acht Jahren: Ich schreibe morgens vor dem Frühstück, noch nicht ganz wach, auf, was ich Gott sagen will. Einfach damit ich weiß: Diese Gedanken, diese Bitten und dieser Dank sind jetzt in Buchstaben gegossen und konnten mir nicht wegfliegen. Das sind zumeist ganz unfeierliche kleine Gebetssätze. An vielen Tagen sind es die gleichen Anliegen. Originell ist da nichts. Aber ich bete in den zehn Minuten vor dem Frühstück auf diese Weise schon allein mengenmäßig mehr klare Gedanken, als wenn ich sie nur still denken würde.

Letzten Winter fand ich, dass die Gebetsnotizbücher der vergangenen Jahre nun wirklich nicht mehr in meinem Regal stehen müssten. Der Inhalt hatte ja ohnehin meist nur Tagesbedeutung. Fürs Altpapier waren sie mir dann aber doch zu persönlich. Also setzte ich mich vor den Kaminofen, trennte die Buchumschläge ab und warf die Buchblöcke ins Feuer. Dabei überfiel mich ein wenig Melancholie. Einerseits war klar: Gelesen hätte ich das Allermeiste davon sowieso nie mehr. Andererseits: War mein Beten wirklich so flüchtig? Einmal notiert, dann jahrelang unbesehen im Regal gestanden, und nun ein Raub der Flammen - was ist mit all dem, das ich Gott gesagt habe? Ist es einfach weg? Und abgesehen von den Gebeten, die ich hier mit dem Stift festgehalten hatte: Was ist mit all den kurzen Gesprächen und Gesprächsfetzen zu Gott hin, die ich am selben Tag schon wieder vergessen habe? *Wie soll ich von Gott erwarten, dass mein Gebet vor ihm gegenwärtig ist, wenn es bei mir selbst schon nicht mehr präsent ist?*

Solche Fragen und Selbstzweifel lähmen natürlich die Lust am Gebet. Der Kaminofen, in dem meine Gebete vom Feuer verzehrt wurden, ist für mich irgendwie ein Symbol dafür - für die Sorge, es könnte doch alles schnell verpufft sein.

Es gibt noch einen weiteren Vorbehalt, der mich vom Beten oft wegzieht. Auch dafür steht ein Symbol: mein Sofa.

Einen Bogen um das rote Sofa

Zu Beginn meines Berufslebens als Pastor bekam ich ein rotes Sofa. Kein direktes Geschenk, sondern es fiel uns aus Restbeständen eines Möbelhauses zu. Ein rotes Sofa aus echtem Leder - das fand ich ziemlich cool. Seitdem war es die Zierde meines Pastorenbüros und der Platz, den ich morgens zum Beten aufsuchte, zumindest an den Tagen, die ich im Gebet beginnen wollte. Mich dazu an den Schreibtisch zu setzen, wäre dumm gewesen. Er war voll mit Notizzetteln, aufgeschlagenen Büchern, Fotokopien und meinem Kalender. Alles Ablenkungen, die ich auch mit geschlossenen Augen hätte schreien hören.

Also Abstand nehmen. Einen besonderen Platz nur fürs Gebet haben - mein rotes Sofa! Bloß: Die Gedanken kamen mit aufs Sofa. Ich wusste, was auf meinen Notizzetteln stand. Ich wusste, was der Kalender von mir wollte. Das Telefon klingelte meist nicht in dieser Viertelstunde, aber in meinem Kopf klingelten tausend Gedanken. Und der Trick, alle diese Gedanken schnell zu notieren, um mich dann innerlich wieder auf Gott auszurichten, funktionierte bei mir nicht.

Leise und schleichend zog ich eine Schlussfolgerung, ohne es gleich zu merken: *Es hat keinen Sinn, sich täglich Zeit und Stille fürs Gebet zu nehmen. Diese Zeit ist nur äußerlich still, innen aber sehr laut. Ich werde sowieso abgelenkt sein – das weiß ich mittlerweile schon vorher.*

Es war letztlich nicht die Tatsache, dass ich abgelenkt war, die mich am Beten hinderte. Sondern es war die Angst davor, abgelenkt zu sein. Noch bevor ich im Beten scheitern konnte, hatte ich mir die Niederlage bereits eingestanden und einen Bogen ums rote Sofa gemacht. Damit war ich bereits *vor* dem Gebet gescheitert. Ich hatte keine Lust, den Kampf zu verlieren, also trat ich ihn nach einiger Zeit kaum noch an. Eine fatale Konsequenz, die verborgen und harmlos daherkam.

Natürlich lebte ich nicht gebetslos. Ich habe mir andere Formen, Orte und Zeiten gesucht; davon werde ich noch erzählen. Aber das tägliche Gebet in der Stille entfiel zu oft und damit auch die Möglichkeit, von Gott her Impulse mit in den Tag zu nehmen. Gott musste mich anders erreichen und hat es auch oft getan. Doch mein Beten war arm.

Was passiert, wenn das Beten eines Menschen, der mit Gott lebt, arm wird? Das folgende Kapitel zeigt zweierlei: Letzten Endes wird Gottes Güte nicht ausgebremst. Gott hat viel Gnade für Menschen bereit, die das Gespräch mit ihm versäumen. Doch zuvor kann durchaus eine Menge verloren gehen. Wer zulässt, dass sein Beten verstummt, tut sich damit keinen Gefallen.

2. Was steht auf dem Spiel?

Manchmal verdichtet sich alles in einem Moment. Es gibt Schlüsselsituationen, in denen sich entscheidet, wie die nächste Zukunft aussehen wird - so oder so. In solchen Momenten hat es eine große Tragweite, ob jemand betet oder nicht. Die Tage, an denen meine innere Sammlung zum Gebet ausfiel, die Tage, an denen ich mich nicht aufs rote Sofa traute - sie waren nicht alle verpfuscht. Doch in der Summe kann es Folgen haben, wenn das Gebet entfällt. Und manchmal kommt es dann doch auf den *einen* Augenblick an.

Gottes Wort erzählt auf seinen ersten Seiten davon. Der Bericht über Kain (1. Mose 4) ergibt ein aufschlussreiches Bild. Kain ist - im Verlauf der biblischen Erzählung - der dritte Mensch auf der Erde. Er ist also ganz ursprünglich und lässt erkennen, wie es mit dem Menschen an sich bestellt ist. Kain muss etwas typisch Menschliches erfahren und aushalten: Das Leben ist ungerecht. Die Segnungen Gottes sind ungleich verteilt. Kains Bruder Abel ist bei Gott gut angesehen. Gott lässt es sich gern gefallen, dass Abel seine Nähe sucht. Kain selbst dagegen erfährt diese Nähe nicht. Die biblische Erzählung begründet diese Ungleichbehandlung mit keiner Silbe, sie stellt nur heraus: So ist es nun einmal im Leben.

Energien in Kains Leben

Es ist nur natürlich, es erscheint uns geradezu folgerichtig, dass Kain wütend wird. Jetzt sind schon zwei starke Energien in sein Leben getreten: von außen die Ungleichheit und von innen die Wut. Alles spricht dafür, dass die Sache eskaliert, dass Kain explodiert. Doch so muss es nicht kommen, denn plötzlich macht sich eine dritte Energie stark. Gott spricht Kain an und fragt ihn: *„Warum bist du so zornig? … Warum blickst du so grimmig zu*

Boden? Ist es nicht so: Wenn du Gutes im Sinn hast, kannst du frei umherschauen. Wenn du jedoch Böses planst, lauert die Sünde dir auf. Sie will dich zu Fall bringen. Du aber sollst über sie herrschen!" (1. Mose 4,6-7). Gott tritt dazwischen – zwischen Kain einerseits und die Kräfte um ihn herum sowie in ihm andererseits.

Wenn man angesprochen wird, soll man antworten, klar. Werde ich angeredet, soll ich meinerseits reden. Und Kain redet auch. Allerdings nicht mit Gott, sondern mit seinem Bruder. Was er sagt, berichtet der Grundtext, auf dem die meisten heutigen Bibelausgaben basieren, nicht. Warum nicht? Weil es offenbar gar nicht auf den Inhalt ankommt, sondern auf die Richtung: auf die bloße Tatsache, *dass* Kain jetzt – gerade jetzt! – mit seinem Bruder spricht, dass seine Rede sich an einen Menschen richtet. Und das heißt: Er richtet sie nicht an Gott! Der von Gott Angesprochene greift den Gesprächsfaden nicht auf. Mit anderen Worten: Das Gebet, das sich gerade jetzt aufdrängen würde – es fällt aus.

Der Bibelausleger Michael Rohde macht darauf aufmerksam, dass es eben dieses ausgebliebene Gebet ist, das so tragische Folgen hat.[1] Vor dem Übergang zur Tat hätte es seinen Platz gehabt. Diese Antwort an Gott hätte ganz unterschiedlich gelagert sein können: „Denkbar wäre eine Verteidigung, ein Gebet oder eine Klage gewesen. Dem doppelten ‚Warum?'" – Warum bist du zornig, warum blickst du zu Boden? – „hätte widersprochen werden können, ähnlich wie Sarah auf die Warum-Frage Gottes an Abraham, warum sie gelacht habe, widerspricht."[2] Doch Kain redet nicht mit Gott, sondern mit Abel, dem Ziel seiner Wut. Das Gebet entfällt. Der Mord passiert.

Das ist umso widersprüchlicher, als Kain danach sehr wohl seinem Gott Rede und Antwort stehen kann. Gott fragt im Anschluss an den Mord: *„Wo ist dein Bruder Abel?"* (1. Mose 4,9). Kain sagt, er könne doch wohl nicht ständig auf ihn aufpassen. Und dann entspinnt sich ein regelrechter Dialog: Gott fordert Auskunft und verhängt eine Strafe, Kain erhebt Einspruch und versucht, ein wenigstens ansatzweise besseres Ergebnis zu erzielen (1. Mose 4,10-15). Plötzlich kann er wieder mit Gott reden. Und er *darf* auch so mit Gott reden, so trotzig, so um sein eigenes Fortkommen besorgt. All das ist letztlich Gebet. Jetzt geht es. Aber zuvor gab es eine Leerstelle. *Ein* Gebet zu wenig im entscheidenden Moment. Und das bestimmte die Biografien der beiden Männer - die paar Minuten, die Abel noch zu leben hatte, und Kains Jahre weitab von seiner Heimat.

Zerriebene Seele, zerbröckelndes Gebet

Kain war sicherlich nicht abgelenkt oder in Gedanken woanders. Diese Erfahrung, die ich so gut kenne, finde ich bei Kain nicht, aber etwas Ähnliches: Kain war offenbar zerrieben. So viel stürmte auf ihn ein: Die Erfahrung, ungerecht behandelt worden zu sein. Die unausgesprochene Frage: „Warum?" Der Zorn. Der Neid. Die Wut. Und auch die Anrede von Gott. Auch Gott hatte die Warum-Frage gestellt: *„Warum bist du so zornig?"* Und er hatte Kain einen Auftrag gegeben: *„Du sollst über die Sünde herrschen."* Eine anspruchsvolle Berufung. Einiges von dem, was auf Kain einströmt, provoziert eigentlich ein Gebet. Gottes Frage zum Beispiel. Anderes übertönt jede aufkeimende Gebets-Regung. Kains Seele wird zerrieben und zwischen all dem zerbröckelt sein Gebet.

Der Mechanismus in meinem Leben ist ganz ähnlich. Ansprüche von außen strömen jeden Tag auf mich ein, dazu meine eigenen Ansprüche an mich selbst. Das, wovon ich vermute, dass Gott es von mir möchte. Sorgen. Verwirrende Erlebnisse, die ich nicht ganz deuten kann. Offene Fragen. Halb ausgebrütete Vorsätze, an denen ich selbst schon wieder zweifle. Und das ganze Bündel an tagesaktuellen Gedanken. Formulierungen, die ich mir zurechtlege, weil ich sie in einem Gespräch heute vielleicht brauchen kann. Die Vorfreude auf den Feierabend. Meine Aufmerksamkeit wird in alle Richtungen verzweigt, wo ich doch zum Gebet am nötigsten innere Sammlung brauchen würde.

Was passiert, wenn mein Gebet entfällt? Einen Mord wie Kain habe ich bisher nicht begangen. Aber bei Jesus wiegt der Groll im Herzen ja nicht leichter als der vollbrachte Mord. Dass ich das Ziel, das Gott heute für mich hat, nicht in den Blick bekomme, das steht auf dem Spiel. Und Zielverfehlung ist nichts anderes als Sünde. Genau das ist ja die Bedeutung des Wortes für Sünde im Neuen Testament: Zielverfehlung. Meine aktuelle Zielverfehlung kann jeden Tag eine neue Variante annehmen. Die Konsequenzen sind zum Glück nicht immer so dramatisch und tödlich wie bei Kain. Aber unterm Strich bleibt das Ergebnis: Ich verpasse das, was heute eigentlich mein Leben ausmachen sollte. Und das werde nicht nur ich merken, sondern die Menschen um mich herum ebenfalls. Manchmal werde ich eine Last für andere sein. Das steht auf dem Spiel.

> Meine Aufmerksamkeit wird in alle Richtungen verzweigt, wo ich doch zum Gebet am nötigsten innere Sammlung brauchen würde.

Der Umkehrschluss lautet: Das Gebet kann die Unterbrechung sein, die ich dringend brauche, wenn ich in mir selbst verstrickt bin und meine Gedanken sich im Kreis drehen. Wie *nötig* so eine Unterbrechung sein kann, sehen wir an einem Fußballer. Und wie *wirksam* dann das Gebet ist, sagt uns ein Bischof.

Der Fußballer und der Bischof

Im Sommer 2014 wurde ein Wort populär, das vorher kaum zum Alltagswortschatz gehörte: die *Eistonne.* Das Achtelfinalspiel der deutschen Mannschaft bei der Fußballweltmeisterschaft in Brasilien verlief ziemlich schwach. Letztendlich gewannen die Deutschen gegen Algerien zwar nach Verlängerung, aber es war eine Zitterpartie – und Algerien ist nicht gerade als Fußballnation bekannt. Unmittelbar nach dem Spiel wurde der Innenverteidiger Per Mertesacker vor laufender Kamera interviewt. Die

Fragen nach dieser Hängepartie gingen dem völlig erschöpften und sichtlich entnervten Spieler ganz offenkundig gegen den Strich. „Was wollen Sie jetzt von mir, so kurz nach dem Spiel?“, blaffte er den Reporter schweißgebadet an. „Ich verstehe nicht, was Sie wollen. Wir haben es uns hundertzwanzig Minuten schwer gemacht und gekämpft bis zum Ende. Ich leg mich jetzt erst mal drei Tage in die Eistonne und dann sehen wir weiter.“ Das Video dieser Interview-Sequenz erzielte seitdem Hunderttausende von Aufrufen im Internet.

Die Eistonne schien wirklich dringend nötig zu sein: nicht nur, um den geschundenen Körper herunterzukühlen, sondern auch den flammenden Zorn über die Reporterfragen. Zu jeder anderen Gelegenheit wäre der Gedanke an ein Bad in der Eistonne abschreckend und der Versuch, jemanden hineinzusetzen, würde in gellendem Kreischen enden. Aber es gibt Momente, da ist die Eistonne der einzig richtige Ort.

Gehen wir von der WM 2014 ein paar Jahrhunderte zurück. Den französischen Bischof Franz von Sales, 1665 heiliggesprochen, stellt man sich kaum so aufbrausend vor wie einen schwitzenden Fußballspieler vor dem Mikrofon eines hartnäckigen Sportreporters. (Franz von Sales ist übrigens seit 1923 der Schutzpatron der Journalisten - was dem Reporter bei seinem Interview aber vermutlich nicht geholfen hat.) Der Bischof war für viele Gläubige ein geistlicher Begleiter. In seinem Buch „Philothea“ hat er seine Weisungen gesammelt. Über das Gebet sagt er da:

> Das Gebet ist die segensreiche Quelle, deren belebende Wasser die Pflänzchen unserer guten Wünsche zum Grünen und Blühen bringen, jeden Makel von unserer Seele hinwegspülen und das von Leidenschaft erhitzte Herz abkühlen.[3]

Abkühlen! Wer betet, hat also einen Weg beschritten, Abstand von seinen Leidenschaften zu nehmen. Abstand vom Zorn zum

Beispiel und von all dem, was ihn zerreibt. Was Franz von Sales sagte, hätte Kain nützen können, den es im Zorn ja „ganz heiß" „überlief", wie die Einheitsübersetzung es ausdrückt (1. Mose 4,5). Das Gebet wäre Kains Eistonne gewesen. Der Fußballer und der Bischof empfehlen ganz übereinstimmend Abkühlung, und was den Zorn angeht, weiß der Bischof, wo sie zu finden ist: im Gebet.

Die Elifas-Falle

„Kain, du hättest beten sollen!" Wenn so viel auf dem Spiel steht, ist das ein völlig richtiger Rat. Zugleich klingt es - aus der sicheren Distanz heraus gesprochen - aber auch ein wenig altklug. Die Elifas-Falle tut sich auf.

Elifas ist einer der drei Freunde von Hiob - dem Mann, der in zwei Wellen von unfassbarem Unglück überrollt wurde. Hiobs Freunde kommen zu ihm und bleiben bei ihm. Sie halten seine Qual mit ihm aus. Das schaffen sie. Danach beginnt Hiob seine Klage. Das auszuhalten schaffen sie nicht. Hiob ergreift ausführlich das Wort, aber danach schalten seine Freunde sich ein, Elifas zuerst. Sie wollen ihm klarmachen, wie die Dinge ihrer Ansicht nach liegen: Hiob muss seine Schuld eingestehen und sich Gott unterwerfen, dann wird Gott ihm auch wieder Gutes tun.

Argument um Argument reiht Elifas aneinander, und bald kommt er zu dem klugen Rat:

> An deiner Stelle würde ich mich an Gott wenden
> und meine Sache in seine Hände legen. (Hiob 5,8)

Elifas empfiehlt Hiob, zu beten. Im Strom seiner Tipps und Darlegungen schwimmt auch diese gute Einsicht mit. Später werden es die beiden anderen Freunde, Bildad und Zofar, ähnlich sagen (Hiob 8,5; 11,13). Wenn man sich das Ausmaß von

Hiobs Unglück und die Tiefe seiner Verzweiflung vor Augen führt, ist das wohl die beste Empfehlung, die man Hiob geben kann. Und wenn man das Schicksal von Kain kennt, wird der Rat umso dringlicher: „An deiner Stelle würde ich jetzt beten."

Nur eins stimmt an der Sache nicht. Elifas und die anderen beiden Freunde bieten ihre gesamte Lebenserfahrung und das Beste aus ihrer Theologie auf und dazu gehört auch das Thema Gebet - doch eins tun sie nicht: Sie beten nicht!

Sie reden über Hiob und über das Leben und über Gerechtigkeit und über Demut und über Gott, aber sie reden nicht *mit* Gott. Deshalb scheitern sie am Ende (mehr dazu im nächsten Kapitel). Sie setzen sich und ihre ganze richtige Theologie ins Unrecht, denn es sind gebetslose Gedanken und es ist eine gebetslose Theologie.

Das ist die Elifas-Falle: Schlaues über das Reden mit Gott zu sagen, anstatt mit Gott zu reden. (Deshalb ist es für mich auch ein wenig heikel, gerade vor dem Bildschirm zu sitzen und an einem Buch über das Beten zu schreiben ...) Das Ergebnis ist unter dem Strich dasselbe wie bei Kain: Wo ein Gebet im Herzen hätte entstehen und zu Gott hingelangen können, tut sich eine Leerstelle auf. Und die Folgen sind ähnlich gravierend wie bei Kain: Elifas, Bildad und Zofar haben zum Schluss verloren. Gott lehnt sie mitsamt ihrem Gerede ab! Ihre Lebenserfahrung und Gotteserkenntnis hat keinen Bestand. So viel steht auf dem Spiel, wenn man betet oder eben nicht betet.

> Eine Falle: Schlaues über das Reden mit Gott zu sagen, anstatt mit Gott zu reden.

Zum Glück haben sie noch eine weitere Sache mit Kain gemeinsam: Sie erleben Gnade. Kain hatte das Leben seines Bruders ausgelöscht und seine eigene Zukunft verpfuscht, doch Gott schenkte ihm eine Schutzmarkierung und ließ ihn - weit weg, aber immerhin - weiterleben. Er konnte noch etwas Bedeutendes schaffen im Rest seines Lebens; er wurde der erste Städtebauer (1. Mose 4,17). Gottes Gnade übertrumpfte Kains

Versagen. Die Katastrophe, die entstand, nachdem er es am Gebet fehlen ließ, war nicht die letzte Erfahrung in seinem Leben. Er bekam doch noch eine Zukunft.

Genau das erfahren auch Hiobs gebetslose Freunde: Am Ende überwiegt Gottes Gnade. Doch bis dahin ist es noch ein langer Weg.

3. Ein Leben im Gebet: Hiob

Wenn es jemanden gibt, dem das Gebet im Halse stecken bleiben könnte, dann ist das Hiob. Das Leben hat so dermaßen auf ihn eingeschlagen, dass seine Seele völlig in Trümmern liegen müsste. Alle Dimensionen, die den Menschen ausmachen – Körper, Seele und Geist – sind geschunden. Seine Freunde erreichen ihn nicht mehr und selbst seine Frau und seine Brüder zeigen – wenn überhaupt – nur noch die allernötigste Nähe.

Wenn es jemanden gibt, dem das Gebet im Halse stecken bleiben könnte, dann ist das Hiob.

So kennen wir Hiob: als die Zielscheibe von Gottes Pfeilen. Als Spielball eines satanischen Planes und eines unverständlichen Gottes, der sich auf diesen Plan einlässt. Als tapferen Dulder. Als Kämpfer mit Gott, der sich keine Schuld einreden lässt, wenn er keine sieht. Als jemanden, der es wagt, mit Gott um sein Recht zu streiten. All das ist der Hiob, wie er im Neuen Testament und in Predigten und in literarischen Werken geschildert wird.

Doch es gibt noch ein weiteres Lebensthema, das die Geschichte Hiobs wie ein roter Faden durchzieht. Oder besser: wie ein weißer Faden – denn man sieht dieses Thema nicht sofort hervorleuchten. Aber es ist da und es macht den entscheidenden Unterschied: Hiob ist ein Beter.

Und das, obwohl ihm das Beten so schwer gemacht wird. Es muss schwer sein, seine Gedanken zusammenzuhalten, wenn das Leben Fetzen um Fetzen aus ihnen herausreißt. Wenn Hiob plötzlich unter die Armutsgrenze herabstürzt. Wenn seine Kinder alle auf einen Schlag umkommen und die Trauer in ihm wühlt. Wenn sein Körper derartig von Krankheit zerfressen wird, dass er sich schon fast in Auflösung befindet. Wenn er sagen muss: *„Meiner Frau ist mein Atem zuwider und meinen Brü-*

dern ekelt vor meinem Gestank" (Hiob 19,17). Wenn Gott selbst sich offenbar kalt von ihm abwendet. Hiob als Person ist quasi zerlegt. Wie soll man sich da noch zum Gebet sammeln?

Was ich in meinem eigenen Alltag als störend empfinde, was mich vom Beten abhält und meine Konzentration raubt, ist ein Witz gegen das, was Hiob erlebt. Mein Tagesgeschehen lenkt mich ab und das behindert mein Gebetsleben, na gut - aber Hiob wäre froh gewesen, nichts weiter als meine Luxusprobleme zu haben.

Doch wenn Hiob ein Beter ist und ein Beter bleibt in all dem, was ihn zerlegt, dann müsste er auch mir etwas zu sagen haben, wenn ich mit meinen Ablenkungen und meinen flatternden Gedanken kämpfe. Ich als Unkonzentrierter will von ihm als Gequältem lernen, wie man ein Beter bleibt.

Zugriff auf viele Varianten

Hiob betet. Immer wieder - während seine Freunde nur auf ihn einreden. Klar, in weiten Teilen seiner Reden zahlt Hiob es ihnen mit gleicher Münze zurück. Auch er argumentiert, er verteidigt sich, er stöhnt, er spottet über seine Freunde. Er spricht ebenfalls über Gott und redet sich dabei fast um Kopf und Kragen. Er schleudert Gott Dinge entgegen, die er später bereuen wird: *„Darum widerrufe ich, was ich gesagt habe, und bereue in Staub und Asche"* (Hiob 42,6). Aber immer wieder im Buch Hiob ist zu beobachten, wie seine Reden in Gebete umbrechen. An zehn Stellen passiert das.[4] Von der Menge der Worte her sind die Gebete klar in der Unterzahl. Aber diese paar Gebete wenigstens gelingen Hiob - und damit ist später dann alles gewonnen.

Regelmäßig

Es fängt an, als die See seines Lebens noch glatt ist. Da folgt Hiob seiner Gewohnheit und betet regelmäßig. Immer dann, wenn seine Söhne eine Geburtstagsparty geben, sucht Hiob danach Gott und bringt ihm ein Opfer. Er betet vorsichtshalber, damit Gott es nicht straft, falls jemand auf der Feier Gott gelästert hat. Diese Gebetsgewohnheit sieht eher nach Besorgnis und Sicherheitsdenken aus als nach Leidenschaft. Aber sie zeigt: Wenn Hiob später wild und rebellisch mit Gott redet, dann nicht, weil er ihn sowieso nie ganz ernst genommen hätte, sondern Hiob ist von tiefer Ehrfurcht erfüllt.

Ergeben

Diese Ehrfurcht zeigt sich auch, als ihn das Unglück zum ersten Mal trifft. *„Der Herr hat mir alles gegeben und der Herr hat es mir wieder weggenommen. Gelobt sei der Name des Herrn!"* (Hiob 1,21). Ach Hiob, so viel innere Sammlung, so viel Einverständnis in Gottes Wege, das kommt mir sehr überirdisch vor! Auch als du mit Geschwüren übersät bist, sprichst du so ergeben mit deinem Gott! Ist es das, was ich lernen soll? Es tut mir leid, aber so allem Irdischen enthoben bin ich nicht.

Schweigend

Hiob kennt noch eine andere Art des Gebets. Sie scheint mir einerseits dem Leiden angemessener, andererseits aber nicht weniger schwierig: Hiob schweigt (Hiob 2,13). Und wenn er, als jemand, der bewusst von Gott herkommt, schweigt, dann wird das ein Schweigen vor Gott sein. Es ist mit Schmerz gefüllt - aber in Gottes Gegenwart. Der Beter benötigt keine Worte. Vielleicht ist dieses Schweigen seine Vorbereitung auf das, was kommt, nämlich sein Ringen mit Gott. Und nachdem er seinen Freunden und Gott alles gesagt hat und nachdem Gott

Hiob endlich angesprochen hat, da schweigt er wieder (40,4-5). Hiob braucht nicht immer Worte, um Verbindung mit Gott zu halten.

Wild

Zwischendrin ruft Hiob seine schroffen, herben Gebete:

> Lass mich in Ruhe, denn von meinem Leben ist nicht mehr viel übrig. (7,16)
>
> Schau weg von mir, damit ich mich wenigstens für einige Augenblicke freuen kann, bevor ich mich auf den Weg ins Land der Dunkelheit und Verzweiflung mache, um nie wieder zurückzukehren. (10,20-21)
>
> Du machst mich zu einem Gefangenen. Du überwachst mich auf Schritt und Tritt und lässt mir keinen Freiraum zum Gehen. (13,27)
>
> Ich schreie zu dir, Gott, aber du antwortest mir nicht. Ich stehe vor dir, aber du schenkst mir keinen Blick. Du verwandelst dich vor mir in einen grausamen Gegner. Du verfolgst mich mit deiner großen Macht. (30,20-21)

Warum kann Hiob so beten? Warum kann er ein Beter bleiben? Wohl auch deshalb, weil er Zugriff auf viele Varianten hat. Nach Kalender geplant und explosiv spontan. Mit befremdlicher Demut und in heftiger Auflehnung. Wortreich und schweigend. Hiob geht das Gebet nicht aus. Wenn er an dem *einen* Ende seiner Seele ins Leere greift und kein Gebet zu fassen bekommt, kann er zu anderen Gegenden seines inneren Menschen gehen und dort ein Gebet schöpfen.

Konsequenzen für Abgelenkte

Was sagt mir das als abgelenktem Beter?

- Eine regelmäßige Gewohnheit ist nicht zu verachten. Selbst wenn die Angst dahinterstehen mag, dass etwas Böses passiert, sobald ich einmal zu wenig bete – die Gewohnheit bereitet doch einen Nährboden. Wenn ich regelmäßig zu beten versuche und Gott dabei fürchte, dann kann ich später vielleicht besser spontan beten, wenn ich Gott liebe oder mich gegen ihn auflehne oder an ihm zweifle. Ja, ich verliere schnell den Faden, aber das Vorhaben, es auch mit Regelmäßigkeit zu versuchen, sollte ich nicht zu schnell abhaken.
- Gebete voller Glauben und Ergebung sind nicht unbedingt wertvoller als an Gott gerichtete Widerworte. Ja, es ist beeindruckend, wie groß Hiobs Zustimmung zu seinem von Gott gegebenen Schicksal ist. Später lehnt er sich gegen Gott auf, als er betet. Ganz am Ende wird es das Miteinander beider Sorten von Gebet sein, das von Gott gewürdigt wird.
- Ich muss mit dem Beten nicht warten, bis meine Gedanken einigermaßen geordnet sind. Hiobs Gedanken sind in völligem Aufruhr. Wer die Ausdauer aufbringt, Hiobs Reden ganz durchzulesen, wird merken, dass Hiob sich an vielen Stellen selbst widerspricht. Von klaren Einsichten ist er weit entfernt – und umso weiter von einem perfekten Gebet. Doch er tut es einfach: Er haut seine Gebete raus.
- Ich muss mein Beten nicht dahin trimmen, dass es eine Entwicklung nimmt oder dass ich Lernerfolge zeige. Bei Hiob ist es keineswegs so, dass seine eingestreuten Gebete immer „besser" werden, dass sie etwa immer länger werden und seine Argumentationsgänge im Gegenzug immer kürzer. Es ist auch nicht so, dass nach seinen Gebeten ein wenig Ruhe einkehren würde, sondern das Wechselspiel von Anklage und Verteidigung geht sofort und wild weiter. Dennoch lässt

Hiob es sich nicht nehmen, immer wieder aufs Gebet zurückzukommen.

- Zweifel können das Beten lähmen. Auch Hiob kennt das: *„Und auch wenn ich ihn anklagte und er mir antwortete, könnte ich doch nicht glauben, dass er mich wirklich anhört“* (9,16). Doch die Zweifel dürfen nicht zu einer falschen Schlussfolgerung führen, nämlich dass ich erst nach den Zweifeln wieder ins Gebet finden könnte. Besser ist es, wenn ich schon in den Zweifeln bete, solange es nur irgend geht.
- Ich verliere die Legitimation nicht, Gott anzusprechen, wenn ich aus einer gebetsarmen Zeit komme. Wie gesagt – die Gebete Hiobs sind in der Unterzahl verglichen mit seinen anderen Worten. Einmal liegen im Buch Hiob volle zwölf Kapitel zwischen zwei Gebeten; zwölf Kapitel, in denen nur über Gott geredet wird und nicht mit ihm. Aber dann geht Hiob beiläufig und selbstverständlich wieder ins Gebet über (30,20).

Mit einem Beter kann Gott etwas anfangen

Hiob betet, während seine Freunde das Beten nur empfehlen. Es ist ganz deutlich: Die Lehrsätze der Freunde tragen Hiob nicht durch. Die erlernten Richtigkeiten können die Seele nicht zusammenhalten, wenn es hart auf hart kommt. Dazu sind nur Gebete imstande.

Was die Freunde alles vortragen, versagt aber nicht nur vor Hiobs Leid. Es ist nicht nur zu kraftlos, um Hiob zu helfen. Es ist auch zu kraftlos vor Gott. Das ist die große Überraschung am Ende des Buchs Hiob: Gott gibt Hiob recht! Und das, obwohl er ihm vorher seine Grenzen so deutlich aufgezeigt hat. Er hat Hiob ja endlich, endlich angeredet. Doch es war eine demütigende Antwort. Gott hat seine völlige Überlegenheit herausgestellt. Er hat Hiob das Recht bestritten, ihn so zur Verantwortung zu ziehen: *„Will der Tadler mit dem Allmächtigen streiten?*

Der Mann, der Gott zurechtweist, soll nun antworten!" – „Willst du mir etwa meine Gerechtigkeit absprechen, mich für schuldig erklären, nur damit du recht behältst?" (40,2.8). Falls die drei Freunde Hiobs diese Worte Gottes gehört haben (es ist im Bericht unklar, ob sie dabei gewesen sind), haben sie sich vermutlich im Stillen die Hände gerieben. Haben sie nicht genau das immer wieder gesagt?

Aber die Freunde Hiobs sind keineswegs im Recht!

> Nachdem der Herr seine Rede an Hiob beendet hatte, sagte er zu Elifas aus Teman: „Ich bin zornig auf dich und deine beiden Freunde, denn ihr habt nicht richtig von mir gesprochen, im Gegensatz zu meinem Diener Hiob. Nehmt sieben junge Stiere und sieben Widder und geht zu meinem Diener Hiob und bringt ein Brandopfer für euch dar. Mein Diener Hiob soll für euch beten. Nur seinetwegen will ich euch eure Unbesonnenheit nicht anrechnen, denn ihr habt nicht richtig von mir gesprochen, im Gegensatz zu meinem Diener Hiob." (Hiob 42,7-8)

Was für eine Abfuhr! Und was für eine geradezu unlogische Würdigung Hiobs! Er hat also offenbar doch richtig von Gott gesprochen. Aber nicht das ist entscheidend, was er über Gott gesagt hat, sondern jetzt hängt alles daran, dass Hiob stellvertretend für seine Freunde bittet. Hiob hat eine gewaltige äußere und innere Achterbahnfahrt hinter sich. Am Ende musste er zugeben, dass er vor Gott kein Wort mehr zu seinen eigenen Gunsten sagen kann. Aber dann betraut Gott ihn mit einer Aufgabe. Er setzt ihn nicht als leuchtendes Beispiel für Geduld ein, auch nicht als aufrechten Bekenner, der sich von Gott niemals losgesagt hat, sondern er setzt ihn als Beter ein.

Mit einem Beter beginnt Gott, Segen auf andere Menschen zu legen.

Durch einen Beter erzielt Gott Wirkungen. Mit einem Beter beginnt Gott, Segen auf andere Menschen zu legen. Und ein Beter ist es, durch den die drei Freunde Gnade erfahren. Gnade für Menschen, deren Leben eine Leerstelle hat, wo ein Gebet hingehört. Mit einem Beter kann Gott etwas anfangen. Selbst wenn es ein so aufgeriebener und zerrissener Beter ist wie Hiob.

Wenn das so ist, dann kann Gott auch etwas mit sprunghaften, vom Alltag abgelenkten Betern anfangen. Auch sie können Segen auslösen. Auch sie können von Gott mit einer Aufgabe betraut werden: mit der Aufgabe zu beten.

4. Abgelenktsein im Spiegel der Bibel

„Ach! Dann bin ich also gar nicht der Einzige, dem es so geht! Endlich habe ich gemerkt, dass ich einer unter vielen bin!"

Es ist eine Erlösung, wenn man so etwas entdeckt. Mir ging das so, als ich auf einige Bücher zum Thema „Introversion" stieß. Bisher hatte ich mich für eher kontaktscheu und schüchtern gehalten und das als Defizit betrachtet. Dann las ich Bücher wie „Still" von Susan Cain[5] und „The Introvert Charismatic" von Mark Tanner[6] und hatte den berühmten Aha-Effekt: Introvertierte Menschen sind zwar eine Minderheit, aber eine sehr große Minderheit; ihre Wesensart hat viele Vorzüge und nicht nur vermeintliche Defizite. Noch heute muss ich schmunzeln, wenn ich auf Instagram, einem sozialen Netzwerk, Sprüche über Introversion lese wie diesen: „Die meisten Introvertierten kennen das Gefühl, wenn man ein Treffen oder eine Party verlässt und sich schuldig und zugleich erleichtert fühlt." Wie gut tut es, zu merken: Anderen geht es auch so! Ich bin Teil einer Gruppe von Leuten, die meine Erfahrung teilen.

Wenn schon diese menschliche Solidarität heilsam ist (obwohl man die anderen meist gar nicht kennt) – wie viel heilsamer ist es dann, zu merken, dass *Gottes Wort* meine Erfahrung kennt. Dass Menschen der Bibel das teilen, was mir passiert! Dass ich nicht der Einzige bin.

Der Mantel, die Bücher und die Vergebung

Aus diesem Grund mag ich Paulus so gern. Er gehört offenbar auch zu den vergesslichen Menschen – wie ich. Introversion ist nämlich nicht der einzige Charakterzug, an dem ich mich abarbeite. Einmal ließ Paulus seinen Mantel und seine wichtigen Papiere in einem Quartier liegen und musste deshalb schreiben: *„Und vergiss nicht, mir den Mantel mitzubringen, den ich in*

Troas bei Karpus zurückließ. Bring auch meine Bücher mit und vor allem die Pergamente!" (2. Timotheus 4,13). Das ist zwar ärgerlich, aber es handelt sich ja nur um Dinge. Doch Paulus vergaß auch *Menschen*! Einzelne wertvolle Personen, in deren Biografie er eine Schlüsselrolle gespielt hat. Wie gut, dass er damals keinen Computer zur Verfügung hatte, denn so erleben wir live mit, wie sein Schreiben damals entstanden ist - heute hätte er vielleicht das, was er vergessen hatte, einfach vorne eingefügt. Im Brief an die Christen in Korinth will Paulus zeigen, dass er bei ihnen keinen Ruhm erworben hat als jemand, der viele von ihnen getauft hätte. Ganze zwei Namen kann er nennen: *„Ich danke Gott, dass ich – abgesehen von Krispus und Gajus – keinen von euch getauft habe."* Doch dann fällt ihm ein, dass da ja noch andere waren: *„Auch die Angehörigen des Hauses von Stephanas habe ich noch getauft"* - und nun muss er die Grenzen seines Gedächtnisses eingestehen: *„aber sonst erinnere ich mich an niemanden, den ich getauft habe"* (1. Korinther 1,14.16).

O Paulus, wie dankbar bin ich dir, dass du hier so ehrlich warst! Du hast schon mal Menschen vergessen - dir ist auch schon mal Wichtiges durchgerutscht. Danke, Paulus, dass du zeigst: Man kann auch als zerstreuter Mensch Christ sein!

Die Vergesslichkeit, die einen vom Beten abhält, hat nun allerdings ein anderes Kaliber. Das Problem ist meist nicht, dass man zu beten vergisst, obwohl man es sich vorgenommen hat. Das Problem liegt eher darin, dass man die Wirklichkeit Gottes in seinem Leben vergessen hat. Auch diese Erfahrung spiegelt die Bibel wider. Man kann zum Beispiel vergessen, dass die Schuld eines Lebens ohne Gott vergeben wurde. Man kann vergessen, dass ein Gott der Liebe dahintersteckt, wenn man Schweres ertragen muss (2. Petrus 1,9; Hebräer 12,5). Gottes Realitäten verschwinden aus dem Blickfeld - und damit auch die Anziehungskraft, mit diesem Gott reden zu wollen. Auch in dieser Hinsicht ist die Bibel ein echtes Lebensbuch: Sie bildet jede Dimension der Lebenserfahrung ab, die ein Mensch nur machen kann. Ja, die Bibel ist auch ein Buch für Vergessliche.

Und ist sie auch ein Buch für die Hektik des Alltags? Für die fehlende Konzentration, die daraus resultiert, dass unzählige Eindrücke auf einen einströmen? Ja, das ist sie durchaus - obwohl das Lebensgefühl damals ein anderes war als unseres heute in der westlichen Gesellschaft. Orientalische Kulturen sind hier noch näher am Lebensgefühl der Menschen der Bibel dran.

Das Lebensgefühl zu biblischen Zeiten

Allgemein gesprochen war die Lebenswelt des Alten Orients und der griechisch-römischen Kultur, also der Alltag zu Zeiten der Bibel, sicherlich weniger hektisch als unsere Zeit. Lebensbeschleunigung war damals wohl eher nicht das Problem.

Auf dem Lande

Im dörflichen oder ländlichen Raum, zum Beispiel in der Heimat von Jesus, in Galiläa, wird jeder einzelne Tag recht übersichtlich gewesen sein und der Verlauf der Lebensgeschichte von der Kindheit bis zum Alter ebenso. Die Arbeit prägte in einem viel stärkeren Umfang den Tagesablauf, als es bei uns meist der Fall ist. Gestaltungsspielräume und Wahlmöglichkeiten hatten die wenigsten Menschen. Die Arbeitszeiten der Tagelöhner im Weinberg dauerten dem Gleichnis von Jesus zufolge vom Morgen bis zum Abend (Matthäus 20,1.8). Allerdings hat eine solche Arbeit die Gedanken vermutlich kaum ganz ausgefüllt - ein Aufblick zu Gott, ein stilles Gebet war also gut während der Arbeit möglich.

Nicht jeder hatte freilich Arbeit, auch dies zeigt das Gleichnis von Jesus: Tagelöhner standen Ausschau haltend herum (Matthäus 20,3-7). Ob sie dabei von großer innerer Unruhe getrieben waren oder fatalistisch die Zeit totschlugen, wissen wir nicht. Aber die Sorge um das tägliche Auskommen könnte durchaus alle Aufmerksamkeit auf sich gezogen haben. Nicht von ungefähr sagte Jesus gerade in diesem Zusammenhang: *„Seid nicht in Unruhe!"* (Lukas 12,29 ELB).

In der Stadt

In römisch geprägten Großstädten wird das Leben schneller und unserer heutigen Erfahrung schon ein wenig ähnlicher gewesen sein. Aber je reicher man war, desto näher rückte einem die Erfüllung des römischen Ideals: kaum noch arbeiten zu müssen. Das war das Ziel! Arbeit war nach römischer Auffassung etwas für Niedriggestellte. Wer sich zu den oberen Klassen zählte, versuchte, möglichst schnell ein arbeitsfreies Leben zu erreichen. Unruhig mag das dann auch gewesen sein, man hatte gesellschaftliche Verpflichtungen, aber wahrscheinlich war man als wohlhabender Bürger nicht so fremdbestimmt, wie es viele von uns heute sind.

Immerhin konnte man aber auch als freier, gutsituierter Römer das Leben in der Stadt als anstrengend empfinden, und zwar aufgrund der Eindrücke und Informationen, die auf einen einströmten. Plinius der Jüngere (ca. 61 bis 113 n. Chr.), ein römischer Anwalt und Politiker, schrieb einmal über das Lebensgefühl in der Stadt, als er Abstand zu ihr hatte und sich der Muße auf seinem Landgut hingab. Er spricht von unnützen Unterhaltungen, die man später bereut, von „widerwärtigem Klatsch" und davon, dass „dummes Gerede beunruhigt". Er kennt es, dass eine Hoffnung oder eine Befürchtung ihn aufregt. Das urbane Leben nennt er „das Getriebe dort, dies nutzlose Herumrennen, diese läppischen Strapazen"[7] – und das als jemand, der sich sicherlich noch weitgehend selbst aussuchen konnte, womit er sich beschäftigen wollte. Konzentration – wir würden sagen: Fokussierung – fand Plinius eher in der Abgeschiedenheit. Wäre Plinius Christ gewesen, hätte er vielleicht gemeint, dass eine geeignete Umgebung für das gesammelte Gebet nicht von selbst kommt, sondern dass man sie suchen muss.

Getrieben und abgelenkt sein – wenn wir nach diesen Erfahrungen in der Bibel suchen, würde man aufgrund der damaligen Lebenssituation also vielleicht im Brief an die in der Reichshauptstadt lebenden Römer mehr dazu erwarten als in den ländlich geprägten Evangelien. Umso erstaunlicher finde ich es, dass gerade die Evangelien sehr wohl diese innere Unruhe kennen, die einem die Fokussierung raubt. Die einen hierhin und dorthin huschen lässt und dazu führt, dass man das Wesentliche verpasst. Bei der Gottes Realitäten aus dem Blickfeld verschwinden. An zwei Stellen des Neuen Testaments zeigt sich das besonders. Beide haben mit Jesus zu tun. Das macht mir ein weiteres Mal klar: Jesus ist nichts Menschliches fremd, auch nichts von dem, was mich im 21. Jahrhundert beschäftigt.

> Die Evangelien kennen sehr wohl diese innere Unruhe, die einem die Fokussierung raubt..

Eine Frage der richtigen Wahl

Zwei Frauen. Die eine mit ihren Gedanken überall, die andere fokussiert. Die eine unruhig und getrieben, die andere still. Die eine ist darauf bedacht, wer jetzt alles etwas von ihr erwartet, und deshalb rotiert sie in der Küche. Die andere ist voller Erwartung, auf *einen* ausgerichtet. Zwei Frauen: Marta und Maria.

„‚Marta, Marta! Du bist besorgt und beunruhigt um viele Dinge.‘“ – Anders Maria, die *„sich auch zu den Füßen Jesu niedersetzte und seinem Wort zuhörte“* (Lukas 10,41 ELB; 10,39 ELB). Unruhe und Getriebenheit – und das in einem kleinen Dorf im Land Israel vor 2000 Jahren! Man muss also nicht in einer Großstadt leben und nicht im Informationszeitalter, um sich in seiner Aufmerksamkeit zu verzweigen und zu verlieren. Es kommt nicht immer auf die äußeren Gegebenheiten an. Die innere Situation kann vollkommen ausreichen, um den Fokus zu verlieren.

Marta ist gehetzt und läuft hinter sich und ihren Zielen her – ihren selbst gesteckten Zielen. Sie ist getrieben von Erwartungen, die zuallererst in ihrem eigenen Kopf sind und nicht unbedingt bei den Gästen in ihrem Haus. Zumindest einer von ihnen hat nicht die Erwartung, Marta müsste sich im Küchendienst verlieren: Jesus.

Maria dagegen hat sich frei gemacht von allen inneren Antreibern. Sie sitzt zu den Füßen von Jesus und hört ihm zu. Wie hat sie das fertiggebracht? Die althergebrachte Rollenerwartung hat ihr dabei sicherlich nicht geholfen – im Gegenteil. Die angestammten Aufgaben der Frau im Haus hätten ihre Aufmerksamkeit in *dieser* Situation nicht zum Hören auf den Rabbi geleitet. In der damaligen Zeit waren die Frauen für das Wohl der Gäste zuständig und Rabbis hatten im Normalfall keine Schülerinnen. Doch andererseits war es gerade dieser Rabbi selbst, Jesus, der Frauen in den Kreis seiner Schüler aufgenommen hatte. Das kommt Maria und ihrer inneren Sammlung entgegen.

Dieselben widersprüchlichen Kräfte sind im Leben ihrer Schwester Marta wirksam – die Aufgabe als Hausfrau einerseits und die Freiheit durch Jesus andererseits. Doch Marta schafft den Schritt ins Wohnzimmer, den Schritt zum konzentrierteren Hören nicht. Jesus hat ausgesprochen, worin in dieser Situation der Unterschied zwischen den beiden besteht: *„Maria aber hat das gute Teil erwählt"* (Lukas 10,42 ELB). Maria hat eine Wahl getroffen. Jesus traute das den beiden Frauen zu: sich innerlich frei zu machen, aus den seit Langem gelegten Gleisen der erwartbaren Abläufe herauszuspringen und sich einen neuen Weg zu bahnen. Den Weg in die Unterrichtsstunde beim Rabbi. Den Weg in die Fokussierung.

Es klingt fast zu leicht, zu gelassen: Maria hat das Richtige gewählt. Von den inneren und äußeren Widerständen, die Maria vermutlich zu überwinden hatte, ist nicht die Rede. Es ist, als ob Jesus das Problem zu sehr vereinfacht hätte. Aber gerade darin liegt die Zumutung und die Herausforderung: Letztendlich kommt es auf die eigene Entscheidung an. Die äußeren

Umstände mögen hinderlich sein, aber unterm Strich trägt jeder die Verantwortung für seine Wahl selbst.

Ich ziehe daraus für meinen Kampf um konzentrierte Gebetszeiten zwei Schlussfolgerungen:

- Wenn ich die Stille suche und noch nicht weiß, ob ich sie wirklich erreichen werde, kann ich Jesus mit genau dieser Zerrissenheit kommen. Jesus kannte ja den inneren Zustand von Marta: *„Du bist besorgt und beunruhigt um viele Dinge."* Jesus ist der Herzenskenner. Ich tue also gut daran, nicht erst dann zu Jesus zu kommen, wenn ich meine Unruhe überwunden habe. Ich kann und muss ihm nichts vormachen. Besser ist es, mit meiner Unruhe zu ihm zu kommen und ihm zu sagen: „Jesus, in Gedanken bin ich Marta, bin ich ‚in der Küche' und bei den Erwartungen derer, die ich versorgen soll. Ich versuche aber jetzt, mich neben Maria zu setzen – auch wenn ich noch nicht so abgeklärt und hörbereit bin wie sie."
- Manchmal kommt es wirklich nur auf eine Entscheidung an. Entweder ich wage den Versuch, mich „zu den Füßen von Jesus zu setzen", auch wenn ich noch nicht zur Ruhe gekommen bin. Oder ich traue mich das nicht. Dieser Versuch wird in vielen Momenten tatsächlich ergebnisoffen sein. Ich sitze vielleicht bei Jesus, gehe aber in Gedanken dennoch „Martas Kochbuch" durch. Und wenn schon – in der „Küche" hätte ich auch nicht besser gebetet und so bin ich wenigstens in der Gegenwart von Jesus, unter seinen Augen. Das Hören auf meinen Rabbi hat eine Chance bekommen. Und die Wahrscheinlichkeit, dass ich wirklich ins Hören und ins Zwiegespräch mit ihm finde, ist höher als nebenan, abseits von ihm. Es ist also immer wieder meine Entscheidung, die zählt.

Verpflichtungen und Zerstreuungen des Lebens

Die zweite Stelle, die mir zeigt, dass Jesus meine Ablenkungen kennt, ist das Gleichnis vom Ackerbauern, der sein Saatgut ausbringt (Lukas 8,4-15). Je nachdem, wo die Aussaat hinfällt, kommt ein unterschiedliches Ergebnis zustande. Wo nichts aufgeht, waren die Widerstände zu groß – im übertragenen Sinne sind hier die Widerstände gegen das Wort Gottes gemeint. Eine Sorte von Widerstand besteht in den *„Verpflichtungen und Zerstreuungen des Lebens"* (Lukas 8,14). Damit hat Jesus präzise benannt, was meiner inneren Sammlung entgegensteht. Was ich von Gott höre, gewinnt zwar Kraft in meinem Leben, aber die Verpflichtungen und Zerstreuungen ebenfalls, und sie überwuchern Gottes Anrede schließlich.

Jesus spricht hier eigentlich nicht vom Gebet, sondern vom Hören auf Gottes Wort. Aber sein Lösungsweg ist dennoch übertragbar aufs Gebet. Was ist das für ein Lösungsweg?

Das Gleichnis sagt zuerst ganz nüchtern: Es wird nicht alle Saat aufgehen. Da geht etwas verloren. Es ist nun einmal so, dass manche Menschen nicht für Gottes Wort erreichbar sind. Jesus bringt dafür sogar ein Zitat aus dem Alten Testament. Es erfüllt sich ein Prophetenwort aus dem Buch Jesaja (Lukas 8,10). Was heißt das aber nun für jemanden, der von Gott angesprochen wird? Muss er einfach abwarten, bis er merkt, zu welcher Sorte Mensch er gehört – zu denjenigen, denen Gottes Wort verborgen bleibt, oder zu den aufnahmebereiten Hörern? Muss er einfach das hinnehmen, was passiert?

Nein, man kann sehr wohl selbst etwas tun, damit man aufnahmebereiter wird. Jesus verdeutlicht dies in einem weiteren Gleichnis: dem von der Lampe (Lukas 8,16-17). Lampen sind zum Leuchten da, nicht dazu, abgedunkelt zu werden. Genauso ist Gottes Wort dazu da, gehört zu werden. Gott will sich nicht damit abfinden, dass sein Wort verborgen bleibt, wie wenn man eine Lampe unters Bett stellen oder ein Gefäß darüberstülpen würde. Gott will, dass alle es hören, so wie alle die Lampe sehen sollen.

Und dann kommt Jesus zur Anwendung der beiden Gleichnisse:

> Deshalb achtet auf das, was ihr hört. Dem Menschen, der für meine Worte offen ist, wird eine noch tiefere Einsicht geschenkt werden. Doch dem, der nicht zuhört, wird auch das genommen werden, was er zu haben glaubt. (Lukas 8,18)

Achtet auf das, was ihr hört! Je mehr jemand aufrichtig versucht, zu hören, desto mehr von Gottes Worten wird er erfassen können. Der Versuch am Anfang bringt die Sache so in Schwung, dass mehr daraus wird. Dies ist die Stelle, an der man die Gleichnisse und deren Anwendung auf das Gebet übertragen kann.

Ja, das fokussierte Beten muss mit vielen Gegenkräften rechnen, unter anderem mit alltäglichen Verpflichtungen und Zerstreuungen, mit Ablenkungen. Doch man kann selbst etwas dagegen tun: „Achtet darauf, wie ihr Gott sucht und wie ihr betet. Wer den Anfang gewagt hat, dem wird eine vertiefte Erfahrung geschenkt werden.“ So könnte man wohl das, was Jesus über das Hören sagt, aufs Beten beziehen.

Die Schlussfolgerungen liegen auf der Hand:

- Der anfängliche, vielleicht bruchstückhafte Versuch zu beten, bringt die Sache so in Schwung, dass mehr daraus wird. Ich tue also gut daran, die Sache überhaupt erst einmal einzufädeln. Die ersten Minuten im Gebet sind die entscheidenden: weil sie zeigen, dass ich die Schwelle vom Vielerlei der Gedanken zum Gebet überschritten habe.
- Jesus kennt sich mit den Gegenkräften aus, die Gottes Realitäten aus dem Blickfeld rücken wollen. Ich sollte den Kampf gegen sie also besser nicht allein ausfechten. Das heißt: Ich

sollte mir nicht vornehmen, dass ich bete, darum ringen, dass ich zu beten beginne, und dann – wenn ich mich dazu durchgerungen habe – das Gespräch mit Gott anfangen. Am besten rede ich sofort Jesus an, den Experten für Gegenkräfte, die Gottes Reich hindern wollen – und dann ringe ich mich zum Beten durch. Mein Weg ins Gebet ist dann schon von Jesus begleitet und auf dem Weg ins Gebet bete ich bereits.

Übrigens: Die Ernte bei den Menschen, die Gottes Wort aufrichtig und aufnahmebereit hören, sprengt im Gleichnis alle Dimensionen: *„Diese Samenkörner wuchsen heran und brachten eine hundertfache Ernte"* (Lukas 8,8).[8] Am Ende wird man staunen über das, was geworden ist. Dieser Ausblick macht mir Appetit auf ein Gebetsleben, das ich jetzt von mir noch nicht kenne, das aber noch werden kann.

5. Gott verliert keins meiner Gebete

Er hatte viel gebetet. Ihm stand genau vor Augen, was er und seine Frau brauchten. Sein Gebet kreiste immer wieder, lange Jahre, um diese eine Sache. Aber irgendwann verblasste das Gebet. Es verstummte schließlich. Das Leben hatte Fakten geschaffen. Tatsachen standen im Raum, die deutlich zeigten: Es ist zu spät und es ergibt keinen Sinn mehr, weiter zu beten.

Elisabeth und Zacharias waren ein Ehepaar aus dem alten Israel, ungefähr um die Zeitenwende. Sie konnten keine Kinder bekommen. Das war ein persönlicher Schmerz. Doch Zacharias war außerdem Priester. Für ihn war die Kinderlosigkeit daher vielleicht eine zusätzliche Last, denn dieser „Makel" ließ damals viele Menschen fragen, ob da nicht jemand gesündigt hatte und nun die Strafe dafür trug. Den Grund für die Kinderlosigkeit sieht der biblische Bericht bei Elisabeth: Sie galt als unfruchtbar (Lukas 1,7). Unfruchtbarkeit musste kein Schicksal auf Dauer sein, das hatten die Stammmütter Sara, Rebekka und Rahel gezeigt. Im Gebet konnte man sich dagegenstellen und versuchen, Gott zu bewegen, an dieser Tatsache etwas zu ändern. Doch mittlerweile waren Elisabeth und Zacharias alt geworden, und so hatten sie es irgendwann als gegeben hingenommen: Wir haben halt keine Kinder.

Ein jüdischer Priester lebte damals meist abseits von Jerusalem und ging einem normalen Broterwerb nach. Nur ab und zu kam seine Abteilung dran und verrichtete dann im Tempel den Dienst. Dieser Dienst war also eine Unterbrechung im Alltag. Als Zacharias an der Reihe war, das Räucheropfer darzubringen, erlebte er jedoch eine weitere, völlig unerwartete Unterbrechung: Ein Engel Gottes sprach ihn an. Die Botschaft, die der Engel für ihn hatte, ging über Zacharias' Horizont weit hinaus. Diese Botschaft schlug eine Brücke von der Gegenwart zu den zurückliegenden Jahrzehnten:

„Hab keine Angst, Zacharias! Gott hat dein Gebet erhört" (Lukas

1,13). Dann kündigte der Engel an, dass Elisabeth von Zacharias schwanger werden würde. Gott hatte Zacharias' Gebet erhört.

Was aber war das für ein Gebet? Eines, das Zacharias vor langer, langer Zeit gebetet hatte. Ein Gebet, an das er sich jetzt vielleicht noch erinnerte, das er aber längst zu den Akten gelegt hatte. Ein Gebet, das seine Zeit gehabt hatte. Sein Gebet war Zacharias damals höchst wichtig gewesen, aber mittlerweile war es für ihn quasi tot. Das zeigt sein Einwand: *„Ich bin jetzt ein alter Mann, und auch meine Frau ist schon in fortgeschrittenem Alter"* (Lukas 1,18).

Doch Gott war das egal. Gott hatte sein Gebet jetzt erhört. Gott hatte das Gebet von Zacharias nicht verloren, sondern aufbewahrt. Gottes Spannungsbogen reichte weiter als der von Zacharias. Die Tatsachen – das Ehepaar war jetzt zu alt für Kinder – fielen bei Gott nicht ins Gewicht.

Gott verliert keins unserer Gebete. Auch keins von denen, die Jahrzehnte alt sind. Sie sind bei ihm gegenwärtig. Zwar mag momentan noch nichts von einer Erhörung zu sehen sein, es mögen Tatsachen im Raum stehen, die unabänderlich scheinen. Doch das sagt gar nichts darüber aus, wie Gott das Gebet bei sich einordnet. Selbst nachdem Zacharias erfahren hatte, dass sein Gebet erhört war, musste er ja noch warten: *„Meine Worte werden sich erfüllen, wenn die Zeit gekommen ist"*, sagte der Engel zu ihm (Lukas 1,20). Ein Gebet kann also bereits *erhört* worden sein, auch wenn die Verheißung Gottes sich noch nicht *erfüllt* hat. Erhörung eines Gebetes und die Erfahrung der Erhörung sind zweierlei. Doch verloren gegangen ist das Gebet auf keinen Fall.

Ich habe ein paar Themen in meinem Leben, für die ich seit Jahren und Jahrzehnten bete. Dazu gehört die Frage, ob ich an dem Platz bin, an den Gott mich berufen hat, oder ob ich nachjustieren und neu ausbalancieren muss. Dazu gehört auch die lange chronische Krankheit meiner Frau. Gerade hier bewegt sich immer mal was, aber einen großen Durchbruch gab es dabei bisher nicht. Einige Monate ist es nun her, dass ich diesen

Satz des Engels an Zacharias in der Bibel entdeckt habe: „Dein Gebet ist erhört!“ Sofort wurden mir die Zeitspannen bewusst, die Zacharias' Leben bestimmten - jahrelanges Beten, dann ist das Gebet erhört, aber bis Zacharias den Beweis dafür in die Arme nehmen kann, dauert es fast ein ganzes Jahr. Mir traten buchstäblich Tränen in die Augen, als ich da abends allein über meiner Bibel saß - etwas, was ich ziemlich selten erlebe. Das Wort des Engels an Zacharias war Gottes ganz persönliche Seelsorge an mir. Es zeigte mir: Gott verliert keins meiner Gebete.

Gott verliert keins meiner Gebete.

Brücke über 500 Jahre

Die Fähigkeit Gottes, Gebete festzuhalten und dann zum Leben zu erwecken, ist unbegrenzt. Bei Zacharias überbrückte Gott den Bogen von einigen Jahrzehnten. Doch in der Bibel lernen wir auch größere, schier unvorstellbare Spannweiten kennen, wie zum Beispiel bei Asaf. Sein Gebetsanliegen kam nach 500 Jahren ans Licht und erfüllte sich.

Asafs Gebetsanliegen

Asaf war einer der Tempelmusiker, die König David eingesetzt hatte. Das war im Vorblick auf die Zeit geschehen, in der Davids Sohn Salomo den Tempel erbauen und in Betrieb nehmen würde (1. Chronik 25,1-7). Von Asaf erfahren wir nicht nur, dass er Gott auf prophetische Weise mit Musik lobte, wir finden auch einige Psalmen von ihm in der Bibel. Diese verraten uns ein besonderes Gebetsanliegen von Asaf: Ihm war es wichtig, dass die künftigen Generationen Gottes Wahrheit und Gottes Taten kennenlernen, damit sie weiteren folgenden Generationen davon weitererzählen können:

> … damit auch die nächste Generation es kenne – Kinder, die erst noch geboren werden – und es auch an ihre Kinder weitergebe. (Psalm 78,6)

Es ist ein beträchtlicher Raum - sieben Verse -, den dieses Anliegen im 78. Psalm einnimmt (Psalm 78,2-8).[9]

Späte Erhörung

Asafs Arbeitsplatz, der Tempel, hatte im Laufe der folgenden Jahrhunderte eine dramatische und wechselvolle Geschichte. Von Salomo prunkvoll erbaut und eingeweiht. Von späteren Königen dann immer wieder durch Götzenbilder geschändet. Von den Babyloniern zerstört. Nach der Rückkehr Israels aus dem Exil unter dem Schriftgelehrten Esra wieder aufgebaut. Nun konnte wieder Gottesdienst gefeiert werden, wie David und Salomo es sich vorgestellt hatten. Alles, was zu einem solchen Gottesdienst nötig war, gab es nun wieder - einschließlich der Tempelmusiker.

Viele von ihnen sind uns namentlich bekannt, weil ein paar Verzeichnisse im Bibeltext erhalten geblieben sind. Unter anderem waren folgende Männer an der Tempelmusik beteiligt (und es lohnt sich, diese lange Liste zu lesen, denn sie enthält eine Überraschung):

> Ich führte die Oberhäupter von Juda oben auf die Mauer und stellte zwei große Chöre für die Danklieder auf. Einer der Chöre schritt auf der Mauer entlang nach rechts, zum Misttor. Hoschaja und die Hälfte der Anführer Judas folgten ihnen, zusammen mit […] einigen Priestern mit Trompeten: *Secharja*, der Sohn Jonatans, des Sohnes Schemajas, des Sohnes Mattanjas, des Sohnes Michajas, des Sohnes Sakkurs, *ein Nachkomme Asafs,* mit seinen Verwandten Schema-

ja, Asarel, Milalai, Gilalai, Maai, Netanel, Juda und Hanani. Sie spielten die Musikinstrumente, die David, der Mann Gottes, vorgeschrieben hatte.

(Nehemia 12,31-36)

Secharja war ein Trompete spielender Priester - und ein Nachkomme von Asaf! Hier musizierte er mit seinen Verwandten zur Einweihung der Stadtmauer, aber es ist klar, dass sein Dienst ansonsten am Tempel stattfand (Nehemia 12,40.46).

Das war bestimmt nicht das erste Mal seit Asaf, dass Glaubende der künftigen Generationen *„von den wunderbaren Taten des Herrn erzählen"* (Psalm 78,4) und seine *„Größe loben von Generation zu Generation"* (Psalm 79,13). Doch Asafs Gebet erfüllte sich eben auch hier, bei der Einweihung der Stadtmauer. Fünfhundert Jahre nach Asaf und durch seine eigenen Nachkommen! Asafs Gebet wurde zu einem wichtigen und lang durchlaufenden Faden im Segensgeflecht von Gottes Geschichte. Was Asaf damals betete, ist nicht verblasst und nicht verpufft. Gott hat es vermutlich auf vielerlei Weise und zu verschiedenen Zeiten erhört. Dass Secharja und seine Verwandten nun als Musikpriester wirkten, war sicher nicht allein durch Asafs Gebet veranlasst. Gottes Geschichte ist ein Gefüge von vielen Faktoren. Doch das Gebet von Asaf war einer davon. Es spannte eine Brücke über fünfhundert Jahre hinweg.

Was heißt das für Beter heute?

Gott hat Asafs und Zacharias' Gebet nicht verloren. Das hat eine Bedeutung für mein eigenes Beten:

- Selbst wenn ich im Laufe der Zeit meine Gebete aus den Augen verliere - Gott passiert das nicht. Auch wenn ich nach dem Beten nicht mehr auf das fokussiert bin, was ich Gott gesagt habe: Gott bleibt fokussiert.

- Auch wenn ich die Erwartung irgendwann einstelle, dass mein Anliegen noch erhört werden wird – Gott hat den längeren Atem.
- Weite Teile meiner Gebets-Resignation kommen einfach viel zu früh. Auch wenn menschlich gesehen die Tatsachen gegen eine Erhörung sprechen – Gott hat das letzte Wort.
- Die Wirkung meiner Gebete geht oftmals über meinen eigenen Horizont hinaus.

Schall und Rauch

Ich habe bereits davon erzählt: Manchmal ist es eine Anfechtung für mich, dass ich mir dessen, worum ich Gott einmal gebeten habe, nicht mehr bewusst bin. Dann wird der Zweifel laut: Wenn nicht einmal du selbst dein Gebet so ernst nimmst, dass es dir präsent ist, wie willst du dann von Gott erwarten, dass er sich darum kümmert? Diese Gedanken hatten sich bei mir verdichtet, als ich vor dem Kaminofen saß und meine schriftlichen Gebete buchstäblich in Rauch aufgingen (siehe Seite 12-13).

Aber ist das, was ich gebetet habe, dabei wirklich endgültig verschwunden? Vom Winde verweht?

Wenn es tatsächlich stimmt, dass Gott keins meiner Gebete verliert, dann ist das Beste, was ihnen passieren kann, dass sie in Rauch aufgehen! Denn gerade dies ist ein biblisches Bild dafür, dass diese Gebete in Gottes Gegenwart sehr beständig sind:

> (Da) fielen die vier lebendigen Wesen und die vierundzwanzig Ältesten vor dem Lamm nieder. Jeder von ihnen hatte eine Harfe, und sie hielten goldene Schalen in den Händen, die mit Weihrauch gefüllt waren. Der Weihrauch sind die Gebete derer, die zu Gott gehören! (Offenbarung 5,8)

Ja, mein Beten ist Schall und Rauch! Der Schall dringt in Gottes Ohren. Der Rauch gelangt vor seinen Thron. Gott verliert keins meiner Gebete.

II. Gesammelt

6. Vom Segen der kurzen Gebete

Ich sitze auf einem der oberen Ränge im festlichen Dortmunder Konzerthaus. Gedämpftes Licht, wunderbare Klänge, vorzügliches Orchester. Wir hören das Oratorium „Elias" von Mendelssohn Bartholdy. Ich genieße die Musik und befinde mich irgendwie auf drei Zeitebenen gleichzeitig. Hier und jetzt im Konzert. Im 19. Jahrhundert, als Mendelssohn die biblische Erzählung vertonte und dabei deutete. Und im 9. Jahrhundert vor Christus, als der Prophet Elia in Israel lebte. Vermutlich bin ich der Einzige hier im Konzert, der skurril genug war, seine Bibel mit in den Saal zu nehmen. Ich möchte mitverfolgen, was der Komponist aus der Geschichte aufgreift und wie er es macht.

Zu den beeindruckendsten Szenen gehört der Glaubenskampf mit den Baalspriestern auf dem Berg Karmel (1. Könige 18). Elia ist gegen sie angetreten. Ihr Gott soll zeigen, was er kann, indem er Feuer vom Himmel wirft. Und sein Gott ebenso. Die Baalsanbeter fangen an. Sie nehmen Anlauf um Anlauf, um ihren Gott zum Handeln zu bewegen. Im Alten Testament ist in knappen Worten beschrieben, wie sie immer lauter rufen, sich Wunden zufügen und schließlich geradezu in einen Rausch geraten. Mendelssohn hat das genussvoll auskomponiert, und man kann die Ironie nicht überhören: wie die Priester es immer intensiver versuchen und wie Elia sich darüber lustig macht. Ich reibe mir innerlich ein wenig die Hände: Ich weiß ja, wie es ausgehen wird und dass die Anstrengung der Beter ins Leere laufen wird. Doch dann empfinde ich plötzlich auch so etwas wie Mitleid. Mendelssohn hat die Szene so in Musik gefasst, dass man ab einem gewissen Moment die pure und gellende Verzweiflung hört. Wie die nackte Angst die Beter packt. Wie sie panisch um ihr Leben beten. Ich erhebe mich nicht mehr so einfach über diese Baalsanbeter, sondern bin betroffen darüber, was jemandem übrig bleibt, der vom Beten nur dieses Konzept kennt: Viele Gebete helfen viel und noch mehr Gebete helfen noch mehr, und wenn es immer noch nicht klappt, muss man noch einmal nachlegen.

Dann tritt Elia auf. Er betet ruhig und souverän. Er kann Gott mit Namen anreden und an dessen Geschichte mit Israel anknüpfen. Er ist nach wenigen Sätzen fertig. Er wiederholt sich kaum: im Oratorium zwar einige Male, aber im Bibeltext wirklich nur einmal (wie gut, dass ich meine Bibel mitgenommen habe, um mich zu vergewissern). Die biblische Erzählung lässt keinen Zweifel daran, dass hier zwei völlig verschiedene Gebetswelten aufeinanderstoßen.

Elia ist zeitlebens ein energischer, ein gewaltiger Prophet, aber am meisten beeindruckt mich sein Glaube an das kurze Gebet. Was einmal gesagt ist, ist gesagt. Gott hat es gehört. Jedes weitere Wort nützt vielleicht dem Beter, aber Gott braucht es nicht. Ich finde das befreiend: Auf kurzen Gebeten liegt der volle Segen. Großes Tamtam ist nicht nötig.

1000 : 35

Gerne möchte ich beständig so beten können wie Asaf oder Elia. Doch am liebsten würde ich so beten können wie Jesus. Obwohl er als Gottes Sohn ganz unvergleichlich mit seinem Vater verbunden gewesen sein muss, nahm er sich regelmäßige Gebetszeiten, oft nachts oder frühmorgens. Jesus war da offenbar ausdauernd.

Ist es das, was Jesus mir beibringen würde, wenn ich ihn fragte, wie ich fokussierter beten kann? Würde er mir sagen: „Nimm dir mal ein paar Stunden Zeit nur für das Gespräch mit Gott, dann bist du nicht so abgelenkt"?

Als die Jünger ihn baten, sie beten zu lehren, gab Jesus ihnen das Vater-unser-Gebet. Die Bitten darin sind voller Tiefe und es kommt nicht von ungefähr, dass darüber zahlreiche und umfangreiche Auslegungen geschrieben worden sind. Doch das eigentlich Auffallende an diesem Gebet ist seine Kürze. Mit wenigen Worten ist alles Nötige gesagt. Jesus wollte damit sicherlich keine wortwörtliche Vorlage geben, keinen Textbaustein, den wir immer genau so nachbeten sollen, sondern er wollte Grundlinien zeigen. Aber er gibt seinen Jüngern dafür ein kurzes Gebet. Er macht es ihnen nicht schwer. Die Schwelle liegt nicht hoch.

Das eigentlich Auffallende am Vaterunser ist seine Kürze.

Im Judentum ist eins der wichtigsten Gebete das sogenannte Achtzehnbittengebet. Es gehört zentral in den Gottesdienst und kann an Werktagen dreimal täglich gebetet werden. Im Grundbestand geht dieses Gebet bis in die neutestamentliche Zeit zurück, wenngleich der Wortlaut damals wahrscheinlich noch nicht festgelegt war. In einer deutschen Übersetzung besteht es aus mehr als eintausend Wörtern. Das Vaterunser auf Deutsch hat demgegenüber nur fünfunddreißig Wörter. Es ist eigentlich sogar noch kürzer als die Fassung, die wir in unseren Gottesdiensten verwenden.[10] Nun hatte Jesus sicherlich nichts gegen ausführliche Gebete. Wenn er allzu lange Gebete kritisiert und dabei vor allem zu viele leere Worte, dann richtet sich das nicht gegen die jüdische Praxis, sondern gegen die Heiden, die nach dem Prinzip „je mehr, desto wirkungsvoller" beten (Matthäus 6,7-8). Die Baalspriester lassen grüßen.

Jesus hätte vermutlich gegen das Achtzehnbittengebet seiner Zeit nichts einzuwenden gehabt, doch sein Mustergebet sieht anders aus. Es ist, grob gerechnet, dreißig Mal kürzer. Es ist außerdem völlig schnörkellos. Es ist unverblümt. Es entbehrt jeder poetischen Form. Oft sind jüdische Gebete nach einem bestimmten Muster gestaltet; sie folgen der hebräischen Poesie. An den Psalmen kann man das erkennen: Sie bestehen meist aus Paaren von je zwei Zeilen. Die zweite Zeile bekräftigt oder ergänzt die erste. Hat man dieses Muster erst einmal kennengelernt, springt es einem förmlich ins Auge. Im Vaterunser dagegen springt dem Geübten etwas anderes ins Auge: dass es nämlich eben nicht nach dieser Form hebräischer Poesie gestaltet ist. Die einzelnen sehr kurzen Bitten werden kunstlos aneinandergereiht. Gerade auf diese Weise ist dann schnell alles gesagt.

Das Vaterunser ist inhaltlich ein Schwergewicht. Es spricht die elementarsten Themen an. Es lehrt uns viel über Gott, den Vater, und das Reden mit ihm - und unter anderem lehrt es uns den Segen der kurzen Gebete.

Was bedeutet das für mich persönlich?

- Jesus erwartet keine langen und aufwendig ausgearbeiteten Gebete von mir.
- Beten in seinem Sinn heißt, die zentralen Themen meines Lebens und seiner Interessen geradeheraus und ohne Umschweife ansprechen.
- Besser ein kurzes Gebet, das ins Schwarze trifft, als viele Worte um den heißen Brei.
- Der entscheidende Qualitätssprung ist der von null auf eins: von gar keinem Gebet hin zu einem Gebet, auch wenn es ein kurzes ist. Alles, was darüber hinausgeht - ausführliche Gedanken im Gespräch mit Gott, breites Aussprechen meiner Gefühle, Eingehen auf Einzelheiten - ist sicher gut und gesegnet, aber es ist bloß ein gradueller Unterschied. Es ist nur noch ein Zusatz. Es fällt bei Weitem nicht so stark ins Gewicht wie der erste Schritt: der Schritt, überhaupt zu beten.

Jabez und Jesus

Anfang dieses Jahrtausends wurde ein Gebet aus dem Alten Testament bei Christen weltweit populär. Mehrere Bücher erschienen dazu.[11] Unzählige Glaubende haben es sich zu eigen gemacht und nachgebetet. Zahllose Predigten wurden darüber gehalten. Allein dies ist schon ein bemerkenswerter Vorgang, dass ein schlichtes biblisches Gebet nach Tausenden von Jahren plötzlich solche Aufmerksamkeit bekommt und so vielen

Betern seine Worte leiht. Offenbar gab es das Empfinden, dass biblisch vorgegebene Worte eine stärkere Tragkraft haben können als eigene Worte und selbst formulierte Gebete (mehr dazu in Kapitel 9). Gemeint ist das Gebet des Jabez, das in 1. Chronik 4,10 aufgezeichnet ist:

> Segne mich doch und erweitere mein Gebiet! Sei bei mir in allem, was ich tue, und bewahre mich vor allem Kummer und Schmerz!

Ich sehe eine Reihe von Gründen dafür, dass dieses Gebet so populär wurde - abgesehen von der medialen Aufmerksamkeit, die es wie auf einer Welle nach oben spülte. Es ist ein Gebet, das den unmittelbaren menschlichen Bedürfnissen entgegenkommt: Segen, Raum zum Leben, Einfluss und vielleicht auch Macht. Wachstum und die Haltung des „Mehr davon!". Die Freiheit von Unglück und Schmerzen. Wer wollte das nicht erleben - am besten, ohne dass der Rest des eigenen Lebens einer Veränderung unterworfen wird! Das Vater-unser-Gebet von Jesus ist da deutlich breiter aufgestellt. Es kennt die Notwendigkeit des täglichen Brotes, aber es führt weit über die eigenen, persönlichen Bedürfnisse hinaus. Auch die Frage der Macht läuft bei Jesus in eine ganz andere Richtung: Während Jabez bittet, dass sein Gebiet erweitert werden möge, leitet Jesus zur Bitte an, dass das Reich des Vaters kommen soll.

Das Gebet des Jabez scheint außerdem deswegen so verheißungsvoll zu sein, weil ausdrücklich vermerkt wird, dass Gott es erhört hat. Offenbar betete Jabez nach dem Willen Gottes, obwohl er nicht den breiten Fokus des Vater-unser-Gebets hatte.

Zu guter Letzt dürfte Jabez' Gebet aber auch deshalb so populär geworden sein, weil es so kurz ist. Vier knappe Bitten. Das ist der Grund, warum ich es hier erwähne. An dieser Stelle berührt es sich zentral mit dem Vaterunser. Hier ist Jabez ganz nah bei Jesus. Es ist legitim, ein schnell anwendbares, ein gut zu handhabendes Gebet zur Verfügung haben zu wollen. Es ist kein Zeichen geistlicher oder menschlicher Unreife, wenn man zu Gott kommen und dabei seine Anliegen auf einen knappen Nenner bringen will. Diejenigen Beter sind Gott willkommen, die wissen, dass sie jetzt nur Zeit oder Konzentration für ein paar Sätze haben – die dann aber mit diesen wenigen Sätzen wirklich zu ihm kommen. Solange vorformulierte Gebete nicht zu einer leeren Floskel werden, sind sie auf jeden Fall besser als gar keine Gebete.

Es ist kein Zeichen geistlicher oder menschlicher Unreife, wenn man zu Gott kommen und dabei seine Anliegen auf einen knappen Nenner bringen will.

Ein kräftiges Befreiungsgebet

In einem meiner Dienste als Gemeindepastor wurde ich einmal zu einem besonderen Gebetsdienst gerufen. Es handelte sich um eine Frau unserer Gemeinde. Sie führte ein nicht alltägliches Leben, war psychisch nicht gleichmäßig stabil und auf Unterstützung ihres sozialen Umfeldes angewiesen, dabei aber eine absolut ehrliche und liebenswerte Frau. Eines Tages, so berichtete mir jemand aus ihrem Hauskreis, hatte sie Besuch von früheren Freunden bekommen. Im Laufe des Abends kamen sie auf die Idee, ein paar Wahrsagespielchen zu veranstalten, Gläserrücken und dergleichen. Ich vermute, die Sache bewegte sich in der Grauzone zwischen leichtsinniger, nicht ungefährlicher spiritistischer Partyspielerei und eingeübten okkulten Erfahrungen. Für die Frau aus unserer Gemeinde hatte dies deutliche negative Folgen. Sie fühlte sich belastet und ihr Gebetsleben war empfindlich gestört. Wenn sie zu beten begann, konnte sie die Sätze oft nicht richtig zu Ende bringen, sondern formulierte sinnloses Zeug.

Ihr Hauskreisleiter bat mich darum, mit dem Hauskreis gemeinsam über der Frau um Befreiung zu beten. Mit dieser Art zu beten hatte ich zwar bisher keine eigene Erfahrung, doch das Thema Vollmacht, Heilung und Gebet hatte uns im Studium oft beschäftigt und wir hatten uns intensiv mit den betreffenden Stellen aus der Bibel auseinandergesetzt. Meine Überzeugung war (und ist): Wenn der Betreffende einen klaren Schlussstrich zieht und wenn man voll Vertrauen und im Namen von Jesus betet, dann wird dieses Gebet Wirkung haben. Denn in jedem Fall ist Jesus der Stärkere (Lukas 11,22), der allen anderen Mächten überlegen ist.

In dieser Weise beteten wir. Die Frau sprach den Wunsch aus, frei zu werden, wir anderen beteten gemeinsam für sie und ich sprach ein kräftiges Befreiungsgebet im Namen von Jesus. Die ganze Aktion dauerte vielleicht eine Viertelstunde.

Allerdings gab es im Hauskreis eine weitere Person, die sich ihrerseits offenbar auch mit dem Thema beschäftigt und vermutlich einige Bücher dazu gelesen hatte. Sie zog jedenfalls eine Art Checkliste hervor und begann, eine Reihe von Fragen durchzunehmen. Mir war das in zweierlei Hinsicht unangenehm. Zum einen glaubte ich, dass dies der betroffenen Frau nicht guttat. Ich befürchtete, als seelisch nicht immer stabiler Mensch könnte sie unnötig verunsichert werden, wenn es plötzlich auf Einzelheiten ankam, von denen man keine übersehen durfte. Zum anderen war ich der Meinung, dass die Macht von Jesus unseren menschlichen Versuchen bei Weitem überlegen ist und dass die Bitte um Befreiung bereits genau dafür gesorgt hatte.

Ich weiß nicht mehr, wie ich das Gebetstreffen zu Ende brachte – vermutlich mit einer Zusammenfassung und einem Gebet, das noch einmal an die Macht von Jesus anknüpfte. Monate später berichtete mir der Hauskreisleiter, dass die betroffene Frau eine wirkliche Befreiung erlebt hatte und dass das glaubensvolle kräftige Gebet der richtige Weg gewesen sei.

Nun ist mir durchaus bewusst, dass es bei okkulter Belastung auch komplexe und langwierige Fälle gibt. Aber ich meine, man sollte nicht von vornherein davon ausgehen, dass ein

Gebet des Glaubens noch ergänzungsbedürftig ist. Ich bin froh, dass Christus die Frau, für die wir beteten, in die volle Freiheit gestellt hat. Ich danke Gott, dass er sich bei ihr zum Segen der kurzen Gebete bekannt hat. Von einem kurzen Gebet viel, ja alles zu erwarten, ist in gewisser Weise auch ein Prüfstein des Glaubens: ob ich mich darauf verlasse, dass Gott auf mein Gebet hin reagieren wird, oder ob ich meine, ihn durch weitere Bemühungen noch stärker beeinflussen zu können.

Pattex, Jona und Paulus

Das Gebet, von dem ich eben erzählt habe, war nicht deswegen kurz, weil wir nicht genug Zeit gehabt hätten, und auch an der Konzentration mangelte es uns nicht. Im Alltag sind es jedoch oft gerade diese Faktoren, die mich von längeren Gebetszeiten abhalten. Für solche Zeiten der mangelnden Konzentration nehme ich aus dem Vaterunser und auch aus der Erfahrung mit dem Befreiungsgebet dies mit: Wenn mein Gebet auch kurz ist, so muss es doch zentral sein. Es muss in der Mitte dessen sein, was Jesus wichtig ist. Wenn das Gebet so beschaffen ist, dann kommt es nicht auf die Zahl der Worte an. Es ist ein wenig wie in der Gebrauchsanleitung für Pattex-Kleber: „Die Teile kräftig zusammenpressen. Für die Festigkeit ist die Höhe des Pressdruckes entscheidend, nicht die Dauer."

Jonas Gebet

Nicht die Dauer ist entscheidend: Das ist eine gute Leitlinie für Situationen, in denen ich gar nicht in der Lage wäre, mich groß zu konzentrieren oder in tiefer Einkehr ein ausführliches Gespräch mit Gott zu beginnen. Ein charakteristisches Beispiel für so eine Situation ist Jona. Nach einer abenteuerlichen Seefahrt ist er am absoluten Tiefpunkt angekommen, etliche Meter unterhalb des Meeresspiegels. Er kann nicht mehr zur Oberfläche auftauchen und versuchen, irgendwie an Land zu schwimmen, denn Schlingpflanzen halten ihn da unten fest (Jona 2,6). Noch wenige Sekunden bis zur Ohnmacht. Das ist die denkbar unkonzentrierteste, unfokussierteste Lage. Wie betet man da?

Kurze Zeit später findet sich Jona im Bauch eines großen Fisches wieder. Das empfindet er anscheinend schon als Rettung und nicht etwa als weiteres Horror-Kapitel seines Todeskampfes. Schwer vorstellbar für mich, dass man echte Hoffnung schöpft, wenn man sich im Dunkel und im wabernden Innern eines riesigen Tieres befindet und die Verdauungssäfte vielleicht schon die Knöchel umspülen. Doch Jona merkt, dass er mit dem Leben davonkommen könnte. Er betet, und dieses Gebet ist im Buch Jona (Kapitel 2) aufgezeichnet. In diesem Moment kann er schon für die Rettung danken, aber zugleich blickt er zurück auf die Minuten, als er im Begriff war, zu ertrinken. Und wir erfahren, wie er da betete:

> Als mir die Sinne schwanden, dachte ich an dich.
> (Vers 8 NEÜ)

Jona blieb jetzt nur eine Art zu beten: kurz an Gott zu denken. Mehr war nicht möglich, als der Sauerstoff in den Lungen schon aufgebraucht war und er das Bewusstsein verlor, nur ein Gedankenblitz zu Gott hin. Genau das aber war das der Situation angemessene Gebet. Einen knappen Gedanken zu Gott hochzuwerfen, auch das kann schon Beten sein!

Paulus' Gedankensplitter

Solches Beten ist nicht nur für Panikmomente angemessen. Solches Beten ist immer dann das Mittel der Wahl, wenn im Alltag viel los ist und die Aufmerksamkeit von allen Seiten her beansprucht wird. Der Apostel Paulus gehört zu denen, die diese Art zu beten, praktizierte. Er schreibt mehrfach, dass er seine Glaubensgeschwister im Gebet „erwähnt", wenn er an sie denkt.[12] Das klingt nicht gerade nach einer ausgedehnten Gebetszeit für jeden Einzelnen von ihnen. Ich stelle mir das vielmehr so vor, dass Paulus betete und ihm dabei der ein oder andere einfiel. Dann nannte er deren Namen vor Gott, und weiter ging es im Gebet. Er dachte an sie, und zwar vor Gott und zu Gott hin. Nicht mehr und nicht weniger - aber „weniger" ist hier gar nicht das richtige Wort, denn bewusst jemanden zu Gott bringen, jemanden Gott in Erinnerung zu rufen, das ist sehr viel, auch wenn es nur mit einem schnellen Gedanken geschieht. Weil Gott an das Gebet so große Verheißungen geknüpft hat, unabhängig von der Länge, deshalb ist ein solches „Ich denke an ihn"-Gebet immer mehr und nicht weniger.

> Weil Gott an das Gebet so große Verheißungen geknüpft hat, ist ein solches „Ich denke an ihn"-Gebet immer mehr und nicht weniger.

„Ich habe es dir doch gesagt!"

Natürlich haben wir alle auch das Bedürfnis danach, länger zu beten und Gott unsere Anliegen ausführlicher ans Herz zu legen. Selbst wenn Gott das nicht braucht, weil er unser erstes Gebet schon gleich hört – wir Beter brauchen es manchmal. Wie gehe ich damit um? Wie kann ich meinem Herzen folgen und meine Bitten vor Gott unterstreichen und dabei gleichzeitig ernst nehmen, dass es nicht auf die Wiederholungsanzahl ankommt, dass Gott mich vielmehr gleich hört?

Mir helfen in dieser Situation vier Zeilen aus dem 119. Psalm:

> Das ist mein Schatz,
> dass ich mich an deine Befehle halte.
> Ich habe gesagt: Herr, das soll mein Erbe sein,
> dass ich deine Worte halte. (Psalm 119,56-57 LUT)

Hier legt der Beter zunächst ein Bekenntnis ab. Das, was er als seine Berufung erkannt hat, sagt er Gott, bekräftigt es vor ihm und verpflichtet sich so auch selbst darauf: „Ich halte deine Befehle." Auch ein Stück Anbetung schwingt in diesem Bekenntnis mit, denn sein Lebensglück sucht der Beter ja nicht irgendwo, sondern bei Gott.

Damit ist eigentlich alles gesagt. Wie sollte man dem noch etwas hinzufügen? Doch der Beter betet weiter, er bleibt bei diesem Thema – und spricht genau das vor Gott aus: dass er es ja eigentlich schon gesagt hat.[13] Ihm ist also bewusst, dass sein weiteres Gebet eine Wiederholung ist. Der Inhalt seines Gebetes ist ihm offenbar so wichtig, dass er es nicht mit wenigen Worten bewenden lassen will, aber er tut auch nicht so, als hätte er (oder gar Gott) sein Gebet von vorher schon vergessen. Er nimmt ernst, dass Gott ihn gehört hat, und ebenso nimmt er ernst, dass er mit ihm weiter über die Sache sprechen will.

„Ich habe gesagt ..." – diese Formulierung finde ich ausgesprochen hilfreich, wenn ich im Gebet auf etwas zurückkomme, für das ich früher bereits gebetet habe. Ich entwerte mein erstes Gebet nicht nachträglich, sondern stehe voll und ganz zu der Erwartung, die ich an es geknüpft habe. Wenn ich es Gott erneut ans Herz legen will – ein vollkommen berechtigtes Bedürfnis –, dann sage ich ihm das, was mich dabei bewegt: *Vater im Himmel, ich habe bereits um Genesung für meine Frau gebetet (oder darum, dass meine Nachbarn nach dir fragen, oder darum, dass der Berg von Arbeit, der sich vor mir auftürmt, sich versetzt). Ich habe das mit all dem Glauben getan, der mir dabei zur Verfügung stand. Du hast dieses Gebet noch nicht erkennbar erhört. Ich mag aber nicht einfach still warten, bis deine Hilfe sichtbar eintrifft. Mich beschäftigt dieses Anliegen nach wie vor. Ich wiederhole mein Gebet – mit all dem Glauben, der mir* jetzt *zur Verfügung steht: Bitte schenk meiner Frau Genesung (und wecke meine Nachbarn, sodass sie nach dir fragen, und kümmere dich um meinen Arbeitsberg).*

Diese Art zu beten hat viel mit dem Segen kurzer Gebete zu tun, denn sie hält fest, dass der Segen schon auf dem ersten kurzen Gebet ruhte und noch ruht. Und wenn ich mein Anliegen erneut vor Gott bringe, tue ich das nicht als unbeschriebenes Blatt, sondern als jemand, der den Segen des kurzen Gebets bereits zuvor ausgelöst hat.

Kurze Gebete: Vorrecht und Pflicht

Im Segen der kurzen Gebete liegen Entlastung und Weisheit. Die Weisheit besteht darin, dass ich ein kurzes Gebet ja meist viel spontaner und unmittelbarer hinbekomme als ein längeres Gebets-Vorhaben. Manchmal stelle ich mir selbst ein Bein, wenn ich mir in Sachen Gebet allzu viel vornehme - und dann gar nicht dazu komme, weil ich die Hürde zu hoch gelegt habe. Diese Weisheit hat Martin Luther an seinen Freund Peter Balbier weitergegeben, als der ihn um eine Gebetsunterweisung bat:

> Aber sieh zu, dass du dir nicht alles (auf einmal) oder zu viel vornehmest, damit der Geist nicht müde werde. Ebenso soll ein gutes Gebet nicht lang sein, auch nicht lange aufgeschoben werden, sondern oft und brennend sein.[15]

Weil es manchmal geradezu ein Fehler sein kann, viel und lange beten zu wollen, deshalb gibt es tatsächlich Momente, in denen das kurze Gebet Pflicht ist - und das lange Gebet verboten. Das ist ein gutes Gegengewicht für meine Sehnsucht nach langen und intensiven Gebetszeiten. Klar, diese Sehnsucht habe ich nach wie vor. Sie ist einer der Antriebe, mich mit dem Thema Gebet zu befassen (und dieses Buch zu schreiben). Ich werde nach praxistauglichen Wegen suchen, um auch bei flatterhafter Konzentration längere Gebetszeiten zu gestalten (siehe Kapitel 10). Nach wie vor verspreche ich mir eine große Tiefe der Gottesbegegnung von solchen Erfahrungen.

Aber die ausgedehnte Art zu beten ist eben nicht die einzige Möglichkeit der Gottesbegegnung. Das Gebot des Predigers Salomo warnt davor, alles nur auf diese eine Karte zu setzen und dabei den Segen der kurzen Gebete zu unterschätzen:

> Lass dir keine unüberlegten Worte entschlüpfen, rede nicht unbedacht im Überschwang deiner Gefühle, wenn du zu Gott betest; denn Gott ist im Himmel und du bist hier auf der Erde. Deshalb geh sparsam mit deinen Worten um! (Prediger 5,1)

7. Beten bei Gelegenheit. Teil 1: Im Tageslauf

Ich bin leicht abgelenkt. So ist es nun einmal. Der Konzentrationsfaden reißt mir bei längeren Gebeten bald. Das Fokussiert-Sein ist eine seltene Erfahrung. Wenn das nun einmal so ist – dann versuche ich es eben mit kurzen Gebeten. Dann bete ich zunächst eben vorzugsweise zwischendurch. Lieber kurz, aber öfter, als lang, aber selten oder gar nicht. Ich suche also nach Gelegenheiten zum spontanen Beten. Ich möchte in allen möglichen Situationen mit Gott verbunden sein können. Von meinem Weg bei dieser Suche erzählt dieses Kapitel.

> Ich bete lieber kurz, aber öfter, als lang, aber selten oder gar nicht.

Wappentier: Glaskopffisch

In der christlichen Tradition gibt es eine Reihe von Tieren, die zu Symbolen des Glaubens geworden sind: das Lamm, der Löwe, die Taube, der Adler, der Sperling, der nicht zur Erde fällt, ohne dass Gott es sieht. Diese Tiere sind mehr oder weniger sympathisch, keins von ihnen ist jedenfalls eklig. Ich würde in mein Wappen, wenn ich eines gestalten dürfte, jedoch gern ein anderes Tier aufnehmen, auch wenn es auf Bildern ziemlich seltsam aussieht und keiner dabei „Ach, wie süüüß!“ rufen wird: den Glaskopffisch.

Der Glaskopffisch – *Macropinna microstoma,* auch Gespensterfisch genannt – gehört zu den Tieren, die sich dem Leben in der Tiefsee perfekt angepasst haben. Die Tiefsee beginnt in einer Tiefe ab 200 Metern. Sie ist ein Bereich mit hohem Wasserdruck und fast vollständiger Dunkelheit. Auf diese Lichtverhältnisse sind die Augen des Glaskopffisches abgestimmt. Was man auf den ersten Blick für seine Augen hält, wenn man ein Bild von ihm sieht, sind in Wirklichkeit Riechorgane. Die Augen selbst sitzen grün schimmernd mitten im Kopf und sind von einer transparenten Hülle umgeben. Der Fisch schaut sozusagen durch seinen eigenen Kopf nach oben. Sinn der Sache ist: Er kann so Beutetiere erspähen, die in höheren Wasserschichten schwimmen, wo ein ganz klein wenig mehr Licht ist. Hat er eine Beute vor sich, kann der Glaskopffisch seine Augen auch nach vorn ausrichten, aber normalerweise blickt er von innen heraus nach oben.

Genau das ist meine Sehnsucht: von innen heraus nach oben blicken zu können. Mitten aus meinem Trubel eine Sicht für Gott zu gewinnen. Ein eingebautes Gespür dafür zu haben, wie ich über mich hinausschauen und in ferneren Schichten - dort wo es heller ist - Gottes Wirklichkeit aufspüren kann. Wie gesagt, der Glaskopffisch sieht recht bizarr aus, aber ich würde ihn gern als Wappentier auswählen. Ob Paulus mir zustimmen würde? Er betete ja: Gott „erleuchte die Augen eures Herzens" (Epheser 1,18 ELB).

Von innen heraus nach oben blicken - wir haben dazu kein naturgegebenes Organ (wie der Glaskopffisch). In uns lebt aber der Heilige Geist. Dessen Art ist es allerdings, nicht allein, von sich aus, zu wirken und sich selbst Bahn zu machen. Sein Wirken wird gefördert, wenn wir ihm Formen bereitstellen, die er füllen kann. An bestimmte Gelegenheiten, die man ergreifen oder auch erst selbst schaffen muss, knüpft der Heilige Geist gern an. Der Aufblick nach oben profitiert davon.

In diesem Kapitel will ich von den Gebets-Gelegenheiten berichten, die ich als hilfreich empfunden habe und die sich für mich bewährt haben. Ich beginne mit einigen Gebetsstationen, die einen festen Platz in meinem Tageslauf haben (Kapitel 7), und ergänze das mit Möglichkeiten, zu denen ich spontan greife (Kapitel 8).

Mein Gebetsnotizbuch

In einer normalen Arbeitswoche nehme ich mir morgens keine besonders ausgedehnte Zeit der Stille zum Gebet. Sie würde nicht in unseren momentanen familiären Aufsteh-, Badbenutzungs- und Frühstücksrhythmus passen. Aber zehn Minuten zwischen Duschen und Frühstück sind meist trotzdem fest eingeplant. Mein Geist ist dann noch nicht richtig wach und mir hilft es daher, wenn ich das, was ich Gott sagen will, aufschreibe (im ersten Kapitel habe ich bereits davon erzählt). Das tue ich nicht in formvollendeten Gebeten, schon gar nicht in ausgefeilten Alltagspsalmen, sondern einfach als eine Aneinanderreihung von Sätzen. Ich schreibe das auf, was mir in diesem Moment wichtig ist: ein kurzer Dank für den vorherigen Tag, Bitten für diesen Tag. Manchmal der ein oder andere Name eines Menschen, für den ich im Gebet eintreten will.

Diese hingekritzelten Gebete haben meist wenig geistliche Tiefe und auch keinen sprachlichen Schliff. (Wenn ich anderthalb Stunden später an meinem Arbeitsplatz in der Redaktion sitze und meine Texte vor mir habe, muss ich bis dahin an Stil deutlich zugelegt haben.) Das Notieren bündelt aber meine Gedanken und ich schweife deutlich seltener ab. Ich benutze seit vielen Jahren das Notizbuch „365" der Stiftung Bibel Liga[14]. Das hat nicht nur den Vorteil, dass auf jeder Seite ein Bibelwort abgedruckt ist, das mich an eine geistliche Wahrheit erinnert, sondern dieses Buch hat auch ein angenehmes Format: Die Seiten sind mit 12 mal 17 Zentimetern nicht besonders groß. Meist lasse ich es mir damit genügen, die eine Seite, die pro Tag vorgesehen ist, vollzuschreiben. Das ergibt ungefähr zehn Sätze oder Satzteile. Damit ist mein Beten bereits intensiver, als wenn ich die zehn Minuten „nur so", in der halbwachen Stille, verbringen würde. Ich bekäme sicherlich oft mehr als zehn Gedanken in dieser Zeit unter, wenn ich nichts aufschreiben würde. Aber es wären flüchtige Gedanken: Gedankenfetzen, bei denen ich nicht verweilt hätte. Das Schreiben verlangsamt die Sache etwas, und so bleibe ich bei diesen Gedanken, die ich schreibend bete. Ohne zu schreiben, würden meine zehn Gebetsminuten allerdings an vielen Tagen auch deutlich weniger als zehn fassbare Sätze enthalten. Nämlich immer dann, wenn die Gedanken spazieren gehen und magnetisch von Bildern des Vortags oder Sorgen des anbrechenden Tags angezogen werden.

Meine morgendlich notierten Gebete sind also ein wenig gesammelt. Ein wenig. Sie sind immer noch ungeordnet. Sie decken nicht die ganze Bandbreite meines Lebens ab. Viele Anliegen wiederholen sich Tag für Tag. Manches ist mir, obwohl ich es aufgeschrieben habe, schnell wieder aus dem Gedächtnis verloren gegangen. Doch immerhin: In den Sekunden des Schreibens bin ich ganz bei der Sache und vertraue auf Gott, der diese Gebete wertschätzt und annimmt.

In den Sekunden des Schreibens bin ich ganz bei der Sache und vertraue auf Gott, der diese Gebete wertschätzt und annimmt.

Gebet im stillen Kämmerlein

Die nächste Gelegenheit zum Gebet kommt an einem normalen Arbeitstag für mich nach dem Frühstück. Da ziehe ich mich ins stille Kämmerlein zurück.

Vom „Kämmerlein“ hat Jesus gesprochen: Dort soll man beten, um mit Gott ganz allein zu sein (Matthäus 6,6 LUT). Jesus kannte sich mit solchen Kammern aus, denn er war Zimmermann. Das bedeutete damals mehr, als man heute mit diesem Wort meint. Der *tektōn*, wie es im Griechischen heißt, war ein Bauhandwerker, der mit allen möglichen Phasen des Hausbaus beschäftigt war und nicht nur mit Holz, sondern auch mit Steinen umging. Viele von ihnen zogen von Baustelle zu Baustelle.

Jesus wird wohl an kleinen bäuerlichen Dorfhäusern mitgebaut haben, die nur aus einem Raum bestanden, aber auch an größeren, eher städtischen Häusern.[16] In seinen Gleichnissen erzählt er jedenfalls vom schlichten Typ eines Hauses, in dem nachts alle in einem einzigen Raum schlafen (Lukas 11,7), und auch von größeren Hausanlagen, die über eine Toranlage und einen Türhüter verfügten (Markus 13,34). In Kapernaum, in „seiner Stadt", hat man Wohnanlagen aus neutestamentlicher Zeit ausgegraben, bei denen die Häuser und Zimmer Wand an Wand gebaut sind.

Häuser ab mittlerer Größe hatten außer dem Wohnraum eine „Kammer", die mit einer Tür verschlossen werden konnte. Eine solche meinte Jesus, als er einen passenden Ort zum stillen Beten empfahl. Meist nimmt man an, das sei der Vorratsraum im Haus, doch das griechische Wort deutet eher auf ein separates Schlafzimmer hin. Jedenfalls ist es ein Ort, an dem man für sich sein kann und aus dem das, was man dort spricht, normalerweise nicht hinausdringt.[17] Dort soll man beten.

Mein stilles Kämmerlein nach dem Frühstück ist weder das Schlafzimmer noch die Speisekammer. Es ist sehr klein und die Sitzgelegenheit sieht aus als wäre sie aus Porzellan. Von seinem Zweck her könnte es vielleicht keinen unwürdigeren Raum für das Gebet geben. Ich habe auch lange überlegt, ob ich in einem Buch über ein geistliches Thema so offen davon erzählen kann oder ob mancher jetzt das Buch empört zuklappt. Allerdings war diese Lokalität in der römischen Kultur, auch zur Zeit des Neuen Testaments, gar nicht so anstößig wie bei uns. Man hat dort gemeinsam gesessen, sich unterredet und auch Handelsgeschäfte abgeschlossen. In Ephesus zum Beispiel haben Archäologen solche öffentlichen Örtlein ausgegraben – der Stadt also, in der Paulus mehrere Jahre gearbeitet hat. Der Paulus, der schrieb: „Betet unablässig!" (1. Thessalonicher 5,17 ELB). Also auch überall in Ephesus …

Für mich ist mein Kämmerlein der perfekte Raum zum kurzen Gebet. Ich sitze da sowieso. Es wird mich niemand stören.

Ich könnte Zeitung lesen – oder eben die ungestörte Zeit zum Gebet nutzen. Ich tue lieber das Letztere, und zwar, indem ich einen Psalm bete. In Kapitel 9 werde ich noch erzählen, was es mit dem Beten von Psalmen auf sich hat. Doch weil ich hier meine Gebets-Gelegenheiten im Tageslauf beschreibe, muss jetzt schon davon die Rede sein. Einen Psalm zu beten dauert nicht besonders lange. Doch wenn man ihn nicht nur mal eben lesen will, sondern bei den Worten verweilt, ihnen nachspürt und dann schaut, was von ihnen zum eigenen Gebet werden kann, dann braucht es schon ein paar Minuten. Gerade die Zeit, die ich in meinem Kämmerlein verbringe. Wenn ich dann von dort aus in den weiteren Ablauf des Tages einschere, dann habe ich Worte von Gott in mich aufgenommen und Gott Worte von mir gesagt.

Gebetsstationen auf dem Fahrradweg

An den meisten Werktagen fahre ich mit dem Fahrrad zu meiner Arbeit im Verlag. Ich wohne zwar im Ruhrgebiet, doch unsere Gegend ist nicht großstädtisch geprägt. Der Radweg führt zu weiten Strecken längs der Ruhr und ich blicke auf Wiesen, Bächlein und Eisenbahnstrecken.

Irgendwann habe ich damit begonnen, mir auf meinem Weg Gebetsstationen einzurichten. Damit meine ich bestimmte markante Punkte, die ich mir ausgesucht habe, um sie jeweils bestimmten Menschen zu widmen. Sobald ich an meinen definierten Stellen vorbeikomme, bete ich für die betreffenden Leute. Seit ich meine Fürbitte mit dieser Methode verbunden habe, habe ich einen echten Qualitätssprung erlebt. Das früher eher lahme Versprechen: „Ich bete für dich", dem ich ehrlicherweise gleich hinzugefügt habe: „Aber ich bin kein großer Beter, sondern recht vergesslich", kann ich jetzt ganz anders füllen. Ich habe eine viel größere Regelmäßigkeit gewonnen.

Ich habe mir Punkte ausgesucht, die keine große Aufmerksamkeit für den Straßenverkehr brauchen. Der erste ist eine Ampel. Hier bete ich für den Freund meiner Tochter, der momentan einen Job sucht. Ein paar hundert Meter weiter kommt eine scharfe S-Kurve. Sie widme ich verschiedenen Menschen, von denen ich aktuell erfahren habe, dass sie mit irgendeinem Problem kämpfen. Leute aus meiner Gemeinde zum Beispiel, die ein Gebetsanliegen im Gottesdienst genannt haben, oder eine frühere Kollegin, die jetzt ein Kind großzieht. Wenig später führt der Weg durch eine Baumgruppe, fast schon ein Mini-Wäldchen. Hier nenne ich Gott Anliegen aus meiner Kirchengemeinde: dass unsere Gottesdienste Gäste erreichen, dass Pastor und Gemeindeleitung gesegnet sind. Meinen eigenen Verantwortungsbereich lege ich Gott ebenfalls ans Herz (die Koordination der Gebetsdienste) – und manchmal danke ich Gott auch einfach nur für meine Gemeinde.

An einer kleinen Brücke über ein Bächlein denke ich an die vier Kerle aus meiner Männergruppe. Wir treffen uns seit vier Jahren alle paar Monate. Jeder von uns hat seine Siege und Niederlagen im Leben erfahren, und schon recht früh haben wir das einander anvertraut. Da gibt es alltägliche Herausforderungen durch Familie und Beruf, aber auch tiefe lebensgeschichtliche Wunden. Einige Wochen, nachdem ich diese Gebetsstation eingerichtet hatte, dachte ich: „Früher habe ich kaum mal für diese Jungs gebetet, jetzt mache ich es bald zweimal täglich (auf der Hin- und Rückfahrt). Ist dem Herrn nicht langsam alles über die gesagt? Was soll ich noch Neues für sie beten?“ Doch dann habe ich begonnen, konkreter für einzelne Lebensbereiche und Rollen von jedem der vier zu beten: Als Ehemann. Als Vater. Als Mensch am Arbeitsplatz. Als Mitglied seiner jeweiligen Gemeinde. Als jemand mit einer Biografie, die Narben hinterlassen hat. Als Kind Gottes, das einfach in der Nähe des himmlischen Vaters sein darf und soll. Auf diese Weise ist die

> Nur selten habe ich das Gefühl, nichts Konkretes zu wissen, das ich beten kann.

Fürbitte für „meine Männer" abwechslungsreich geworden und nur selten habe ich das Gefühl, nichts Konkretes zu wissen, das ich beten kann.

Wieder ein paar hundert Meter weiter mündet ein Weg ein. Das ist meine Erinnerung, an Johannes zu denken, mit dem und dessen Familie wir befreundet sind. Er ist 19 und hat sich vor einiger Zeit taufen lassen. Zu diesem Anlass hat er mich gefragt, ob ich sein Gebetspate werden möchte, ihn also regelmäßig im Gebet mittrage. Meine Zusage kam gern, aber anfangs auch mit Bedenken, weil ich eben kein ausdauernder Beter bin, wie ich meinte. Doch jetzt muss es heißen: kein ausdauernder Beter *war*. Damals hatte ich meinen Gebetsweg noch nicht eingerichtet, aber nun wird Johannes regelmäßig im Gebet bedacht.

Im letzten Drittel führt mein Weg zum Verlagsgebäude über eine ehemalige Bahntrasse. Es geht immer schön geradeaus und mir öffnet sich die Aussicht hinab ins Ruhrtal. Diese Strecke, die ich besonders gern mag, verbinde ich mit einem Gebetsthema, das mich oft besonders erfreut. Ich verlasse die Fürbitten und spiele eine Art Gedankenspiel. Ich habe es „Wer bin ich - wer bist du?" genannt. Dabei besinne ich mich darauf, wer ich in Gottes Augen bin, mache mir also meine wahre Identität vor Gott klar. Oder ich rufe mir ins Gedächtnis, wer Gott ist. Eine bestimmte Eigenschaft, ein Wesenszug von ihm soll ein Impuls für meinen weiteren Tag sein. Oft greife ich dabei ein Wort auf, das ich zuvor während meines Psalmgebets gelesen habe. Ich will ja nicht irgendeinem Wunschdenken folgen und mir auch nicht mein Bild von mir oder von meinem Gott selbst zurechtlegen. Ich brauche Wesensbeschreibungen, die tragfähig sind. Am kraftvollsten sind diejenigen, die ich aus Gottes Wort schöpfe. Manchmal also fällt mir ein Gedanke aus dem Psalm des Tages ein. Zu anderen Gelegenheiten rufe ich mir eine andere biblische Formulierung in den Sinn, die mir bereits vertraut ist, die ich also abrufen kann, auch wenn ich sie an diesem Tag nicht gelesen habe.

Ein solches Gebetsspiel - „Wer bin ich, wer bist du?" - kann man natürlich auch noch vertiefen und zu einer längeren, konzentrierten Gebetszeit werden lassen. Dazu ist es umso ergiebiger, auf die Gottesbeschreibungen der Bibel zurückzugreifen. In Kapitel 9 werde ich mehr dazu sagen, wie die Heilige Schrift das Beten inspirieren kann und wie man Gott mithilfe seines Wortes anbetet. Aber diese Art zu beten lässt sich eben auch zwischendurch praktizieren. Zwar ist es ein im besten Sinne spielerischer Ansatz, aber das heißt nicht, dass er oberflächlich wäre. Im Gegenteil: Mir vor Augen zu stellen, was meine Identität ist und was Gottes Charakter prägt, ist zutiefst ernsthaft. Aber weil Gott gut ist und weil er mich als erlösten Menschen sieht, macht mich dieses ernste Spiel im Endeffekt oft einfach froh. Ein guter Beginn für den Arbeitstag, wenn ich bald von meinem Fahrrad steige, den Helm abnehme und das Verlagsgebäude betrete, in dem ich nun acht Stunden arbeiten werde.

Solche Gebetsstationen unterwegs funktionieren besonders gut, wenn man mit dem Fahrrad fährt oder läuft, denn dann rauschen die Stellen nicht so schnell vorbei. Doch diese Gebetsmethode ist nicht an das Verkehrsmittel gebunden. Sie ist genauso im Auto, in Bus und Bahn oder im Zug möglich - dann können zum Beispiel die einzelnen Haltestellen Punkte markieren, an denen man für bestimmte Anlässe betet.

Man muss das Stationen-Gebet nicht einmal mit dem Arbeitsweg oder anderen regelmäßigen Routen verbinden. Es kann auch an andere wiederkehrende Abläufe geknüpft werden. Heinrich Christian Rust erzählt zum Beispiel, wie er beim Training betet: „In meinem Sportstudio habe ich jedem Gerät einen Namen gegeben. Auf meinem Trainingsplan ist das auch vermerkt. Die einzelnen Geräte sind so für mich zu Fürbittestationen für Familienangehörige und Freunde geworden."[18] Das funktioniert natürlich genauso für den Haushalt: Betten machen, Kochen, jeder Raum, der geputzt werden muss, kann mit einem Gebetsanliegen verbunden werden. Beim Wäscheaufhängen kann man für die Personen beten, denen die Kleidungsstücke gehören.

Im Grunde sind es einfache mnemotechnische Kniffe, die sich da fürs Gebet empfehlen. Für mich aber haben sie große Wirkung. Mein Beten hat so einen Aufschwung erfahren wie zuvor lange nicht.

Das Gebet des Loslassens

Nicht nur zu Beginn des Arbeitstages habe ich mir regelmäßige Gelegenheiten zum Gebet eingerichtet. Auch für den Abschluss des Arbeitstages nutze ich - nicht immer, aber ab und zu - eine bestimmte Gebetsform. Und das begann mit einer echten Entdeckung. Ich machte sie in einem gewöhnlichen Gottesdienst.

In unserer Gemeinde beten wir nicht an jedem Sonntag das Vaterunser, aber doch gelegentlich. Außerdem ist mir dieses Gebet von klein auf vertraut. Doch an einem Sonntag vor einiger Zeit erfasste ich ganz frisch und unverbraucht etwas, das auch noch in diesem Gebet steckt: Es ist ein Gebet des Loslassens! Es kam mir vor, als würden alle Puzzleteile im selben Moment an den richtigen Platz fallen: Ich lasse mich selbst los und vertraue mich dem Vater an. Ich lasse meine Sorgen ums tägliche Brot los, meine Schuld und meine Anklagen.

Wenn das Vaterunser so gut zum Loslassen geeignet ist: Wäre es dann nicht auch ein passendes Gebet zum Feierabend? Wenn der Rechner runterfährt und ich mich an meinem Arbeitsplatz in der Zeiterfassung ausgeloggt habe, um nach Hause zu radeln?

Ich habe den Test gemacht und gemerkt: Ja, auch hier entfaltet das Gebet des Herrn seine Kraft. Ich kann das Tagewerk aus der Hand geben und an Gott abgeben. Ich bete zum „Vater im Himmel". Der ist nicht primär an meiner Tagesleistung interessiert. Selbst wenn es ein Tag voller Misserfolge war, ist er nicht weiter weg als sonst. Ich arbeite in zwei christlichen Verlagen, arbeite also irgendwie auch für Gott. Aber wenn ich nach Feierabend „Vater unser" sage, rede ich nicht meinen Arbeitgeber an, sondern den Gott, der wie ein Vater nach mir schaut.

Sein Name soll geheiligt sein: Ein Name ist zum Anreden da. Diese Bitte führt mich zurück an die Wahrheit, dass Gott mit mir Umgang haben möchte. Die Verbindung zu ihm ist wichtiger als das, was ich heute gearbeitet habe. Nicht an jedem Tag habe ich das Meine dazu getan, dass sein Name geheiligt wird. Oft waren andere Ziele und andere Gedanken prägender. Aber spätestens jetzt, auf dem Fahrrad nach der Arbeit, kann ich noch mal bewusst Kontakt suchen und mich auf ihn ausrichten.

Sein Reich soll kommen: Durch das, was ich heute gelesen, geschrieben, redigiert, lektoriert oder telefoniert habe, konnte ich sein Reich vielleicht fördern. Wenn das gelang, war auch langweilige Routinearbeit sinnvoll. Der Ertrag des Tages besteht dann nicht im abgehakten Tagespensum, sondern ich freue mich daran, dass Gott meine Versuche von heute in sein Reich einbauen kann.

Sein Wille soll geschehen: Hier ist für mich die Frage unvermeidlich, ob das an meinem Arbeitstag passiert ist. Das meiste, was ich heute zu tun hatte, bemaß sich an den Terminplänen von Büchern und Zeitschrift. Der Wille der Verlagsleiter geschehe … Aber in der Ausgestaltung meiner Arbeit habe ich große Freiheiten. Ich kann Themen fördern oder verwerfen. Kann mich mutig für einen unpopulären Inhalt entscheiden, wenn er nach Gottes Maßstäben wichtig ist, und dabei vielleicht so kreativ werden, dass man den Text darüber dennoch gern liest. Ich kann mit Autoren kurz angebunden oder respektvoll korrespondieren. Ich kann in allem seinen Willen suchen und jetzt, nach Feierabend, dafür beten, dass es einigermaßen gelungen ist.

Und nicht zu vergessen: Gottes Wille hat ja nicht nur etwas mit meinem Arbeiten zu tun, sondern auch damit, wie ich den Kollegen begegne. Ob ich eine Sorge wahrnehme, wo jemand nur einen knappen Satz hinwirft, und darauf eingehe. Auch während der Arbeit bin ich Ehemann und Vater. Meine Lieben mit Zwischendurch-Segensgebeten zu begleiten, gehört vermutlich auch zum Willen Gottes. Es gibt Tage, da klappt das alles. Und andere Tage, wo ich gleich übergehen kann zu der Bitte „Und vergib uns unsere Schuld".

Unser tägliches Brot gib uns heute: Ich danke für meinen Arbeitsplatz, an dem ich mir meinen Lebensunterhalt verdienen kann. Ich darf die Grenzen dessen anerkennen, was ich heute geleistet habe oder oft auch „nur" leisten konnte. Meine Aufmerksamkeit richtet sich auf das Wort „heute". Heute konnte ich nicht alles schaffen, was nötig gewesen wäre. Heute ist vieles liegen geblieben. Doch Jesus sagt, dass wir nicht für den kommenden Tag sorgen sollen - der hat seine eigenen Herausforderungen. Heute war Gott bei mir und morgen wird seine Hilfe taufrisch da sein - von ihr muss ich heute nichts vorwegnehmen.

Erlöse uns von dem Bösen: Ich muss dabei unwillkürlich auch an die tief eingeschliffenen Verhaltensmuster denken, die ich mitschleppe. Feigheit manchmal, mangelnde Organisation, Gedankenlosigkeit. Immer wenn das andere belastet, ist das von der Wirkung her „böse", auch wenn ich es nicht böse gemeint habe. Im Vaterunser, dem Gebet des Loslassens, kann ich den Irrtum an Gott abgeben, dass ich mich nicht mehr ändern könnte.

Sein ist das Reich: Ich baue nicht primär an meiner Karriere oder meinem kleinen Imperium.

Sein ist die Kraft: Ich habe meine Grenzen, aber er kann darüber hinausgehen.

Sein ist die Herrlichkeit: Herrlichkeit steht in der Bibel auch für „Ehre". Ich kann es verschmerzen, wenn mir jemand keinen Respekt gezollt hat, denn *„meine Rettung und meine Ehre kommen allein von Gott"* (Psalm 62,8). Er soll groß rauskommen. Wenn das mein Arbeitstag gebracht hat, war er gut.

Dieses Gebet des Loslassens, während ich nach Hause radle, ist mir immer wieder eine Hilfe, den Arbeitstag innerlich abzuschließen und Gottes Gegenwart in den vergangenen acht

Stunden nachzuspüren. Manchmal muss ich aufpassen, dass dieses Gebets-Gerüst nicht zum Stress wird: „Konzentrier dich, damit du das Vaterunser durchbeten kannst!" Das wäre natürlich Blödsinn - und das genaue Gegenteil von Loslassen. Aber wenn ich entspannt genug bin, ist das Vaterunser ein wunderbares Feierabendgebet.

8. Beten bei Gelegenheit. Teil 2: Irgendwann zwischendurch

Wie kann ich die Verbindung mit Gott halten, auch wenn ich mitten im Arbeitsleben stehe? Wenn ich außer Haus meine Brötchen verdiene oder wenn der Haushalt mein Arbeitsmittelpunkt ist, der ja auch seine eigenen Gesetzmäßigkeiten hat? Wie kann ich mich immer wieder sammeln, auch wenn das Tagewerk seine Aufmerksamkeit fordert?

Nur auf den ersten Blick ist das eine moderne Fragestellung. Nur auf den ersten Blick war das Leben in früheren Zeiten beschaulich. Besinnlich war es allenfalls für Mönche und Nonnen, die ja im Tageslauf ein festes Gebets-Gerüst haben. Umso erstaunlicher ist es, wenn gerade ein Mönch die Probleme kennt, im Arbeitsalltag auf Gott ausgerichtet zu bleiben. Doch genau davon berichtet der Mönch und Bischof Franz von Sales. Er fand es äußerst wichtig, dass man inmitten des Alltags das geistliche Leben gestaltet. Dass man also nicht, wann immer es nur geht, die beruflichen und sonstigen Pflichten abschüttelt, sich absondert und die Einkehr sucht, sondern dass man Wege findet, um in der Unruhe, die einen umgibt, das Gespräch mit Gott lebendig zu halten.

Man kann Wege finden, um in der Unruhe, die einen umgibt, das Gespräch mit Gott lebendig zu halten.

Die Hand festhalten und Beeren pflücken

Franz von Sales fand ein einprägsames Bild für eine Haltung, die weiterhilft, und zwar die Unbefangenheit eines kleinen Kindes:

> Mache es wie die kleinen Kinder: Mit der einen Hand halten sie sich am Vater fest, mit der anderen pflücken sie Erdbeeren und Brombeeren am Wegrain. So sammle und gebrauche auch du die irdischen Güter mit der einen Hand, mit der anderen halte dich an der Hand des himmlischen Vaters fest. Schau immer wieder zu ihm auf, ob ihm dein Tun und dein Wandel recht ist. Hüte dich vor allem, seine Hand loszulassen und dich seiner Obhut zu entziehen, in der Meinung, du könntest dann mehr zusammenraffen.[19]

Schau immer wieder zu Gott auf! Ich würde dieses Bild jedoch weniger auf die Selbstprüfung anwenden („ob ihm dein Tun und Wandel recht ist"), sondern beziehe es lieber auf das Beten im Alltag - was ja ebenfalls von Franz von Sales mit gemeint ist.

Im vorigen Kapitel habe ich erzählt, welche Gebets-Gelegenheiten ich mehr oder weniger fest in den Tagesablauf eingebaut habe. Darüber hinaus aber gibt es noch viele weitere Möglichkeiten, von denen ich nun berichten möchte. Sie ergeben sich spontan, und ich kann sie beim Schopfe packen und dazu nutzen, mit Gott zu reden. Auch das sind dann Momente der betenden Sammlung - während um sie herum meine Aufmerksamkeit notwendigerweise auf viele Punkte hin verzweigt ist.

Notiz auf der Kachel

Ein- oder zweimal im Jahr besuchen wir gute Freunde in Marburg. Wir verbringen immer eine entspannte und zugleich inspirierende Zeit, wenn wir uns über all das austauschen, was uns momentan bewegt. Conny und Steffen sind humorvolle und geistlich tiefgründige Menschen.

Wie wichtig ihnen Beziehungen zu anderen sind, merkt man nicht nur an dem, was sie erzählen, sondern man erkennt es auch an ihrem Gäste-WC. (Ja, schon wieder das Örtchen!) Auf einem kleinen Regal liegt dort ein wasserlöslicher Folienstift, den man zum Kritzeln benutzen darf. Auf den Kacheln an der Wand stehen Sprüche und Grüße. Kurze Notizen von Gästen, die einen Besuch kommentieren, manchmal mit Datum versehen, oder die etwas Nettes über die Gastgeber schreiben, Mutmachsprüche oder kleine liebevolle Frechheiten. All das lässt sich leicht wieder abwischen, aber ich habe den Verdacht, Conny und Steffen putzen ein paar Wochen lang absichtlich um diese Kacheln herum, damit die Sprüche und Grüße eine Weile erhalten bleiben. Spuren gelungener Besuche. Erinnerungen an Menschen, die in ihrem Leben einen Platz haben.

Ich habe begonnen, diese Idee zu benutzen und umzufunktionieren. Erinnerungsnotizen an einer Örtlichkeit, die ich mehrmals am Tag aufsuche? Das könnte mich ja genauso gut an Gott erinnern! Oder daran, für jemanden zu beten, der das braucht.

Als Erstes habe ich die Initialen eines Kollegen an die Kacheln des WCs auf unserer Büroetage notiert, natürlich nur mit dem wasserlöslichen Folienstift. Ganz klein und an einer unauffälligen Stelle. Mein Kollege hatte von seinen gesundheitlichen Problemen erzählt und ich wollte nicht vergessen, für ihn zu beten. Es spricht für die Sorgfalt unserer Reinigungskräfte, dass die Notiz keine 24 Stunden überlebte. Sie wurde gleich beim nächsten Durchgang weggeputzt. Für das Anliegen meines Kollegen war das nicht so schlimm, denn nach kurzer Zeit ging es ihm besser.

Ein anderer Freund, für den ich ein Anliegen auf dem Herzen hatte, brauchte nun eine andere Stelle, an der ich meine Gebetsnotiz anbringen konnte – einen noch verborgeneren Ort. Zu Beginn der Frühstückspause im Verlag koche ich mir immer Tee. Die drei Minuten, die er ziehen muss, habe ich lange Jahre immer nur in der ungemütlichen Teeküche herumgestanden. Nun aber fällt mein Blick auf die Initialen meines Freundes, ganz geheim auf eine Kachel notiert, und solange das Putzteam das noch nicht entdeckt hat, wird mein Freund nun jeden Werktag ein paar Augenblicke lang im Gebet vor Gott gebracht.

Es ist dabei nicht unbedingt nötig, direkt auf die Kachel oder Wandfliese zu schreiben. Auch ein Streifen Tesafilm kann mit Folienstift beschriftet und aufgeklebt werden. Das kann man jederzeit wieder abziehen, sodass keine Gefahr droht, dass gewisse Beter des Vandalismus bezichtigt werden.

Automodell-Fürbitte

Ich bin in einer Familie aufgewachsen, die nie ein eigenes Auto besaß - meine Eltern haben beide keinen Führerschein. Vielleicht liegt es daran, dass Autos eine gewisse Faszination auf mich ausüben. Wenn ich unterwegs bin - egal ob mit Bus, Auto oder Fahrrad, ob im Stadtverkehr oder auf der Autobahn -, achte ich meist auf die Automodelle um mich herum. Von vielen meiner Bekannten und Freunde weiß ich, was für ein Auto sie fahren. Das ist nützlich, wenn mir ein Auto begegnet, dessen Fahrer ich durch die Frontscheibe nicht erkennen kann. Ich winke dann trotzdem öfter dem Richtigen zu - identifiziert anhand von Automodell und Nummernschild. An dieser Stelle ergibt sich für mich der Ansatzpunkt für eine weitere Art des Alltags-Gebets. Immer wieder fährt ein Auto an mir vorbei, bei dem mir einfällt: So eins hat die oder der auch. Das Fahrzeug transportiert sozusagen die Erinnerung an die Person. Für die- oder denjenigen bete ich dann kurz. Oft ist es nur ein schnelles stilles Segensgebet - mehr wäre wohl auch nicht günstig für meine Verkehrssicherheit. Vor allem auf langen, eher eintönigen Autobahnfahrten ist diese Gebetsmethode passend.

Gelegentlich fällt mein Blick auch auf Wagen, deren Nummernschild eine bestimmte Buchstabenkombination enthält. Viele wählen die mittleren Buchstaben ja entsprechend ihrer Initialen aus oder auch nach den Anfangsbuchstaben der Namen ihrer Kinder. Ab und zu fällt mir dann jemand ein, den ich kenne und der dieselben Initialen hat. Auch auf diese Weise sind manche meiner Kollegen und Freunde in den Genuss eines Segensgebetes gekommen.

Wer mit Autos nicht viel anfangen kann, kann vielleicht vorbeifahrende Kinderwagen nutzen, um für Freunde mit Kindern zu beten, oder Menschen mit großen Rucksäcken, um sich an jemanden zu erinnern, der eine schwere Last mit sich herumträgt. Eine Bäckerei lässt an das tägliche Brot für alle Menschen denken, eine Parkbank an Ruhe für die, die es nötig haben, ein Krankenhaus oder Notarztwagen an die Frau in der Gemeinde, die an Krebs erkrankt ist.

Wenn die Glocke läutet

Bis zu meinem zehnten Lebensjahr wohnten wir als Familie auf dem weitläufigen, aber relativ übersichtlichen Gelände einer diakonischen Altenpflegeeinrichtung. Für uns Kinder waren das wunderbare Wege, die wir unter Kastanienbäumen und zwischen Rollstuhlfahrern und handgezogenen Essenswagen hindurch mit unseren Dreirädern und Fahrrädern zurücklegen konnten. So ungebunden jeder Nachmittag auch war - abends um Viertel vor sechs war die festgelegte Zeit, nach Hause zu kommen. Zu dieser Uhrzeit läutete die Glocke der Kirche, die zu der Pflegeeinrichtung gehörte. Beides, der Zeitrhythmus und der Klang der Glocke, waren feste Begleiter meiner Kindheit. Vor Kurzem haben meine beiden Geschwister und ich uns das Vergnügen gemacht, diesen Ort nach 42 Jahren noch einmal zu besuchen. Abends um zwanzig vor sechs setzten wir uns ins Café neben der Kirche und erwarteten ein wenig ergriffen das Läuten der Glocke. Für meine Geschwister hat sie dieselbe Bedeutung wie für mich - eine damals alltägliche Erfahrung, heute eine emotionsbesetzte Erinnerung.

Glocken hat man seit jeher nicht einfach dazu aufgehängt, damit sie ein paarmal am Tag die Uhrzeit anzeigen, sondern sie wollten und wollen eine Erinnerung an Gott sein. Die Kirche, in der man sich sonntags zum Gottesdienst sammelt, sendet Signale aus, die den Gottesdienst im Alltag wecken möchten. Diese Tradition kann sich jeder zunutze machen, der mit Ablenkung beim Beten kämpft, das Gebet in seinem Alltag verankern möchte und in der Nähe einer Kirche mit Glocken lebt. Einfach beim Glockenläuten an Gott denken, einen betenden Gruß zu ihm senden, einen Dank vielleicht oder innere Worte der Anbetung. Das funktioniert auch unterwegs, immer wenn eine Glocke läutet. Man kann sich das natürlich auch als stündliche Erinnerung auf dem Mobiltelefon einrichten, wenn es einen nicht unter Stress setzt.

Einfach beim Glockenläuten an Gott denken, einen betenden Gruß zu ihm senden, einen Dank vielleicht oder innere Worte der Anbetung.

Es müssen aber nicht immer nur Glocken sein. Seit ich im Ruhrgebiet wohne, höre ich ab und zu die Altmetallsammler, die mit einem meist schrottreifen Transporter durch die Viertel fahren und mit einer jämmerlichen und nervtötenden Melodie per Lautsprecher auf sich aufmerksam machen. Bis ich in den Keller gestürzt bin und meine paar alten Metallteile rausgelegt habe, sind sie meist schon weg. Zu meiner großen Überraschung verwenden die Kollegen in der Nachbarstadt dieselbe Melodie, und neulich hörte ich dieses Gedudel sogar in Süddeutschland! Die Globalisierung erfasst sogar die fahrenden Altmetallsammler! Oft ist mir diese eher hässliche Erkennungsmelodie ein Dorn im Ohr. Aber mittlerweile kam mir die Idee, auch diesen Klang einfach als Erinnerung zu nutzen, ähnlich wie das Glockengeläut. Ich höre es als kleinen Gruß von Gott, der mir sagt: „Ich bin da“, und dem ich dann antworten kann.

Wer in der Heiligung besonders weit fortgeschritten ist, kann sich sogar Lärm wie das Klappern der Mülltonnen 15 Minuten vor dem Aufstehen als Gebetserinnerung definieren. Oder im Extremfall selbst das Klingeln des Weckers …

Gebet nach dem Mobilgerät

Wie ungerecht das Leben im Allgemeinen ist, erfährt man sehr schnell in der Schlange vor der Kasse im Supermarkt. Jeder weiß, dass es nie die eigene Reihe ist, die schneller vorankommt. Ähnlich vertrackt ist es manchmal auch im Wartezimmer beim Arzt. Die einzige Zeitschrift, die wirklich interessant wäre (in meinem Fall: das Automagazin, das ich sonst nie lese), hat schon jemand anderes, und einem selbst bleiben nur medizinische Fachblätter oder Reportagen aus europäischen Fürstenhäusern und dem Leben der Stars und Sternchen.

Solche Momente können entweder ärgerliche und tote Wartezeiten sein oder ich kann sie zum Beten nutzen. Abgelenkt zwar (Bewegt sich die Schlange nebenan wirklich schneller als meine? Meint die Sprechstundenhilfe, die reinkommt, endlich mich?), aber auch hier gilt der Grundsatz: Lieber ein bisschen gebetet als gar nicht.

Wer über ein Mobiltelefon mit Notizfunktion verfügt, kann sich auf solche Situationen vorbereiten. Wir erfahren meist zu ganz unterschiedlichen Gelegenheiten von Gebetsanliegen: nach einem Telefonat, beim Zeitunglesen (Brand im örtlichen Kindergarten; Zuzug von Flüchtlingen), im Hauskreis und im Gottesdienst. Wenn man diese Gebetsanliegen gleich an Ort und Stelle im Mobilgerät notiert, hat man sie in Wartezeiten parat, die sonst nutzlos sind.

Ich persönlich würde es nicht schaffen, eine halbe Stunde einigermaßen konzentriert im Wartezimmer zu beten. Aber sieben oder zehn Minuten; vier oder acht Anliegen - und dann bleibt noch genug Zeit für den Genuss des Automagazins, wenn dessen Leser vor mir ins Sprechzimmer gerufen wird.

Mancher hat über das Mobiltelefon (oder in Papierform) auch die Bibel oder Bibelverse immer dabei - dann kann man die Zeit nutzen, um einen Psalm oder einen besonderen Vers zu beten.

Nebenher segnen

Als ich in den Achtzigerjahren an einem eher kleinen, überschaubaren theologischen Seminar studierte, ergänzten wir eine Zeit lang die Andachten, die täglich stattfanden, durch das Angebot, sich segnen zu lassen. Es war so etwas wie eine Aufbruchstimmung. Wir entdeckten einen biblischen Auftrag wieder neu: *„Segnet, weil ihr dazu berufen worden seid, dass ihr Segen erbt!“* (1. Petrus 3,9 ELB). In den Semesterferien habe ich mich dann hingesetzt und die Sache etwas gründlicher untersucht: Was sagt denn die Bibel über das gegenseitige Segnen? Ich machte eine überraschende Entdeckung: Dass einer den anderen segnet, findet im Neuen Testament meist nicht im Gottesdienst oder in einer Andacht statt (so wie wir es zu praktizieren begannen), sondern im Alltag, auch gegenüber fremden Menschen, sogar gegenüber Gegnern: *„Segnet, die euch fluchen!“* (Lukas 6,28 ELB).

Wir haben daraufhin die Segnungsandachten nicht abgeschafft. Aber ich habe mich gefragt, wie ich denn das neutestamentliche Segnungsgebet in meinen Alltag einbauen kann. Einige wenige Angewohnheiten, mal konsequenter, mal nur sporadisch angewandt, sind daraus entstanden.

- Wenn ich einen Rettungswagen mit Blaulicht und Martinshorn sehe oder höre, schicke ich ihm manchmal einen Segen hinterher. Gelegentlich stelle ich es mir so vor, dass ich dem Wagen einen Engel „anhefte“, der ihm nun folgt.
- In unserem Land gehören schwangere Frauen nicht gerade zum Straßenbild. Wenn ich aber eine sehe, segne ich oft beide, die Mutter und das Kind, das zur Welt kommen wird. Von Schwangeren sagte man früher in einer wunderbar altmodischen Redensart, sie seien „guter Hoffnung“. Das ist eine Situation, wo Segen Gottes wirklich angebracht ist.

- Ähnlich empfinde ich manchmal, wenn ich junge Familien sehe oder auch einen Vater mit Kinderwagen oder kleinen Kindern. Ich erinnere mich: Was war das für eine schöne, aber auch fordernde Zeit, als unsere Kinder klein waren! Ich bete zwei, drei Sekunden lang für diese Väter oder Familien, dass sie genug Liebe und Energie füreinander haben und behalten.
- Seit vielen Jahren gehören die meist kleinen und oft bunten Autos der mobilen Pflegedienste zu unserem Straßenbild. Manchmal sehe ich sie vor einem Haus parken, manchmal sehe ich die Pflegerin oder den Pfleger darin sitzen und Bögen ausfüllen oder eine Zigarette rauchen. Ich stelle mir vor: Das sind Menschen, die jeden Tag eine Reihe von Kontakten zu hilfsbedürftigen Menschen haben – vielleicht auch zu solchen Menschen, für die der Besuch des Pflegedienstes die einzige menschliche Begegnung am Tag ist. Zweifellos ist diese Berufsgruppe einem großen Zeit- und Leistungsdruck unterworfen. Mein Segensgebet geht dahin, dass sie in den Minuten, während sie in einer Wohnung sind, die innere Energie für menschliche Zuwendung haben, zu einem freundlichen Wort, und dass sie den Menschen, die sie pflegen, mit Achtung begegnen. Ich bete, dass diese Pflegenden ihre eigenen inneren Quellen finden, um sich Menschlichkeit zu bewahren.

Mein Herzensgebet

Nicht erst heutige Menschen, die mit einem hohen Lebenstempo und einer Flut an Eindrücken zurechtkommen müssen, fragen sich, wie sie im Alltag beten können. Diese Frage wurde in der christlichen Tradition schon vor langer Zeit gestellt. Eine Antwort lautete und lautet: Praktiziere das Herzensgebet.

Das Herzensgebet besteht aus einem einfachen Satz, der meist einer Bibelstelle entnommen ist. Die klassische Fassung lautet: „Herr Jesus Christus, Sohn Gottes, erbarme dich meiner." Ein solcher Satz wird nun nicht einfach laut oder leise gebetet, sondern mit dem Atemrhythmus „synchronisiert". Die erste Satzhälfte wird bewusst während des Einatmens gebetet, dann folgt ein kleines Innehalten, beim Ausatmen betet man die zweite Hälfte des Satzes. Das Ziel ist aber nicht eine bestimmte Atemtechnik, sondern eine Art Verinnerlichung: Der Rhythmus des Körpers und das Gebet sollen miteinander verbunden, sollen gleichzeitig werden. So regelmäßig und so unbewusst wie das Atmen soll letztlich auch das Gebet werden. Die Übung besteht darin, den Gebetssatz immer neu bewusst zu wiederholen, sodass er sich mit der Zeit auch unbewusst einstellt. Das Gebet passiert irgendwann wie von selbst in mir. Ich entdecke mich dann als jemanden, der betet, ohne dass er es sich bewusst vorgenommen hat. Zu dieser Methode ist bereits viel Hilfreiches geschrieben worden.[20] Daher lasse ich es bei dieser kurzen Beschreibung bewenden und gehe im Folgenden nur auf meine persönliche Meinung und Erfahrung ein.

Bloß ein Mantra?

Man könnte dieser Übung vorwerfen, sie sei so etwas wie ein Mantra oder eine Art Psycho-Programmierung. Man könnte fragen, was daran noch geistlich ist, wenn der Weg scheinbar über bloße Einübung und über die Prägung der Seele, des Unterbewussten, abläuft. Die Seele (Psyche) ist schließlich etwas deutlich anderes als Gottes Geist (Pneuma). Doch ich glaube, diese Vorbehalte greifen zu kurz. Wenn wir ehrlich sind, wird unsere Seele ständig beeinflusst, nämlich von allem, was wir wiederholt wahrnehmen, registrieren, an uns heranlassen. Das sind sehr unterschiedliche Einflüsse; sie kommen aus Gesprächen (auch Klatsch und Tratsch), Lektüre, Musik, Nachrichten, Fernsehbildern, dem Internet, dazu aus lange zurückliegenden Lebenssätzen und Parolen, die sich irgendwann in unserem Bewusstsein eingenistet haben. Es ist gar nicht die Frage, ob unsere Seele so geprägt werden „darf" - sie wird es! Die Frage ist eher, wovon wir sie prägen lassen. Und da ist ein biblisch entlehnter Gebetssatz, der zum Herzensgebet wird und eine Mitte all meiner Gedanken bilden kann, sicherlich besser als eine Mixtur von Wahrnehmungen und Eindrücken, die um gar keine Mitte herum angeordnet sind.

Die Frage ist, wovon wir unsere Seele prägen lassen.

Ich finde es also empfehlenswert, sich mit dem Herzensgebet zu beschäftigen und - wenn diese Form tatsächlich zu einem persönlich passt - es einzuüben. Für mich ist dabei allerdings sehr wichtig, was für einen Gebetssatz man wählt und sich zu eigen macht. Die „klassische" Formulierung der christlichen Tradition ist sicher ein guter Ausgangspunkt: „Herr Jesus Christus, Sohn Gottes, erbarme dich meiner." Dieses Gebet ist christozentrisch, macht Jesus und seinem Vater also Ehre, erkennt die Erlösungsbedürftigkeit des Menschen an und ist sicherlich nicht dazu geeignet, in falscher Weise das eigene Ich in den Mittelpunkt zu stellen. Doch eine noch tiefere Erfahrung wird es sein, Gott nach einem eigenen Herzensgebet zu fragen und sich in einem längeren Prozess - beten, suchen, erproben, neu formulieren - von Gott ein persönlich zugesprochenes Herzensgebet schenken zu lassen. Spätestens hier ist klar, dass Gottes Geist maßgeblich beteiligt ist, dass es sich also nicht nur um eine Psychotechnik handelt.

Das persönliche Gebetswort finden

Auf der Suche nach dem eigenen Herzensgebet kann man durchaus von den bewährten Gebeten der Glaubensüberlieferung ausgehe; auch ein Psalmvers kann den Ausgangspunkt bilden. Vielleicht führt Gott so, dass man solch einen Satz für sich entdeckt und dann in einigen Einzelheiten abwandelt. Wichtig ist, dass der Satz nicht zu lang und nicht zu kompliziert ist und dass er sich in zwei Hälften gliedern lässt, eine zum Einatmen und eine zum Ausatmen. Es kann gut sein, dass ein persönlich geschenktes Herzensgebet für eine bestimmte Lebensphase wichtig ist und dass sich in einem späteren Lebensabschnitt dann eine Variation davon oder ein ganz anderer Satz von Gott her einstellt.

Ich persönlich bin im Herzensgebet nicht so weit geübt, dass ich den Eindruck hätte, „mein" Gebetssatz klinge häufig und wie von selbst in mir auf. Doch in Zeiten großer Anspannung oder Unklarheit fällt es mir nicht schwer, auf mein Gebet zurückzugreifen, zum Beispiel auf dem Weg zu einem schwierigen Termin oder wenn Sorgen mich erfüllen. Die Formulierung, die zu „meiner" geworden ist, hat sich über einige Vorstufen hin zur jetzigen Fassung entwickelt. Sie lautet:

Jesus, guter Meister – ich verlasse mich auf dich.

In diesen Worten schwingen mehrere Ebenen mit, die eine große Bedeutung für mich haben. Zunächst ist es ein Gebet zu Jesus, es richtet sich also nicht an Gott „allgemein". Jesus ist der große Ankerpunkt in meinem Leben. Von ihm aus und nirgendwo anders will ich Gott begegnen. Er ist es, der mich ergriffen hat, sodass ich meinem Ziel nachjage, ihn zu erkennen, damit ich es ergreife – aber eben erst, nachdem ich von ihm ergriffen bin, um eine Formulierung von Paulus aus Philipper 3 aufzugreifen.

„Meister" ist die Übersetzung des neutestamentlichen Wortes „Rabbi". Es bedeutet Lehrer, aber noch mehr als das: Ein Meister ist eine Autoritätsperson mit einem großen Erfahrungsvorsprung. Das deutsche Wort „Meister" lässt mich daran denken, dass es immer wieder Schwierigkeiten gibt, die gemeistert werden müssen – ja, das Leben selbst will gemeistert sein. Jesus ist der Meister des Lebens in ganz umfassendem Sinne.[21] Die zweite Hälfte ist bewusst keine Bitte („erbarme dich meiner" oder Ähnliches), sondern ein Bekenntnis. Ich hatte den Eindruck, dass ein Glaubensbekenntnis, eine Vertrauenserklärung der richtige Inhalt meines Herzensgebetes sein soll. Ich spreche Jesus das Vertrauen aus, und indem ich es ausspreche, *erweise* ich ihm dieses Vertrauen auch schon. Dabei ist die Formulierung „ich verlasse mich auf dich" von tiefer Bedeutung. Zunächst spreche ich ja davon, dass ich mich verlasse, das heißt einen Schritt von mir selbst weggehe. So möchte ich die Grundbewegung der Jesusnachfolge vollziehen: Wer sein Leben erhalten will, muss es aufgeben, und wer es festzuhalten versucht, wird es verlieren (vgl. Markus 8,34-35). Ich verlasse mich selbst also - aber auf ein sehr vertrauenswürdiges Ziel hin: auf ihn. „Ich verlasse mich auf dich."

Später hat sich übrigens noch eine weitere Formulierung bei mir eingestellt - eine, die der damaligen Lektion besser entsprach, die ich von Gott zu lernen hatte.

Jesus, guter Meister, ich bleibe in deiner Liebe.

Dieser Satz war und ist für mich wichtig, weil er festhält: Die Liebe von Jesus gilt mir sowieso. Er hat sie für mich bereit. Was er von mir erwartet, ist keine Aktion, keine Anstrengung, auch nicht, dass ich mich durchkämpfen müsste zu seiner Liebe oder zum Bewusstsein seiner Liebe. Ich muss einfach darin bleiben - mehr nicht. Und wann immer ich mich besorgt frage, ob ich Gottes Willen in meinem Leben auch wirklich tue, erinnert mich dieses Herzensgebet daran: Ja, du kannst Gottes Willen ganz einfach „tun", denn zu seinem Willen gehört ganz zentral dieses Gebot von Jesus: *„Bleibt in meiner Liebe"* (Johannes 15,9).

Wenn ich hier von meinem persönlichen Herzensgebet erzähle, dann nicht, um gerade diese Formulierungen zur Nachahmung zu empfehlen. Im Gegenteil, es ist ja viel besser, sich sein eigenes Herzensgebet von Gottes Geist schenken zu lassen. Das wird dann bei den meisten ganz anders aussehen als mein Gebetssatz. Ich habe davon erzählt, um ein wenig anzudeuten, wie man zu so einem Satz gelangen und wie persönlich gefüllt er dann sein kann.

Als letzter Hinweis noch dies: Je mehr man mit biblischen Formulierungen vertraut ist, je mehr Psalmen und andere biblische Gebete und Bekenntnisse man also gut kennt,[22] desto reicher ist auch die Basis, auf die man auf der Suche nach dem eigenen Herzensgebet zurückgreifen kann.

In einer anderen Sprache

Wenn mitten im Alltag ein Gebet in mir entsteht und ich selbst gar nicht viel dazu getan habe, ist das eine sehr willkommene Erfahrung. Gerade inmitten aller Ablenkung und Zerstreuung, auf der Suche nach einem Fokus beim Beten, sind solche Gebete hilfreich, bei denen es nicht zuerst auf Konzentration und gedankliche Leistung ankommt. Das eben beschriebene Herzensgebet ist eine Art dieser Gebetserfahrung.

Gerade inmitten aller Ablenkung und Zerstreuung, auf der Suche nach einem Fokus beim Beten, sind solche Gebete hilfreich, bei denen es nicht zuerst auf Konzentration und gedankliche Leistung ankommt.

Eine ähnliche Erfahrung ist das Gebet in einer fremden, durch Gottes Geist bewirkten Sprache. Diese Praxis ist so alt wie die christliche Kirche selbst. Zu neutestamentlichen Zeiten war das Sprachengebet keine Ausnahme. Paulus hat es in 1. Korinther 14 ausführlich beschrieben und dabei unterschieden, wie man es für sich persönlich praktizieren soll und unter welchen Bedingungen es auch in einem Gottesdienst vorkommen kann. Für dieses Buch ist der erste Aspekt, das persönliche Gebet, interessant. Der springende Punkt bei dieser Art des Betens ist, dass ich Worte bete, die ich mir nicht selbst ausdenke und die ich in der Regel selbst auch nicht verstehe. Doch weil sie von Gottes Geist in mir hervorgerufen werden, kann ich davon ausgehen, dass es die genau für mich und für Gott passenden Worte sind - viel passender, Gott viel mehr ehrend, viel heiliger, als meine eigenen Worte es vermutlich je sein können. Die Beschreibung, die Martin Schleske zitiert, finde ich sehr treffend: „Es ist kein Gebet, in dem ich etwas verstehe, sondern ein Beten, in dem ich mich vollkommen verstanden weiß."[23]

Wie ich zum Sprachengebet kam

Diese Art des Betens ist nicht in vielen Kirchen und geistlichen Traditionen beheimatet, auch nicht in der Tradition der Freikirche, zu der ich gehöre. Doch im Rahmen charismatischer Aufbrüche seit den Siebzigerjahren hat sich die Übung des Sprachengebetes über den Kreis der Pfingstgemeinden hinaus verbreitet. Als ich Theologie studierte, setzten wir uns mit charismatischen Aufbrüchen und deren Herausforderungen an die gewohnten kirchlichen Traditionen intensiv auseinander. Ich persönlich war dabei interessiert, aber auch kritisch distanziert. Die Normalität und Notwendigkeit von Erfahrungen mit dem Heiligen Geist war mir klar, doch ich hatte viele Fragen an die Art, wie manche darüber lehrten und wie sie es praktizierten.

Eine von mir gar nicht gesuchte Erfahrung machte ich, als ich auf einer Konferenz das Angebot in Anspruch nahm, für mich beten und mich segnen zu lassen. In einer Gebetsgruppe stellten sich die (mir ganz unbekannten) Teilnehmer um mich herum. Mein Anliegen damals war - soweit ich mich erinnere -, im Glauben zu wachsen und weitere Orientierung bezüglich meiner Berufung zu bekommen. Man betete für mich und einige Teilnehmer sprachen auch Worte der Ermutigung über mir aus. Gegen Ende der Gebetszeit sagte dann eine Frau: „Und verschließe dich nicht, wenn Gott dir die Gabe des Sprachengebetes geben will." Diese Geistesgabe rangierte nicht besonders hoch auf meiner inneren Liste von Anliegen. Mit keiner Silbe hatte ich gesagt, dass ich Gott darum bitten wollte - ich hatte mich ja auch gar nicht danach ausgestreckt. Aber gut, dachte ich, wenn das ein Ergebnis dieser Fürbitte sein soll, warum nicht?

Bald darauf machte ich dann tatsächlich die Erfahrung, dass sich in meinem Beten fremde Worte einstellten, ja sofort waren es ganze Sätze. So wie ich in der Bibel darüber gelesen hatte, war es wirklich eine fremdartige Sprache: Ich verstand nichts. Ich merkte aber auch, dass ich diese Silben und Worte nicht bewusst bildete, sondern dass sie mir quasi auf die Zunge gelegt wurden. Ich hatte außerdem den Eindruck, dass ich strukturierte Sätze bildete, mit einer Satzmelodie, Sinnabschnitten und einem Punkt am Ende. Wann ich begann und wie lange ich so betete, war völlig mir überlassen. Auch wie schnell oder wie langsam ich redete, war meine Entscheidung. Nur das Bilden der Worte - also welche Silben ich aussprach - bestimmte ich nicht.

Seitdem geht es mir mit dieser Art des Betens ungefähr so wie mit dem Herzensgebet: Es ist ein Bestandteil meines Gebetslebens, der eher am Rande steht. Ich übe das Sprachengebet nicht häufig. Ich kann Tage und Wochen ohne es auskommen. Andere, die diese Gabe haben, erleben das durchaus anders. Aber ich kann sofort darauf zurückgreifen, und das tut mir besonders in Zeiten gut, wo die Gedanken unklar und die Gefühle aufgewühlt sind. Oft ist das Sprachengebet dabei Ausdruck meiner Sehnsucht nach Gottes Gegenwart. Auch auf dem Weg zu Terminen oder in Situationen, von denen ich nicht weiß, was mich erwartet oder was von mir erwartet wird, ist das Sprachengebet hilfreich. Ich kann dann kaum ein bestimmtes Gebetsanliegen formulieren, weil ich nicht weiß, was nötig sein wird. Aber im Sprachengebet habe ich die Gewissheit, dass ich das Richtige bete.

Für jeden zugänglich?

Diese Art des Betens ist - anders als meine anderen hier beschriebenen Gebetserfahrungen - nicht etwas, das jeder selbst in der einen oder anderen Variation ausprobieren kann. Denn das Sprachengebet ist eine Geistesgabe, das heißt: Gottes Geist gibt sie denen, denen er sie geben will. Ohne diese Gabe gibt es nichts auszuprobieren. Wer diese Gabe nicht bekommt, ist dadurch keineswegs ein weniger geistlicher Christ - Sprachengebet ist nur eine Gabe unter vielen. Doch es ist gut denkbar, dass längst nicht jeder, den Gott eigentlich mit dieser Gabe beschenken will, das schon entdeckt hat. Deshalb lohnt es sich, Gott danach zu fragen. Und dann vielleicht von Christen zu lernen, für die diese Gabe eine größere Rolle spielt als für mich persönlich.

Eins allerdings ist jedem Christen zugänglich, egal ob er in fremden Sprachen betet oder nicht. Der Heilige Geist betet in uns, und zwar auf eine Weise, die Gottes Willen exakt entspricht. Auch ohne Worte und ohne fremde Sprache ereignet sich in jedem Christen das, was die Besonderheit des Sprachengebets ausmacht: dass in mir ein Gebet entsteht, das nicht aus meiner eigenen Seele kommt, sondern von Gott, und das genau zu mir und zu Gott passt.

> Der Heilige Geist hilft uns in unserer Schwäche. Denn wir wissen ja nicht einmal, worum oder wie wir beten sollen. Doch der Heilige Geist betet für uns mit einem Seufzen, das sich nicht in Worte fassen lässt. Und der Vater, der alle Herzen kennt, weiß, was der Geist sagt, denn der Geist bittet für die, die zu Gott gehören, wie es dem Willen Gottes entspricht. (Römer 8,26-27)

Wenn wir diese Sätze von Paulus ernst nehmen, dann müssen wir anerkennen: Das hier beschriebene Werk tut Gottes Geist in jedem, der zu Christus gehört. Es ist eine Erfahrung, die zum Grundbestand des christlichen Lebens gehört (mehr dazu in Kapitel 14). Ich vermute, die meisten merken es selbst nicht, dass der Geist in ihnen betet. Aber wenn man diese biblische Zusage kennt und wenn man davon ausgeht, dass sie sich im eigenen Leben ereignet, dann wird man vielleicht auch hellhöriger und kann diesem Gebet des Geistes in sich nachspüren.

Die Form dieses Betens, das nicht aus meiner Seele kommt, ist also variabel. Aber der Segen dieses Betens ist für alle Christen gleichermaßen da.

Stoßgebete – durch nichts zu ersetzen

Stoßgebete haben bei vielen Christen keinen guten Ruf. „Da konnte ich nur noch ein Stoßgebet losschicken", sagen wir gern von Situationen, in denen keine Zeit oder keine Konzentration für ein längeres Gebet blieb. Das Stoßgebet erscheint hier als eine Art Ersatz für ein „echtes" Gebet. Eigentlich wäre es besser gewesen, ausführlicher zu beten – aber dann hat es „nur" zu einem Stoßgebet gereicht.

Doch es wäre schade, das Stoßgebet als Notlösung zu sehen und nur mit halb schlechtem Gewissen zu praktizieren. Besser wäre es, die Kraft der Stoßgebete im Alltag wiederzuentdecken und bewusst zu nutzen. Vom Segen der kurzen Gebete war ja bereits die Rede (Kapitel 6). Das außerordentlich kurze Gebet des Jona war ein Beispiel dafür – sicherlich ein Stoßgebet par excellence.

Besser wäre es, die Kraft der Stoßgebete im Alltag wiederzuentdecken und bewusst zu nutzen.

Der Gebetslehrer Franz von Sales gibt dem Stoßgebet einen sehr hohen Stellenwert und zählt es zu den wichtigsten Gebeten überhaupt. Er nennt das Stoßgebet „Erhebung des Herzens zu Gott": „Erhebe dich also oft zu Gott durch kurze, feurige

Herzensgebete."[24] Seine Wertschätzung des Stoßgebets wird in folgenden Zeilen deutlich:

> In dieser Übung [...] der kurzen Herzenserhebungen zu Gott besteht das große Werk der Frömmigkeit. Sie kann alle übrigen Gebete ersetzen, ihre Unterlassung kann aber kaum durch irgendetwas anderes gutgemacht werden.[25]

Anders ausgedrückt: Wenn gar nichts mehr geht - die Stoßgebete darf man sich auf keinen Fall nehmen lassen. Wenn du noch ungeübt in anderen Gebetsformen bist, solltest du mit dem Stoßgebet beginnen, um eine erste stets anwendbare Form zu haben. Stoßgebete gehören zum eisernen Grundbestand des Gebetslebens.

Anklick-Gebete

Allerdings versteht Franz von Sales unter diesen Stoßgebeten mehr als nur knappe Hilferufe in der Not. Diese gehören zwar dazu, aber es umfasst noch mehr, wenn man zwischendurch im Alltag kurz Kontakt mit Gott aufnimmt:

> Erhebe dich also oft zu Gott durch kurze, feurige Herzensgebete. Bewundere seine Schönheit, bitte ihn um Hilfe, wirf dich im Geiste am Fuß des Kreuzes nieder, bete seine Güte an, befrage ihn oft über dein Seelenheil, schenke ihm deine Seele von Neuem, richte deine Augen auf seine Liebe. Reiche ihm die Hand, wie ein Kind dem Vater, dass er dich führe; lege ihn auf dein Herz wie einen Blumenstrauß [...].[26]

Neben den Hilferufen gibt es also auch Stoßgebete des Dankes, der Hingabe, der Liebe. Es geht dabei ganz einfach um eine

Kontaktaufnahme zwischendurch – wie ein geistliches „Hallo" zu Gott. Joachim Wanke, emeritierter Bischof von Erfurt, zieht eine Parallele zum schnellen Anklicken eines Links auf einer Webseite – und auch zu den vielen Mobiltelefonaten im Alltag, sei es im Bus, auf der Straße oder anderswo:

> „Anklicken" und „Weitersurfen" sind Schlüsselworte auch des zwischenmenschlichen Verhaltens. Ob es für Christen heute auch so etwas geben darf wie eine „Anklick-Frömmigkeit"? […] Die vielen Mobil-Telefonierer, die sich neuerdings in allen möglichen und unmöglichen Situationen ungeniert bemerkbar machen, sind für mich stets eine Erinnerung, mich mit einem „Klick" (früher sagte man: Stoßgebet) bei Gott bemerkbar zu machen. Und mehr als ein „Hallo, hier bin ich!" sagen vermutlich die meisten meiner telefonierenden Zeitgenossen ihren Gesprächspartnern auch nicht.[27]

Darin besteht die Kraft der Stoßgebete: Ich mache mich bei Gott bemerkbar und damit mache ich Gott für mich bemerkbar. Stoßgebete rufen mir Gottes Gegenwart und die Möglichkeiten seiner Welt ins Bewusstsein.

Spiegel meiner Seele

Es liegt aber noch eine weitere Kraft in ihnen. Stoßgebete passieren ja oft unwillkürlich. Vor allem, wenn sie ein Hilferuf in einem plötzlich auftretenden Problem sind, aber auch, wenn mich ganz spontan ein Gefühl der Dankbarkeit überflutet. Alles, was unwillkürlich passiert, bringt zutage, was in Wahrheit in mir lebt. Fluche ich, wenn ich mich mit dem Hammer auf den Finger schlage, so zeigt sich, dass Schmerz und Ärger in mir sind. Küsse ich meine Frau spontan, wenn sie aus dem Auto steigt, wird unsere gegenseitige Zuneigung und Anziehung offenkundig. Denke ich in Belastungen oder in großer Freude unwillkürlich an Gott, ist das ein Bekenntnis: So tief ist er in meinem Leben beheimatet. So „naheliegend" ist es, gerade ihm diese Empfindung mitzuteilen. Bewusst geübte Stoßgebete sind also Bekenntnisse. Nur Gott und ich selbst hören sie - doch das, was ich bekenne, bekräftigt zugleich meinen eigenen Glauben. Es nährt und stabilisiert die Beziehung zu Gott. Deshalb liegt in Stoßgebeten Kraft.

Bete so, wie du kannst …

Manchmal ist es gut, einfach einen Gang zurückzuschalten - auch im Gebet. Manchmal ist es gut, etwas einfacher, etwas formloser, etwas weniger ambitioniert zu beten.

> Manchmal ist es gut, etwas einfacher, etwas formloser, etwas weniger ambitioniert zu beten.

Ich lerne diesen Grundsatz aus einem Gebet von König David, das mich immer wieder beschäftigt. Es ist ein Satz aus dem 141. Psalm. Dieser Psalm trägt keine besondere Situationsangabe. Die Bitten von David lassen erkennen, dass er in Schwierigkeiten ist. Gottlose Gegner haben ihm Fallen aufgestellt. Doch die ganze Situation wird für uns nicht richtig konkret: Wir erfahren nicht, wer die Gegner sind, was sie genau vorhaben und wo David sich aufhält - ob er zu Hause ist oder auf der Flucht oder im Krieg.

Deutlich wird allerdings: David betet intensiv. Er sucht nicht nur Schutz vor den Feinden, sondern Gottes Nähe. Er will nicht nur seine Haut retten, sondern sein Herz heilig halten. Dieses intensive Gebet kommt aus seinem tiefsten Inneren. Aber er hat keine Gelegenheit, es mit den damals eigentlich vorgesehenen Formen des Gottesdienstes und der Hingabe an Gott zu verbinden. Auf diese Lage lässt folgende Gebetszeile schließen:

> Nimm mein Gebet als ein Räucheropfer an und meine erhobenen Hände als Abendopfer. (Psalm 141,2)

David kann Gott sein Gebet bringen und kann diesem Gebet auch eine gewisse Form geben, indem er die Hände zu Gott erhebt. Aber es ist ihm offenbar nicht möglich, ein Räucher- und ein Abendopfer zu bringen. Es klingt fast, als böte er Gott einen Ersatz an: Nimm es mir nicht übel, dass ich nicht das optimale Programm leisten kann. Lass mein schlichteres, formloseres Beten so vor dir gelten, als würde ich ein Opfer nach allen Regeln der Kunst darbringen.

Optimale Ersatzlösung

Wie gut, dass David zu dieser „Ersatzlösung" gegriffen hat. Denn die Alternative wäre ja gewesen: Wenn ich nicht ausführlich, formvollendet, groß angelegt beten kann, bete ich lieber gar nicht. Das allerdings wäre die schlechteste Lösung. Lieber kleiner, formloser beten als zu anspruchsvoll und dann letztlich gar nicht!

> Bete so, wie du kannst,
> und nicht, wie du nicht kannst![28]

Manchmal ist das die ganze Kunst des Betens. Es ist eine Befreiung gerade für die vielen Zeiten, die der Ausgangspunkt dieses Buches sind: Zeiten der Ablenkung, mangelnder Konzentration, geringer Ausdauer in Gottes Gegenwart. Schnell stellt sich da ein schlechtes Gewissen ein. Oft habe ich das Empfinden, „nicht richtig" zu beten – vor allem wenn ich es mit Übungen vergleiche, die ausgedehnte Gebetszeiten und intensives Hören auf Gott einschließen. Ja, meine Sehnsucht ist es durchaus, so beten zu können (und in Kapitel 10 suche ich auch nach Möglichkeiten, wie man ausgedehnte Gebetszeiten gestalten kann). Doch es ist nicht zu bestreiten: Oft gelingen solche konzentrierten Gebete nur schlecht. Ich finde es ausgesprochen entlastend, dann wie David beten zu können: „Nimm mein Gebet als Räucheropfer an und meine erhobenen Hände als Abendopfer. Nimm mein Stoßgebet als eine hingebungsvolle Stille Zeit an und meinen Segen unterwegs als eine ausgedehnte Fürbitte. Nimm den Moment, wenn ich beim Glockenläuten an dich denke, als ein Anbetungslied an und meine beiden Gebetssätze in der Schlange vor der Kasse als einen Gottesdienst." Wenn ich so denke und bete, anstatt das Gebet aus Frustration einzustellen, dann habe ich den Kunstgriff angewandt, der zwar kürzere, aber dafür häufigere Gebete hervorbringt. Ich bete so, wie ich kann, und nicht, wie ich nicht kann.

Wenn lange Gebete fehl am Platz sind

Wir können sogar noch einen Schritt weitergehen: Es gibt Situationen, da wäre das formvollendete, ausführliche, in einen feierlichen Rahmen gestellte Gebet sogar schlechter als das kurze, schlichte und bescheidene Gebet. Denn eine Form und ein feierlicher Rahmen können irgendwann auch die Versuchung mit sich bringen, dass ich eben nur noch die Form hochhalte und sie nicht mehr richtig füllen kann. Selbst wenn ich Zeit und Konzentration habe, könnte sich dann diese Form in den Vordergrund schieben.

Das ist zumindest die Erfahrung des Volkes Gottes im Alten Testament. David scheint ja im oben genannten Psalm zwischen den Zeilen zu beklagen, dass er nur beten und kein regelrechtes Opfer darbringen kann. Nun, solche feierlichen Opfer sind bei Gott immer willkommen, wenn sie aufrichtig geschehen. Aber an vielen Stellen von Gottes Wort erscheinen diese Opfer in einem kritischen Licht. Letztlich will Gott nicht das, was man ihm da als Opfer bringt – Tiere und andere wertvolle Gaben. Er will sie nicht um des Opfers willen, sondern nur als Ausdruck einer Herzenshaltung. Fehlt diese Herzenshaltung, ist das Opfer für ihn bestenfalls uninteressant, im schlechtesten Fall eine Beleidigung.[29]

Auf mein Beten übertragen bedeutet das: Wenn ich mich in einem Gottesdienst nur am Klang der Musik freue und am erhebenden Gefühl der Anbetungslieder, wenn ich mir eine Stille Zeit am Morgen reserviere, um mein schlechtes Gewissen zu stillen, wenn ich mein Leben unterteile in Zeiten, in denen ich auf Gott höre, und andere Zeiten, in denen ich meiner eigenen Wege gehe – dann ist das ausgefeilte und gut gestaltete Gebet schlechter als das feurige Stoßgebet, das aus dem Herzen kommt. Dann sind das Räucheropfer und das Abendopfer wertlos im Vergleich zum Gebet und den schlicht erhobenen Händen, um mit David zu sprechen.

> Das hohe Ziel darf keine Hürde für mich sein, über die ich stolpere.

Es gibt also keinen Anlass, sich schlecht zu fühlen, wenn man nur kurz, schlicht und formlos beten kann. Klar, intensive Stunden des Hörens auf Gott sind ein großer Segen. Ich erfasse hier weit mehr von seinem Wesen und seiner Liebe als in einem Stoßgebet. Doch das hohe Ziel darf keine Hürde für mich sein, über die ich stolpere. In den meisten Fällen fahre ich gut mit dem Grundsatz: Bete so, wie du kannst, und nicht, wie du nicht kannst.

9. Beten mit der Bibel

Mary Lou Williams (1910–1981) muss eine erstaunliche Frau gewesen sein. Über alle Widerstände hinweg ist sie ihren Weg gegangen. Als Afroamerikanerin zählte sie in den USA zu den Benachteiligten. Als Jazzmusikerin vertrat sie eine Kunst, die nicht zum Mehrheitsgeschmack gehört. Als Frau in diesem Fach – und zwar nicht als Sängerin, sondern als Instrumentalistin – hatte sie es wesentlich schwerer, Anerkennung zu erlangen. Außerdem war sie seit der Mitte ihres Lebens bekennende Christin und komponierte auch geistliche Musik – nicht gerade eine übliche Wahl in der Jazzszene. Dennoch gehört sie zu den geachtetsten Musikern unter ihren Kollegen. Ihr gelang es, stets Anschluss an die aktuelle Weiterentwicklung des Jazz zu halten. Wie kaum ein anderer Jazzer beherrschte sie alle Stile, von der Tradition bis zur Avantgarde.

1954 geriet sie in eine Krise. „Mein Leben nahm eine Wende, als ich in Europa war", erzählt sie. „Ich spielte elf Monate lang in England und gab das Geld so schnell aus, wie ich es verdiente. Aber ich war zerfahren und deprimiert." Während einer Party in England traf sie einen US-Soldaten. „Er merkte mir an, dass da was nicht stimmte, und meinte: ‚Lies mal den 91. Psalm.' Ich ging nach Hause und las alle Psalmen. Sie beruhigten mich und verliehen mir ein Gefühl der Sicherheit."[30]

Wenig später reiste Mary Lou Williams nach Frankreich, um dort Konzerte zu spielen, doch ihre innere Verfassung war nach wie vor nicht gut. Ein Musikerkollege lud sie ein, sich im Haus seiner Großmutter auf dem Lande auszuruhen. „Ich blieb dort sechs Monate", berichtet sie, „und ich tat nichts anderes als zu schlafen, zu essen, die Psalmen zu lesen und zu beten."

Ihr Leben nahm daraufhin einen deutlich anderen Kurs. Zurück in den USA wandte sie sich der katholischen Kirche zu und gab die Musik zunächst auf – bis ihr Seelsorger, ein jesuitischer Priester, sie davon überzeugte, dass ihre Berufung in der

Musik liege. „Mary, du bist eine Künstlerin", sagte er zu ihr. „Du gehörst ans Klavier und musst komponieren. Es ist *meine* Aufgabe, Menschen durch die Kirche zu helfen, und deine Aufgabe ist es, Menschen durch die Musik zu helfen." Williams komponierte seitdem auch religiöse Werke, setzte aber zugleich ihren Weg durch die Jazzgeschichte fort.

Schlafen, essen, Psalmen lesen, beten: Das war der Ausweg für die Pianistin aus Erschöpfung, Depression und Zerfahrenheit. Sie erfuhr dadurch etwas von der Kraft des Psalmengebets.

In diesem Kapitel geht es darum, mit Gebeten der Bibel so umzugehen, dass eine Hilfe für das eigene Beten daraus entsteht. Der Erfurter Bischof Joachim Wanke schreibt: „Wenn es wahr ist, dass die ganze Heilige Schrift Wort Gottes ist, dann dürfen wir das begründete Vertrauen haben, dass die Heilige Schrift insgesamt so etwas wie eine Gebetsschule ist."[31] Dieses Kapitel soll zeigen, wie man von dieser Gebetsschule profitieren kann.

Was man uns über Gottes Wohnung verschwieg

Das Beten mit der Bibel hat eine lange Tradition. Die Liturgie der Messe und auch die der lutherischen Gottesdienste enthält Bibelworte als regelmäßiges Gebet, zum Beispiel das Sanctus („Heilig, heilig, heilig …") oder das Gloria („Ehre sei Gott in der Höhe …"). Tageszeitgebete in Klöstern sind von Psalmen geprägt. Die reformierte Kirche hat dem gemeinsamen Psalmengesang im Gottesdienst einen hohen Stellenwert gegeben: Viele Choräle der reformierten Kirche sind Psalmen-Nachdichtungen, die sehr eng am biblischen Text bleiben, zum Beispiel die Lieder von Matthias Jorissen. Etliche von ihnen sind auch heute noch im Evangelischen Gesangbuch enthalten.

Gebetsbewegungen, die die ganze Gemeinde erfassen, sind nicht nur eine Sache der lange zurückliegenden Kirchengeschichte. Auch in den letzten Jahrzehnten entstand eine neue

Gebetsbewegung, und zwar die Anbetungs- und Lobpreiskultur. Sie hat ihre Wurzeln vor allem in der charismatischen Bewegung, aber ihre Wirkung ging weit darüber hinaus. Anbetungszeiten sind heute fester Bestandteil in vielen Gottesdiensten. Mehr denn je ist es uns vertraut geworden, Gott bewusst anzubeten.

Ein besonderer Impuls für die entstandene Anbetungsbewegung war das Bibelwort aus Psalm 22,4. Meist wird der Vers frei zitiert mit dem Wortlaut: „Gott wohnt im Lobpreis seines Volkes." Das ist eine starke Verheißung: Wo Glaubende Gott loben und ehren, kommt Gott hinzu, ja mehr noch, er lässt sich dauerhaft dort nieder. Wer lobt, gibt Gott Raum. Diese Verheißung hat eine breite Wirkungsgeschichte in den Gemeinden entfaltet. Ende der Achtzigerjahre war ich Mitglied in einer charismatisch geprägten freikirchlichen Gemeinde und habe dort dieses Wort oft gehört. Es sollte uns zur Anbetung motivieren. Gott wohnt im Lobpreis seines Volkes.

So sehr ich dieses Anliegen schätze: Man hat uns damals nicht die ganze Wahrheit gesagt! Man hat uns verschwiegen, was dieses Bibelwort aus Psalm 22 zuallererst bedeutet. Denn es wurde fast immer ungenau zitiert. Der Vers lautet nicht: „Doch du bist heilig, der du wohnst unter den Lobgesängen deines Volkes", sondern:

> Doch du bist heilig, der du wohnst unter den Lobgesängen Israels. (ELB)

Die Rede ist von den Lobgesängen *Israels*. Das ist ein wichtiger Unterschied. Denn die Lobgesänge Israels kann man sehr konkret benennen und beschreiben: Es sind die Psalmen.

Natürlich gibt es unter den Anbetungsliedern, die im Gefolge der charismatischen Bewegung entstanden, auch manche Bibelwort-Vertonungen, auch aus den Psalmen. Doch die Mehrheit der damals neuen Lieder hatte frei formulierte Texte. Das Psalmgebet – das sich ja vorzüglich geeignet hätte, um

Gott anzubeten – stand nicht im Vordergrund. Die Verheißung über den Wohnort Gottes wurde von den biblischen Psalmen abgelöst und auf den Lobgesang allgemein übertragen. Die Anbetungsbewegung hat davon profitiert – allerdings zu Lasten der Psalmen. Ich bin froh, dass ich außer der charismatischen Bewegung noch anderen Einflüssen begegnet bin, die in mir ein tiefes Bedürfnis nach dem Psalmgebet geweckt haben.

Die Psalmbrücke

Ich habe bereits davon erzählt, dass ich versuche, zu Beginn jedes Tages einen Psalm zu beten (siehe Kapitel 7 über mein Gebet in „Stillen Kämmerlein"). Diese Übung ist aus einer Sehnsucht heraus entstanden. Vor Jahren bin ich manchmal für ein paar Tage in einem Kloster gewesen und habe an den benediktinisch geprägten Tageszeitengebeten teilgenommen. Besonders beeindruckend war das für mich im evangelischen Gethsemanekloster Riechenberg bei Goslar. Es tat gut, mich den Psalmen auszusetzen und ihnen regelmäßige Zeit einzuräumen. Ich spürte: Auch wenn ich nicht jede Einzelheit aus ihnen sofort erfasse – dafür waren es auch zu viele Psalmen pro Gebetszeit –, hat es doch eine Wirkung auf mich, wenn ich diese Worte in mich aufnehme.

Die Sehnsucht kam auf, eine solche Übung in meinem Alltag zu verankern. Es mussten deutlich kleinere Psalmenportionen sein, um das überhaupt zu schaffen, denn die Benediktiner beten den ganzen Psalter in einer Woche. Ein anderer geistlicher Autor verweist auf die Tradition, in einem Monat die 150 Psalmen zu beten. Ich entschloss mich schließlich für *einen* (oder bei längeren Psalmen: für einen halben) Psalm am Tag. Ich wollte mich dabei allerdings nicht auf die 150 Psalmen beschränken, sondern auch andere Gebete der Bibel für mich nutzbar machen. Nach einigen Jahren, in denen ich das persönlich praktizierte, ist daraus schließlich ein Buch mit biblischen Gebeten für jeden Tag des Jahres entstanden: „Du hörst mein Gebet. 365 Tage mit der Bibel beten“.[32] Nach dieser Textauswahl richte ich mich noch immer. Es ist ein Buch, das ich auch für mich selbst gemacht habe – und durch das ich meine Erfahrungen gern mit anderen teilen möchte.

Psalmen beten ist etwas anderes, als Psalmen nur zu lesen. Natürlich nehme ich die Worte lesend in mich auf. Doch dann gehe ich weitere Schritte: Ich verweile bei jeder Zeile einen kurzen Moment und überlege, was ich mir davon zu eigen machen möchte. Ich lese also innerlich zustimmend, und das zu Gott hin. Oder ich spüre einen Abstand zu einer Zeile des Psalms – und rede mit Gott über diesen Abstand und warum das jetzt nicht meine Worte sein können. Gelegentlich finde ich nicht mich selbst, sondern einen anderen Menschen in dem Bibelwort wieder. Dann danke oder bitte ich für diesen Menschen.[33]

Psalmen beten ist etwas anderes, als Psalmen nur zu lesen.

Nachwirkungen

Täglich Psalmen zu beten hat Kurz- und Langzeitwirkungen. Die *Kurzzeitwirkung* betrifft den jeweiligen Tag. Ich nehme Gottes Wort mit in die folgenden Stunden. Ich bete diese Worte oder Gedanken nicht nur in dem Moment, wo ich den Psalm in meiner Bibel (oder dem Gebetbuch) vor meinen Augen habe, sondern die ein oder andere Formulierung begleitet mich häufig noch weiter durch den Tag. Das geschieht oft unbewusst, aber ich kann mir das Gelesene und Gebetete auch bewusst noch einmal ins Gedächtnis rufen. Ich selbst mache das zum Beispiel auf einem bestimmten Abschnitt meines Fahrradweges (siehe Seite 66). Es ist eine gute Übung, Gedanken und Sätze aus Gottes Wort so abrufbereit zu haben. Franz von Sales vergleicht das mit dem Pflücken von Blumen:

> … du sollst einen kleinen Blumenstrauß frommer Gedanken mitnehmen. Ich verstehe das so: Wer in einem schönen Garten spazieren geht, nimmt gern einige Blumen mit, um sich an ihrem Wohlgeruch zu erfreuen und sie den ganzen Tag bei sich zu haben. Wenn unser Geist sich in einem Geheimnis ergangen hat, dann wählen wir zwei oder drei Gedanken aus, die uns am besten gefielen, die für unseren Fortschritt am nützlichsten sind, um tagsüber öfter daran zu denken und ihren geistigen Duft in uns aufzunehmen.[34]

Neben der Wirkung auf den einzelnen Tag gibt es auch eine *Langzeitwirkung* des Psalmgebets. Ich werde über die Jahre hin mit dem Psalter immer vertrauter. Sein Reichtum ist mir zugänglich. Ich kenne die Eigenart der Psalmen, die ja untereinander ganz unterschiedlich sind. Ich kann für bestimmte Situationen oder Empfindungen öfter das passende biblische Gebet auswählen. Die Psalmen und die anderen biblischen Gebete sind mir dann richtiggehend „ans Herz gewachsen“.

Mir ist das tägliche Psalmgebet unverzichtbar geworden. Als ich die wunderbare Formulierung von der „Psalmbrücke“ entdeckte, stimmte ich sofort zu: Ja, genau so ist es!

Ergebnis

Nach dem morgendlichen
Gang über die
Psalmbrücke

drehe ich mich nicht
mehr um die eigene
Achse

ich atme die alten
Heilworte in meine
Tagängste

und bin
guter Hoffnung

(Wilhelm Bruners)[35]

Mein Morgengebet

Viele Jahre schon bete ich an jedem Tag einen Psalm. Jeder einzelne Psalm aus dem biblischen Buch des Psalters ist also schon oft durch meine Seele gegangen. Aber wie das so ist: Manche Dinge tut man immer wieder und merkt erst nach langer Zeit, was darin steckt. Dass der 143. Psalm einige Verse enthält, die sehr gut als Tagesstart-Gebet geeignet sind, habe ich erst kürzlich gemerkt. Da aber haben mich diese Verse so angesprochen, dass ich sie zu meinem Morgengebet ernannt habe. Ich bete es nicht täglich, aber oft. Es ist ein guter Einstieg ins Gebet, wenn mir eigene Worte in der Frühe noch nicht so gut gelingen.

Folgende Verse sind es, die ich meine:

Der Morgen bringe mir Worte deiner Güte, denn
ich setze mein Vertrauen auf dich.
Zeig mir den Weg, den ich gehen soll, denn auf dich
richte ich meinen Sinn!
Rette mich vor meinen Feinden, Jahwe, denn bei dir
suche ich Schutz!
Lehre mich zu tun, was dir gefällt, denn du bist
mein Gott!
Dein guter Geist führe mich auf ebenes Land!
(Psalm 143,8-10 NEÜ)

Jede einzelne Zeile dieses Gebets hat eine große Bedeutung für mich, gerade am Beginn eines neuen Tages. Jeder Vers öffnet mir einen neuen Horizont, sodass ich durch dieses Gebet wirklich vorwärtskomme.

Mit der ersten Bitte will ich das Vorzeichen vor diesen Tag setzen. Bevor ich richtig wach werde und bevor sich die Sorgen des Tages formieren, ist Gottes Gnade bereits da. Dass der Morgen mir Worte seiner Güte bringt, ist genau das, was ich brauche. *„Überschütte uns schon am Morgen mit deiner Gnade, dann werden wir singen und fröhlich sein bis ans Ende unserer Tage"*, lautet eine entsprechende Bitte des Mose-Psalms (90,14).

Die nächste Bitte blickt voraus in die kommende Zeit. Der Tag wird mir in vielen Momenten Entscheidungen abverlangen. Dass ich dazu die richtige Leitung habe, ist nun mein Gebet - aber zugleich konzentriere ich mich nicht auf diese Herausforderungen, sondern stattdessen auf Gott selbst. Auf ihn richte ich meinen Sinn.

Die meisten Widerstände, mit denen ich an einem normalen Tag rechnen muss, kommen für mich nicht von menschlichen Feinden her - jedenfalls nicht in meiner momentanen Lebenssituation. Als „feindlich" erlebe ich jedoch manchmal meine eingeschränkte Gesundheit, wenn ich schon mit Schmerzen aufwache. Auch in meiner Seele steckt manches, was mir das Leben schwer macht: Mutlosigkeit oder Trägheit zum Beispiel. All das steht mir vor Augen, wenn ich mit Vers 9 um Rettung vor den „Feinden" bete.

Vers 10 kehrt dann die Perspektive um. Bisher habe ich für das gebetet, was *ich* heute brauche. Nun kommen Gottes Interessen in den Blick. Was würde ihn erfreuen? Was liegt ihm am Herzen? Was sollte ich also heute tun oder lassen? Das Ziel dieser Bitte ist aber nicht nur mein richtiges Verhalten, am wichtigsten ist die Beziehung zu ihm. „Du bist mein Gott." Ich möchte mit ihm in Einklang sein. Ich möchte seine Nähe erfahren, nicht nur jetzt beim Morgengebet, sondern auch danach. Nicht nur seine Gebote, nicht nur sein Wille, sondern er selbst ist mein Ziel.

Zum Schluss bringt mich dieses Psalmgebet noch einmal auf eine andere Ebene. Ich bete um den Heiligen Geist. Er ist die Kraft, die meine eigenen Möglichkeiten übersteigt, und er ist zugleich die Stimme Gottes in mir. Christus in mir. Dass ich Gott durch mein Gebet ergreife, ist nur das eine. Größer ist das andere: dass er mich mit seinem Geist ergreift. Habe ich das erfasst, habe ich mich bis zu dieser Bitte vorwärtsgebetet, dann bin ich wirklich gut ausgestattet für den anbrechenden Tag.

Für mich sind gerade diese Verse, die ja aus dem Gesamtzusammenhang des ganzen Psalms recht pragmatisch herausgelöst sind, eine sehr gute Hilfe, morgens mit Gott ins Gespräch zu kommen. Dabei tut es mir gut, sie täglich unverändert, nach diesem festen Wortlaut zu beten. Es ist wie eine kleine Liturgie. Wie so viele Worte der Heiligen Schrift entfalten auch diese ihre Kraft durch die Wiederholung und durch die Einübung über eine lange Zeit hinweg.

Biblisch getränkte Gebete 1: Ankerworte suchen

Das Beten von Psalmen ist nur eine Möglichkeit unter mehreren, wie man mit der Bibel beten kann. Bei dieser Übung gehe ich sehr eng von den vorgegebenen Worten des biblischen Gebets aus. Ich kann meine Gebete aber auch auf andere Weise von der Bibel inspirieren lassen. Dazu gehört die Methode, mich beim Gebet auf ein bestimmtes Schriftwort zu beziehen und dieses für mich in Anspruch zu nehmen. Ich verankere meine Bitte, meine Frage oder mein Lob an einer Verheißung oder einem Bekenntnis aus der Heiligen Schrift. Dadurch entsteht eine große Zuversicht und ich kann mit größerer Gewissheit beten.

Ein biblisches Beispiel für diese Art des Betens ist das Gebet der Jerusalemer Gemeinde, als sie unter Druck geraten war. Die Apostel waren vor den Hohen Rat zitiert und scharf verwarnt worden. Es wurde ihnen verboten, weiter öffentlich von Jesus zu reden. Daraufhin betete die Gemeinde folgendermaßen:

> Allmächtiger Herr, Schöpfer des Himmels, der Erde und des Meeres und von allem, was darin lebt – vor langer Zeit hast du durch den Heiligen Geist und durch den Mund unseres Vorfahren David, deines Dieners, gesagt:
> „Warum tobten die Völker vor Zorn? Warum schmiedeten sie vergebliche Pläne? Die Könige der Erde lehnten sich auf; die Herrscher der Welt verschworen sich gegen den Herrn und seinen Gesalbten."
> Genau das ist hier in dieser Stadt geschehen! Denn Herodes Antipas, der Statthalter Pontius Pilatus und das Volk Israel haben sich gegen Jesus, deinen heiligen Knecht, den du gesalbt hast, verschworen. Alles, was sie taten, geschah nach deinem ewigen Willen und Plan. Und nun höre ihre Drohung, Herr, und gib deinen Dienern Mut, wenn sie weiterhin die gute Botschaft verkünden. Sende deine heilende Kraft, damit im Namen deines heiligen Knechtes Jesus Zeichen und Wunder geschehen.
>
> (Apostelgeschichte 4,24b-30)

Ganz ausdrücklich nehmen diese Beter Bezug auf ein Psalmwort und zitieren es, nämlich Psalm 2,1-2. Bemerkenswerterweise haben sie keine Verheißung ausgewählt, etwa eine Zusage von Gottes Schutz, und auch kein direktes Bekenntnis zu Gottes Macht. Vielmehr haben sie zu einer Situationsbeschreibung gegriffen. Der zweite Psalm spricht davon, dass Menschen und Mächte sich gegen Gott auflehnen. Weil dieser Psalm zwischen den Zeilen auch andeutet, dass es einen Messias (Gottes „Gesalbten") gibt, konnte die Gemeinde ihn besonders gut auf ihre Lage beziehen.

Die Prägekraft des biblischen Ankerwortes

Was hat das Gebet der Gemeinde davon gewonnen, dass es diesen Psalmvers aufgreift?

- Die Beter erfahren, dass ihnen nichts völlig Außergewöhnliches passiert. Widerstand gegen Gott hat es immer schon gegeben. Gott kennt das, und die Glaubensväter und -mütter der Beter ebenfalls. Gottes Wort spricht schon längst von dem, was den Betern jetzt zustößt. Ihre Situation ist nicht aus Gottes Plänen herausgefallen. Deshalb finden sie später im Gebet zu dem Bekenntnis: *„Alles, was sie taten, geschah nach deinem ewigen Willen und Plan"* (Vers 28).
- Die Beter deuten ihre Lage so, dass nicht einfach die Apostel und die Gemeinde Widerstand erleben, sondern der Widerstand richtet sich gegen *„den Herrn und seinen Gesalbten"*. Sie selbst sind in gewisser Weise aus der Schusslinie. Sie sind Teil eines größeren Geschehens. Es geht nicht um sie, sondern um Christus.
- Wenn Juden eine Schriftstelle zitieren, dann klingt in ihrem Gedächtnis oft der ganze Zusammenhang mit – auch die Zeilen, die nicht wörtlich zitiert worden sind. Der Zusammenhang des zweiten Psalms sagt: Gott ist überlegen. Er kann über die Aggression seiner Gegner nur lachen.
- Die Ziel-Bitte von Psalm 2 lautet: *„Beugt euch vor dem Sohn Gottes!"* (Vers 12). Dementsprechend steuert auch die Gemeinde in ihrem Gebet ein Ziel an, das die Absichten von Jesus zur Geltung bringt: Sie wollen frei und offen von ihm reden und Zeichen und Wunder erleben, die seinen Namen aufleuchten lassen. Sie beten also nicht um Bewahrung – Punkt. Ihre eigene Bewahrung scheinen sie eher vorauszusetzen, als dass sie ausdrücklich darum bitten. Sie beten um Größeres. Das biblische Ankerwort hat ihren Horizont geweitet.

- Dennoch – so lässt es der Psalm erkennen – ist für ihre Bewahrung gesorgt. Der letzte Satz des Psalms lautet: *„Glücklich sind alle, die bei ihm Schutz suchen!"* (Vers 12).

Dieses Gebet der Jerusalemer Gemeinde ist ein Musterbeispiel dafür, wie Beter davon profitieren, dass sie ihr Gespräch mit Gott in Bibelworten verankern. Der Inhalt des Gebets wird beeinflusst – und die Haltung der Beter ebenfalls. Glaube entsteht.

Gottes Verheißungen nutzen

Es gibt unzählige Beispiele dafür, wie ich das in meinem eigenen Gebetsleben anwenden kann. Ich kann mich auf die vielen Verheißungen Gottes beziehen, sofern sie nicht nur einer speziellen Personengruppe oder in einer speziellen Situation gegeben sind. Einige Beispiele:

- Wenn ich krank bin, kann ich mich auf Jakobus 5,13-18 berufen. Hier erfahre ich, dass das Gebet in Krankheit von Gott geradezu angeordnet wird. Es hat eine große Verheißung, wie das bei Jakobus erwähnte Beispiel von Elia zeigt. Ich erfahre auch, dass Gott den Kranken „aufrichten" wird – das kann sich auf Leib, Seele und Geist beziehen.
- Empfinde ich Zweifel an Gottes Liebe und stehe ich unter dem Eindruck, dass ich an manchen Stellen vor Gott gescheitert bin und er guten Grund hätte, mich abzuweisen, so hilft die Berufung auf Psalm 30,6: *„Sein Zorn trifft uns einen Augenblick, doch seine Güte umgibt uns unser Leben lang! Die Nacht ist noch voll Weinen, doch mit dem Morgen kommt die Freude."*
- In Momenten der Unklarheit, ob mein so alltägliches Anliegen – vielleicht eine Art „Luxusproblem" – vor Gott wirklich Gewicht hat, sodass ich es im Gebet vor ihn bringen kann, wäre ein Wort wie 1. Petrus 5,7 bedeutsam: *„Überlasst all eure*

Sorgen Gott, denn er sorgt sich um alles, was euch betrifft!" Dabei darf ich das Wort „all-" betonen.

Diese Reihe ließe sich beliebig fortsetzen. Natürlich kann es nicht darum gehen, Gott von irgendetwas zu überzeugen und ihm deswegen Argumente zu liefern. Doch es ist durchaus in Ordnung, *sich selbst* zu überzeugen und dann kühner, gelassener und vertrauensvoller zu beten. Wir alle haben es nötig, gefestigte Beter zu werden, und auf dem Weg zu solcher Festigkeit darf man sich gern darauf berufen: „Gott, du hast es doch selbst gesagt, hör mal hier: ..." – und sich dann an der betreffenden Schriftstelle verankern. Es ist dieselbe Bewegung im Gebet, die Psalm 27,8 vormacht: *„Mein Herz hält dir vor dein Wort: ‚Ihr sollt mein Antlitz suchen.' Darum suche ich auch, Herr, dein Antlitz"* (LUT). Das betende Herz darf Gott dessen eigene Worte vorhalten.

Biblisch getränkte Gebete 2: Geländer-Gebete suchen

Wenn wir noch einmal zum Gebet der Jerusalemer Gemeinde in Apostelgeschichte 4 zurückkehren, dann können wir eine weitere Beobachtung machen – eine, die nach meinem Eindruck einen noch größeren positiven Einfluss auf unser Beten hat. Das Gebet der Gemeinde greift nicht nur an einer einzelnen Stelle ein einzelnes Bibelwort auf, sondern ist in seiner ganzen Anlage, in seiner Gedankenführung einem alttestamentlichen Gebet so ähnlich, dass man annehmen muss: Die Beter in Jerusalem hatten eine Art Gebetsvorlage. Sie nutzten ein biblisches Geländer für ihr Gebet. Es ist das Gebet von König Hiskia, der in der belagerten Hauptstadt Jerusalem festsitzt, von Sanherib bedroht wird und sich dann an Gott wendet:

> O Herr der Heerscharen, Gott Israels, der du über den Cherubim thronst! Du allein bist Gott über alle Königreiche der Erde. Du bist es, der Himmel und Erde geschaffen hat. Neige dein Ohr, o Herr, und höre! Öffne deine Augen, o Herr, und sieh! Höre alle Worte Sanheribs, die er schickte, um gegen den lebendigen Gott zu lästern. Es stimmt ja, Herr, dass die Könige Assyriens all jene Völker und deren Länder vernichtet haben. Sie haben ihre Götter ins Feuer geworfen, denn es waren ja gar keine Götter, sondern nur Werke von Menschenhand aus Holz und Stein. Die konnten sie vernichten. Und nun, o Herr, unser Gott, rette uns aus seiner Hand! Dann werden alle Königreiche der Erde erkennen, dass du allein, o Herr, Gott bist. (Jesaja 37,16-20)

Die Parallelen zum Gebet der Gemeinde in Jerusalem sind auffällig:

- Die Beter reden Gott als den mächtigen Schöpfer an. Sie vergewissern sich also, wer denn ihr Gott ist und wie weit seine Macht reicht. Sie lassen sich von ihrer Bedrängnis nicht den Blick auf das Wesen Gottes verstellen.
- Die Beter breiten ihre gesamte Lage vor Gott aus. Auch die Namen der Gegner (Sanherib, Herodes) werden genannt. Natürlich weiß Gott längst Bescheid und muss nicht erst informiert werden. Doch die Beter stecken ja tief drin in ihrer Bedrohung und müssen das nicht mit einer frommen Geste überspielen. Sie dürfen zur Sprache bringen, was ihnen Sorgen macht und ihre Gedanken erfüllt. Sie zeigen es Gott, als ob sie sagen wollten: „Nun sieh dir das an!"
- Sie machen sich die Grenzen menschlicher Macht klar. Die Götter der Völker, die um Israel herum lebten, waren bloß Menschenwerk. König Sanherib, der diese Völker besiegte,

war also nicht etwa stärker als göttliche Mächte, sondern nur stärker als ein paar Holz- und Steinfiguren. Ebenso hatten Herodes und Pilatus keine größere Macht als Gott, sondern waren in seinen Plan eingefügt.

- Das Ziel des Gebets ist mehr als Rettung aus Not. Gott soll zur Geltung kommen - indem die Völker ihn anerkennen (so betet es Hiskia), indem der Name von Jesus sich als mächtig erweist (so bittet es die Gemeinde).

Anders und anderes beten

Dadurch, dass die Jerusalemer Christen entlang eines biblischen Geländers beten, wird ihr Horizont deutlich erweitert. Sie bleiben nicht in ihren eigenen Gefühlen und Gedanken gefangen. Sie beten nicht nur das, was sie von sich aus für möglich halten würden. Durch die Orientierung am biblischen Gebet beten sie *anders* und sie beten *anderes.* Gottes Welt bricht in ihr Denken und Beten ein. Ihr Gespräch mit Gott bekommt eine andere Qualität. Es wächst über sich hinaus.

Die Bibel enthält eine Menge Gebete, die man als Geländer für das eigene Gebet nutzen kann. Diese Gebete lassen den Beter am Ende anders dastehen, als wenn er nur mit eigenen Worten gebetet hätte. An einigen Beispielen möchte ich das zeigen.

Psalm 36

Psalm 36 ist ein betrachtendes Gebet unter dem Eindruck, dass die gläubigen Menschen von vielen Gottlosen umgeben sind. Der Gegensatz zwischen den Frommen und den Glaubenslosen ist das, was den Beter beschäftigt. Dieses Lebensgefühl ist auch heute vielen Christen vertraut. Sie sehen sich als Minderheit im Land. Sie erschrecken darüber, dass die Gesellschaft immer weltlicher wird und dass der Respekt vor dem Glauben oder auch nur vor christlich geprägter Kultur immer schneller abnimmt. In der Vergangenheit verstand es sich irgendwie von selbst, dass das Christentum die kulturbestimmende Kraft in den deutschsprachigen Ländern ist, doch das stellt sich zunehmend anders dar. Manche Christen sind darüber besorgt, andere richtiggehend empört.

Auf diesem Hintergrund nimmt der 36. Psalm einen bemerkenswerten Gedankenweg. Er setzt mit einer Klage über die allgemeine Gottlosigkeit ein: Keine Ehrfurcht vor Gott! Lug und Trug überall! Doch dann (ab Vers 6) bricht die Perspektive völlig um. Nun richtet sich der Blick auf die Größe Gottes und auf den unendlich weiten Horizont seiner Güte: *„Herr, deine Gnade ist so weit wie der Himmel."* Gott sorgt für alle Menschen, ja sogar für die Tiere. Seine Güte ist für jeden zugänglich, der sie sucht. Er ist die Quelle allen Lebens. Von dieser Größe Gottes können die Gottlosen keinen Millimeter wegnehmen. Das Licht Gottes ist keine Spur eingetrübt dadurch, dass es böse Menschen gibt. Das Gebet hat hier jeden Klang von Sorge und Empörung verloren, ebenso auch jede Versuchung zur Selbstgerechtigkeit. Das Ziel des Psalms sind das Gebet und der Schutz für diejenigen, die Gott treu sind. Ihre manchmal bedrohte Lage wird nicht schöngeredet - aber einfach Gott anvertraut. Am Ende sind die Gottlosen zu Fall gekommen. Das Böse hat sich - vielleicht durch die eigene Bosheit - selbst erledigt. Die Frommen mussten nicht gegen die Gottlosigkeit kämpfen. Der Beter hat sich nur ein wenig mit dem Bösen beschäftigt, dann aber ganz auf Gott konzentriert.

Das ist ein innerer Weg, der heilsam ist. Er kann erlösen von Bitterkeit oder Entmutigung. Nur - einen solchen gedanklichen Weg bekommt man als Beter oft nicht von allein hin. Ist der Weg aber vorgebahnt, nämlich durch ein biblisches Gebet wie den 36. Psalm, kann man aus seinem eigenen Muster leichter aussteigen. Kann sich in einen größeren Zusammenhang stellen. Kann seinen Gedanken eine positive Richtung geben. Kann näher an Gottes Willen beten.

Epheser 1,19-25

Manchmal kommt es auf die Zielgerade an, die ein biblisches Gebet einschlägt. Wer so ein Gebet mitbetet, wird in eine Richtung umgelenkt, die er sonst nicht gefunden hätte.

So eine „Gebetskurve" enthält zum Beispiel die Fürbitte für die Gemeinde in Ephesus (Epheser 1,19-25). Paulus betet hier, dass die Christen die Größe und Kraft Gottes immer mehr erkennen. Diese Kraft zeigt sich am klarsten in der Auferweckung von Jesus. Deshalb bleibt Paulus noch einen Moment bei diesem Thema und entfaltet, welche Hoheit Christus nun hat: Er nimmt einen Ehrenplatz im Himmel an Gottes Seite ein, er ist Herr über alle und alles, auch über alle irdischen und himmlischen Mächte, seien sie in der gegenwärtigen oder in der zukünftigen Welt. Mehr kann man kaum über Jesus sagen. Größer kann man nicht von ihm reden. Man würde also erwarten, das Gebet hätte seinen Gipfel erreicht und wäre zum Ziel gekommen. Doch nun nimmt es noch eine Wendung, die es in sich hat:

> Gott hat alles der Herrschaft von Christus unterstellt und hat Christus als Herrn über die Gemeinde eingesetzt. Die Gemeinde aber ist sein Leib, und sie ist erfüllt von Christus, der alles ganz mit seiner Gegenwart erfüllt. (Epheser 1,22-23)

Das Ziel des Gebets liegt nicht darin, dass Christus über das Universum herrscht, sondern dass er Herr über die Gemeinde ist! *Das* ist erst der wirkliche Höhepunkt der Macht von Jesus. Erst jetzt ist die Größe von Christus zur vollen Entfaltung gekommen. Die Gemeinde „überbietet" in diesem Gebet sozusagen alle anderen Mächte des Universums. Die Mächtigen der Welt sind Herrschaftsgebiet von Jesus, schön und gut – aber die Gemeinde ist es auch, und das wird zuletzt besonders betont!

Dieses Gebet zeigt also etwas von der Würde und Hoheit der Gemeinde in Gottes Augen. Deshalb ist die Gedankenführung dieses Gebets heilsam für mich, wenn ich gerade einmal über meine Gemeinde enttäuscht bin und wenn ich daran leide, dass es dort doch oft allzu menschlich zugeht. Natürlich kommen in solchen Momenten immer wieder Fragen auf: Das soll jetzt der Ort sein, an der sich die großen Verheißungen Gottes erfüllen? Mich dann aber hinzusetzen und mein Gebet so zu gestalten, wie Paulus seine Fürbitte formte, das ist Medizin gegen die Enttäuschung. Das rückt meinen Blick wieder zurecht. Das zeigt mir: Ich kann gerade nur einen kleinen Ausschnitt des großen Bildes sehen. Aus Gottes Perspektive ist die Gemeinde aber eben ein ganz besonderer Ort: Herrschaftsgebiet des unendlich mächtigen Christus.

Aus Gottes Perspektive ist die Gemeinde ein ganz besonderer Ort: Herrschaftsgebiet des unendlich mächtigen Christus.

2. Timotheus 2,11-13

Eine Gebetsspur, die unerwartet zur unendlichen Barmherzigkeit Gottes führt, finden wir in dem Lobpreis, den Paulus im 2. Timotheusbrief formuliert (oder vielleicht zitiert). Zunächst nennt Paulus einige Dinge, die Gott uns geben wird:

> Dies ist ein wahres Wort:
> Wenn wir mit ihm sterben, werden wir auch mit ihm leben.
> Wenn wir mit ihm leiden, werden wir mit ihm herrschen.
> Wenn wir ihn verleugnen, wird er auch uns verleugnen.

Bis hierher ist dieses Bekenntnis ganz folgerichtig und logisch aufgebaut: Auf unser Verhalten reagiert Gott mit einem entsprechenden Verhalten seinerseits. Wenn wir uns Gott hingeben (sterben, leiden), wird er uns eine umso größere Gabe dafür geben (leben, herrschen). Das gilt allerdings auch, wenn wir uns ihm *nicht* hingeben: Dann müssen wir mit einer entsprechenden Reaktion Gottes rechnen.

So weit, so konsequent. Doch dieses Bekenntnis geht noch weiter - und wieder kommt es auf die „Schlusskurve“ an, die der Gedanke nimmt:

> Wenn wir untreu sind, …

Als Fortsetzung wäre hier - dem bisherigen Verlauf des Gebets zufolge - die Konsequenz zu erwarten: „… wird er auch uns seine Treue entziehen.“ Doch so endet das Gebet nicht! Der Zielgedanke lautet vielmehr:

> Wenn wir untreu sind, bleibt er treu, denn er kann sich selbst nicht verleugnen.

Hier wird die Logik und Konsequenz plötzlich aufgebrochen! Gott reagiert nicht mehr in Entsprechung zu unserem Verhalten, sondern im Gegensatz. Entziehen wir ihm die Treue, zieht er doch seine Treue nicht von uns ab. Und zwar, weil er sie nicht von sich selbst, von seinem eigenen Wesen abziehen kann. Er bleibt sich treu - und daher (jetzt doch wieder konsequenterweise) bleibt er auch uns in Treue verbunden.

Dieses Bekenntnis lässt also Gottes unerwartetes, unlogisches und gerade deshalb so kostbares Erbarmen hell aufleuchten. Immer wenn ich diese Sätze lese, staune ich und mein Herz wird mir warm - so ist Gott!

Wenn ich dieses Gebet als Geländer für mein Beten nutze, dann heißt das: Auch meine Gebete dürfen ein kühnes „Mehr“ an Hoffnung haben. Ich darf mich fragen, ob ich in meinen Gebeten schon die Weite von Gottes Liebe ansatzweise erfasst habe oder ob es da nicht noch viel mehr zu entdecken gibt. Und ich kann versuchen, mein Beten immer wieder in die Richtung des Staunens zu lenken: Wenn Gott so ist, wie er sich an vielen

Stellen seines Wortes gezeigt hat - kann ich es da mit einem kurzen Dank bewenden lassen? Sollte ich mir nicht ab und zu mehr Zeit nehmen, ihn im besten Sinne zu bewundern?

Wie führe ich mein Gebet den biblischen Geländern entlang?

Die Aufzählung solcher biblischer Geländer-Gebete ist sicher nicht vollständig. Ich habe nur die prägnantesten angeführt. Wie aber kann ich nun mein eigenes Gebetsleben mithilfe solcher Gebete gestalten? Wie setze ich die Geländer-Gebete ein? Ich sehe drei verschiedene Wege, die sich nicht ausschließen, sondern sich ergänzen.

- Zunächst kann ich das biblische Gebet, so wie es da steht, nachbeten: Ich lese jede Zeile langsam in betender Haltung und mit innerer Zustimmung. Dabei - oder in einem zweiten Durchgang - kann ich eigene Gedanken immer dort ergänzen, wo sie sich bei mir einstellen. Ich zweige also von der Hauptlinie des vorgegebenen Gebets links und rechts eigene Gedanken ab und wende mich dann den jeweils nächsten biblischen Worten zu. Man kann sich das mit dem Bild einer Fischgräte vorstellen: Die Abfolge der biblischen Worte ist das Rückgrat und die feinen von ihm ausgehenden Gräten sind meine eigenen Gebetsgedanken.
- Eine andere Möglichkeit ist, das biblische Gebet von Anfang bis zum Ende durchzubeten und danach mit eigenen Worten weiterzubeten. Das ist besonders für Gebete mit einer überraschenden Schlusswendung geeignet. Bei diesen Gebeten werde ich auf eine Spur gesetzt und gehe betend in dieser Spur weiter. Es ist wie bei einer Startbahn: Wenn das Flugzeug auf der Bahn die richtige Richtung und den nötigen Schwung bekommen hat, fliegt es selbst. Wenn mir das biblische Gebet Ausrichtung und Energie gegeben hat, bete ich selbst weiter.

- Die anspruchsvollste, reifste Möglichkeit, die sicherlich ihre Zeit brauchen wird, ist diese: Ich mache mich mit den biblischen Gebeten, seien es Psalmen oder andere Gebete, so vertraut, dass ich die Haltung, die Blickrichtung, die Wendungen, die Gelassenheit, die Ehrlichkeit, die Kühnheit biblischen Betens tief erfasst habe. Dann wird mein Gebetsleben über die Länge der Zeit mehr und mehr von biblischem Gebetsgeist geprägt. Aus dem Umgang mit den Gebeten der Bibel ist eine Sichtweise erwachsen, die meine Gebete den Gebeten der Heiligen Schrift ähnlich macht. Ich kann das, was mich beschäftigt, in den größeren Rahmen von Gottes Geschichte stellen. Mir steht klarer vor Augen, wer Gott in Wahrheit ist und was alles zu seinen Möglichkeiten gehört. Ich stelle mir das am Bild eines Wadis vor. Ein Wadi ist ein Flussbett in der Wüste, das die meiste Zeit trocken ist. Bei plötzlichen Regengüssen füllt es sich aber rasch mit Wasser und die Fluten „wissen", wohin sie fließen sollen. Beschäftige ich mich über längere Zeit mit den Gebeten der Bibel, werden Wadis in meinem Herzen gebahnt. Wenn ich mir dann Zeit zum Beten nehme oder auch nur kurz ein Anliegen oder eine Situation vor Gott bringe, kann mein Gebet in diesen vor-gebahnten Flussbetten fließen. Auf diese Weise gewinnt mein Beten Fokus.

Der passende Psalm zur Situation

Die Kraft der Psalmen wurde mir vor einiger Zeit auf eine ganz besondere Weise deutlich. Es war November - von der Jahreszeit her, aber auch gefühlsmäßig an meiner Arbeitsstelle. Seit einigen Wochen sprach es sich herum: Die Firma ist in einer wirtschaftlichen Schräglage und es muss sich deutlich etwas ändern. Schnell war auch klar, dass dazu der Abbau von Arbeitsplätzen gehören würde. Wir wussten, dass wohl einige würden gehen müssen - wir wussten aber nicht, wer. Dementsprechend war die Stimmung.

Unsere Weihnachtsfeiern waren bis dahin traditionell immer fröhlich und ausgelassen gewesen. Doch solch ein Programm war in diesem Jahr fehl am Platze. Aus der Führungsebene kam ein doppelter Vorschlag: die Weihnachtsfeier etwas stiller und schlichter zu gestalten - und vorher mit allen, die das wollten, einen Gottesdienst feiern. Weil man sich meiner beruflichen Stationen erinnerte - ich habe 14 Jahre lang als Pastor gearbeitet - war ich hier rasch mit im Boot. Ich fand die Situation knifflig. Es gab sicher Kollegen, die nicht unter diesem Vorzeichen gemeinsam mit Kollegen und Chefs Gottesdienst feiern wollten. Von anderen Kollegen vermutete ich, dass sie gern die Gelegenheit nutzen wollten, all diese Zukunftsfragen vor Gott zu bringen. Wieder andere waren nicht selbst betroffen, nahmen aber großen Anteil an den Zukunftsängsten der Kollegen und hatten sicher den Wunsch, für sie zu beten. Und schließlich gab es auch Kollegen, in deren Abteilungen es rundgelaufen war, die Erfolge zu feiern hatten und die sich in einer Art Klage- oder Trauergottesdienst nicht wiedergefunden hätten.

Wie könnte man all diese unterschiedlichen Empfindungen zusammenbringen? Schnell kam mir die Idee: Das kann nur mithilfe von Psalmen geschehen. Diese alten ur-menschlichen und dabei so göttlichen Gebete sind gesammelt in einem „der wenigen Bücher, in dem man sich restlos unterbringt, mag man noch so verstreut und ungeordnet und angefochten sein" (Rainer Maria Rilke).[36] Eine passende Auswahl an Psalmen wäre in der Lage, jedem eine Art Anlegestelle zu bieten - sei es, dass er klagen wollte, danken, Gott für andere bitten oder einfach für das kommende Jahr beten. Und so machten wir es dann auch. Verteilt im Raum standen sechs große Plakate, auf denen verschiedenen Psalmtexte abgedruckt waren. Bei jeder Station konnte man auf eine andere Weise auf den Psalm reagieren, zum Beispiel eine Kerze anzün-

> Eine passende Auswahl an Psalmen ist in der Lage, jedem eine Art Anlegestelle zu bieten

den oder eine biblische Aussage auf dem Plakat persönlich unterschreiben. Man konnte auch einfach nur still dastehen, die Psalmworte lesen und innerlich mitbeten.

Wir machten an diesem späten Nachmittag gemeinsam die Erfahrung: Die Bibel hält, gerade im Buch der Psalmen, Worte bereit, die letztlich für jede Lebenssituation passen. Wenn es gelingt, den richtigen Psalm für die jeweilige Lage zu finden, dann kann man sich diesen Worten anvertrauen - sich in ihnen „restlos unterbringen".

Wenn der Hausherr in den Vorratskeller geht

Diese Erfahrung ist natürlich nicht nur in einem vorbereiteten Gottesdienst möglich, sie kann sich auch im persönlichen Gebet ereignen. Man kann sie in dem Maße erleben, wie man mit dem Psalmenbuch vertraut ist. Sich in den unterschiedlichen Charakter der einzelnen Psalmen einlesen und einüben bedeutet, einen Vorrat im Herzen zu haben, aus dem man, wenn es darauf ankommt, das Richtige abrufen kann. Es ist wie mit dem Hausherrn, von dem Jesus gesagt hat, dass er aus seinem Schatz Neues und Altes hervorholt (Matthäus 13,52). Im Anhang dieses Buches auf Seite 244 ist eine Übersicht zu finden, in der eine Reihe von Psalmen bestimmten Themen und Lebenslagen zugeordnet ist. Hier findet man einen Ausgangspunkt, wenn man in einer besonderen (oder auch gewöhnlichen) Empfindung den Weg ins Gebet sucht und sich dabei von einem Psalm leiten lassen will.

Den passenden Psalm zur Situation beten - das erfordert keineswegs, dass ich jedes Mal an einen Ort gehe, an dem ich mit meiner Bibel allein bin, und mir fünf oder fünfzehn Minuten der Stille einräume. Vielmehr ist es auch zwischendurch im Alltag möglich, mir einen Psalmruf zu nehmen, mich an ihn sozusagen anzuklammern und mich von ihm zu Gott tragen zu lassen. So hat es Bischof Joachim Wanke beschrieben. Er knüpft an das Psalmwort *„Herr, du kennst mich"* aus Psalm 139,1 an, das ihm aus dem Tageszeitengebet vertraut ist, und spielt durch, in was für Situationen dieser Ruf eine innere Klärung bringt. Wenn man sich missverstanden fühlt, wenn man in der Versuchung steht, sich über andere zu erheben, wenn man einsam oder von sich selbst enttäuscht ist: „‚Herr, du kennst mich!' Ein solches Wort befreit aus Verengungen, es macht das Herz weit und gibt Luft zum Atmen. Und es öffnet für einen kurzen Augenblick den Himmel über mir, über einer Situation."[37]

Psalmworte zwischendurch

Wanke fährt fort: „Ich nenne ein weiteres Beispiel: der Ruf des blinden Bartimäus, mit dem er sich voll Erwartung an den Herrn wendet: ‚Herr, ich möchte sehen können!' (Markus 10,51). Auch Bischöfe werden manchmal kritisiert. Schnell kann man darüber ärgerlich werden. Da kann ein solches Gebetswort helfen. Ich bitte darin um die Einsicht, vielleicht doch eigene Fehler und Schwächen zu erkennen und einzugestehen. Oder, in der umgekehrten Situation: Ich muss andere kritisieren. Da kann dieses Wort ‚Herr, ich möchte sehen können!' aufmerksam machen, dass es neben aller Kritik auch Positives am anderen oder an einer Situation festzuhalten gäbe. Oder: Ich bereite mich auf einen schwierigen Besuch vor. Der genannte Gebetsruf öffnet mich innerlich für das, was Gott mich sehen lassen will und was mir jetzt noch verborgen ist. Oder wenn ein Streit zu eskalieren droht: Das Gebetswort ‚Herr, ich möchte sehen können!' bringt mich zur Einsicht, dass vielleicht doch ich selbst den Balken im Auge habe und der andere nur den Splitter. Oder in der Situation der Überlastung, wenn ich im Begriff bin, mich selbst zu bemitleiden: Da kann ein solches Wort ‚Herr, ich möchte sehen können!' daran erinnern, dass ich mehr Grund habe zu danken als zu klagen. Das Selbstmitleid wird dann leichter unterbleiben - und dies wird auch meiner Umgebung gut tun."[38]

An diesem Beispiel zeigt sich, dass geeignete Gebetsrufe für verschiedene Situationen in der ganzen Bibel zu finden sind, nicht nur im Psalmenbuch. Wanke nennt eine Reihe von Beispielen[39]:

- „Bleibt in mir, dann bleibe ich in euch!“ (Johannes 15,4)
- „Seht, ich mache alles neu!“ (Offenbarung 21,5)
- „Gott, schaffe mir ein reines Herz!“ (Psalm 51,12)
- „Ich fürchte kein Unheil, denn du bist bei mir“ (Psalm 23,4)
- „Mein Herr und mein Gott!“ (Johannes 20,28)
- „Auf dein Wort hin werde ich die Netze auswerfen!“ (Lukas 5,5)
- „Rede, Herr, denn dein Diener hört“ (1. Samuel 3,10)

Dennoch wird der Psalter die wichtigste und schönste Quelle sein, wenn man Situationsgebete sucht. Es lohnt sich, in den Umgang mit den biblischen Psalmen zu investieren, denn der Ertrag ist auf lange Sicht überreich: Gottes Wort stellt sich ein, wenn ich es brauche. Meine Gedanken, die oft auseinanderflattern, sammeln sich zu Gott.

Schriftworte „ausbeten“

Die nächste Art, mit der Bibel zu beten, ist mir besonders kostbar. Ich habe aus ihr eine tief ansetzende neue Orientierung gewonnen, ja mehr noch: Meine Seele wurde heil durch diese Weise zu beten.

Als ich Gemeindepastor in Marburg war, gab es eine Zeit, in der mich eine meiner Haupt-Anfechtungen voll erwischt hatte: das Gefühl eines breit angelegten Ungenügens. Ich war von dem seltsamen Bewusstsein umfangen, dass ich meist in einer Art Negativ-Zone lebte und mich erst einmal von einem Defizit auf einen Nullpunkt und dann in eine Art Guthaben voranarbeiten müsste. Dieses Lebensgefühl hatte natürlich nichts mehr mit Schwung und Rückenwind zu tun, sondern eher mit inneren Antreibern, die mir zuriefen: „Streng dich mehr an! Beweise deinen Wert!“

Mir war klar, dass diese inneren Antreiber nicht von Gott kamen. Der Druck war selbst auferlegt. Doch diese Einsicht allein reichte nicht, um ihn abzuschütteln. Schon damals fuhr ich meist mit dem Fahrrad ins Büro, und eines Tages wählte ich den etwas längeren, aber schöneren Fahrradweg durch die Lahnaue in die Innenstadt. Ich wollte unterwegs an einer Bank anhalten, um dort zu beten. Dabei kam mir ein Bibelwort in den Sinn, das mir wohl vertraut war, nun aber besonders zu mir sprach:

> So gibt es nun keine Verdammnis für die, die in Christus Jesus sind. (Römer 8,1 LUT)

Keine Verdammnis? Keine Stimme, die mich verurteilt und die mir ein Defizit bescheinigt? Das fiel ganz tief in meine Seele. Vor Gott *ist* bereits alles erbracht! Ich bin längst im positiven Bereich! Seit diesem Morgen ist die Bank am Lahn-Radweg, auf der ich damals saß, für mich zu einem heiligen Ort geworden, einem Zeichen der Erinnerung an Gottes Reden zu mir.

Ich wusste, dass die folgenden Sätze in Römer 8 diesen großartigen Freispruch weiter entfalten, und vertiefte mich in der Folgezeit deshalb in dieses Kapitel. Ich las da: Was Gottes Wille fordert, wird „in uns erfüllt“ (Vers 4). Nicht *durch* uns, sondern *in* uns; nicht zuerst durch eigenes Tun, sondern durch die wirksame Kraft des Heiligen Geistes. Wenn der also in mir Gottes Willen erfüllt, brauche ich mich nur noch dieser Kraft auszusetzen und mich an sie dranzuhängen. Dies zwar mit all meinem Willen und all meinem Einsatz – aber nicht ich bin es, der dem Willen Gottes eine Schneise in meinem Leben schlägt, sondern diese Schneise wird schon durch Christus, durch seinen Geist geschlagen.

Weiter las ich: Alle, die von Gottes Geist bestimmt sind, streben nach dem, was dem Geist entspricht (Vers 5). In mir ist also eine innere Bestrebung wirksam, ein starker Einfluss auf meinen Willen und meine Motive. Ich muss – wenn ich mich Gottes Geist aussetze – mir selbst nicht mehr grundsätzlich misstrauen, als ob ich nur Halbherziges oder Eigennütziges zustande brächte.

Gelesenes zum Gebet umformen

Mir gingen über dem Lesen von Römer 8 etliche Lichter auf und zugleich fielen mir einige Steine vom Herzen. Diese kostbaren Einsichten wollte ich mir bewahren, ich wollte sie tief in mich einpflanzen. Deshalb begann ich, die Kernsätze der Verse 1-17 in ein Gebet umzuformen. Ich bildete aus den Sätzen, die da über mich stehen, Gebetssätze zu Gott hin. Manche nennen das: ein Schriftwort „ausbeten"; es also betend vor Gott ausbreiten.

Mein Römer-8-Gebet lautet seitdem so:

> *Anbetung dir, denn in dir gibt es für mich keine Verurteilung mehr. Was dein Wille fordert, wird in mir erfüllt. Von deinem Geist bin ich bestimmt, auch meine Motive und Absichten. Gott kann ich so gefallen und empfange Leben und Frieden. Nicht mehr bin ich meiner Selbstsucht verpflichtet. Vom Geist lasse ich mich leiten: kein Sklavengeist, der Angst empfindet, sondern ein kindlicher Geist, der Gewissheit empfängt. All das durch dich, Jesus Christus. Anbetung dir!*

Wer seine Bibel nimmt und diese Gebetssätze mit den Formulierungen von Paulus in Römer 8 vergleicht, wird schnell erkennen, wie jeder Satz aus dem Bibeltext herausgezogen ist:

„Anbetung dir,

- denn in dir gibt es für mich keine Verurteilung mehr. (Vers 1)
- Was dein Wille fordert, wird in mir erfüllt. (Vers 3)
- Von deinem Geist bin ich bestimmt, auch meine Motive und Absichten. (Vers 5)

- Gott kann ich so gefallen und empfange Leben und Frieden. (Vers 8 in sachgemäßer Umkehrung; Vers 6)
- Nicht mehr bin ich meiner Selbstsucht verpflichtet. (Vers 12)
- Vom Geist lasse ich mich leiten. (Vers 14)
- kein Sklavengeist, der Angst empfindet, sondern ein kindlicher Geist, der Gewissheit empfängt. (Verse 15-16)
- All das durch dich, Jesus Christus. Anbetung dir!"

Ich habe mir dieses Gebet aufgeschrieben, ausgedruckt und in meine Bibel gelegt (ergänzt durch einige weitere bewährte Gebetsformulierungen, die ich in meinem Gebetsleben nicht missen möchte). Außerdem ist es in meinem Smartphone gespeichert. Ich bete diese Sätze nicht täglich, phasenweise sogar eher selten, aber ich weiß, dass ich jederzeit auf sie zurückgreifen kann. Es ist ein tiefes Vernehmen und Annehmen von Gottes Wort. Ich bin es zwar, der das betet, aber zugleich ist es Gottes Stimme zu mir hin. Diese Worte immer wieder zu beten, fest formuliert, unspontan, das ist für mich Medizin und es ist zutiefst vom Geist bestimmt. Feste Form und freies Wirken des Geistes sind hier eins. „Liturgie" und Inspiration passieren in derselben Sekunde.

Ich erzähle von dieser Gebetserfahrung nicht vorrangig, weil ich die Befreiung, die in mir zu wirken begann, mitteilen will (obwohl ich dieses wertvolle Geschenk gern auch teile), sondern hier geht es mir um die Gebetsweise, um die Methode: Schriftworte ausbeten. Diese Methode lässt sich auf viele Bibelworte und auf längere Bibelabschnitte anwenden. Jedes Schriftwort kommt infrage, das einmal eine persönliche Bedeutung für jemanden gewonnen hat. Wenn man dann dieses Wort (oder diese Sätze) nicht nur liest, nicht nur zu behalten versucht, sondern in ein Gebet umsetzt, dann passiert zweierlei: Die Wahrheit Gottes verankert sich tiefer im eigenen Herzen – und man gibt Gott zugleich eine Antwort auf sein Wort. Man bekennt sich dazu: Ja, das gilt auch mir; ja, das will ich für mich glauben. Dieser Antwort-Charakter des Gebets hebt die Methode

„Schriftworte ausbeten" deutlich auf eine besondere Ebene. Sie ist keineswegs nur eine Psychotechnik, eine Selbstvergewisserung, gar eine Autosuggestion, sondern sie ist Teil eines lebendigen Gesprächs mit Gott, der ja außerhalb von mir selbst ist. Diese Methode führt mich also über mich selbst hinaus - wie das typisch fürs Beten ist. Es entsteht ein echtes Antwort-Gebet, wirkliche Kommunikation mit einem Gegenüber.

Ein Lob von Gottes Güte

Diese Methode auf kürzere Schriftworte anzuwenden, dafür gibt es unzählige Möglichkeiten. Eine grundlegende Beschreibung von Gottes Wesen steht zum Beispiel in Psalm 30,6 (siehe auch Seite 109). Daraus könnte etwa folgendes Gebet entstehen:

> *Ich ehre dich, mein Gott, denn du bist ein lebendiger Gott, voller Leidenschaft, und empfindest wohl auch Zorn. Ich danke dir, dass dein Zorn dabei begrenzt ist. Deine Güte ist unendlich viel ausdauernder. Du bist mein Gott, der mich mit dieser Güte umgibt – mein Leben lang. Danke, dass du meiner Lebensgeschichte in alle Zukunft eine Bestimmung gegeben hast. Du kennst meine Tränen und alle dunklen Nächte. Du weißt aber auch schon, wann der Morgen kommt und damit die Freude.*

Man könnte auch knapper und einprägsamer beten:

> *Du bist mein Gott, dessen Güte seinen Zorn überwiegt. Ich bin dein Kind, umfangen von deiner Güte. Trauer und Tränen hältst du nicht von mir fern, doch die Freude des hellen Morgens kommt zur rechten Zeit zu mir.*

Dank für Vergebung

Ein anderes Beispiel ist 1. Johannes 1,9. Davon abgeleitet könnte man etwa so beten:

Mein Gott, du bist gerecht und gleichzeitig treu. Danke, dass du in Treue die Schuld vergibst. Danke, dass ich rein werden kann, frei von Ungerechtigkeit, gerecht wie du. Schenke und erhalte mir den Mut, meine Sünden zu bekennen.

Freude an Gottes Zusagen

Ein inhaltsstarker längerer Schriftabschnitt, der gut „ausgebetet" werden kann, findet sich in 2. Petrus 1,3-11. Diese Sätze enthalten eine ganze Reihe von Zusagen und Verheißungen. Darüber hinaus finden sich darin auch Mahnungen und Aufträge. Ein Gebet, das besonders die Verheißungen betont, könnte so aussehen (am besten, man legt jetzt beim Lesen seine Bibel daneben, um mit dem Originaltext zu vergleichen):

Danke: Ich bin versorgt und beschenkt. Du hast mir alles gegeben, was ich brauche, um mit dir zu leben.

Danke: Ich darf wissen, woher ich komme. Du hast mich durch deine Herrlichkeit und Güte berufen.

Danke: Ich bin unvorstellbar reich. Du hast mir die kostbaren und allergrößten Verheißungen geschenkt. Das ist mehr als ich fassen kann: Ich darf Anteil haben an deiner göttlichen Natur!

Danke: Mein Leben hat ein Ziel. Du stellst mich auf einen Wachstumsweg. Ich darf zunehmen an vorbildlichem Leben, Einsicht, Selbstbeherrschung, Geduld, Ehrfurcht vor dir, Liebe zu meinen Geschwistern, Liebe zu allen Menschen. All das will wirksam werden und sich mehren.

Danke: Ich bin frei von der Vergangenheit. Du hast mich reingewaschen von den früher begangenen Sünden.

Danke: Ich bin gehalten und geborgen. Du sorgst dafür, dass ich nicht zu Fall komme.

Danke: Ich habe eine ewige Zukunft. Du gibst mir Zugang zu der ewigen Herrschaft meines Herrn und Retters Jesus Christus.

Dieses Gebet ist durchaus einseitig, denn es legt die Betonung darauf, was Gott tut. Es ist jedoch nicht schwer, auch den Anspruch und die Mahnungen aus diesem Bibelabschnitt herauszuziehen und Gott dann darum zu bitten, dass ich das in meinem Leben umsetzen kann:

Hilf mir, mich zu bemühen, aus meinem Glauben all das folgen zu lassen, was du in meinem Leben sehen möchtest. Bewahre mich vor Blindheit und Kurzsichtigkeit. Erinnere mich daran, dass ich von meinen früheren Sünden gereinigt bin. Gib mir die Kraft, meine Berufung und Erwählung zu festigen.

Ein weiterer sehr tief gehender Bibelabschnitt, der sich dazu eignet, in ein Gebet umgesetzt zu werden, ist das Gebet von Jesus in Johannes 17. Hier ist unfassbar viel von dem genannt, wer Jesus für uns ist, was er für uns tut, wer wir als seine Jünger sind und was uns auszeichnet. Wer das „ausbeten" will, hat viel zu schöpfen.

Gott nach einem Schriftwort fragen

Auch für die hier angeführten Gebete gilt: Es sind Beispiele dafür, wie man Schriftworte in Gebete umsetzt. Es sind Illustrationen für die Methode. Natürlich könnte man gerade die Gebete, die ich eben genannt und erläutert habe, nehmen und nachbeten. Doch viel tief gehender und viel authentischer wird es sein, sich eigene Gebete zu entwickeln. Möglicherweise gibt es ja bereits Bibelabschnitte, die im eigenen Leben eine große Prägekraft entfaltet haben. Diese Kraft kann sich verstärken, wenn man solche Abschnitte ausbetet. Oder aber man bittet Gott darum, ein Schriftwort oder einen Bibelabschnitt persönlich aufleuchten zu lassen. Daran schließt man einige Wochen an, in denen man betend und besinnend mit der Bibel umgeht. Das Wort, das Gott dann möglicherweise schenkt, wird der Ausgangspunkt für das daraus abgeleitete Gebet.

Dass solche ausgebeteten Schriftworte eine Segenskraft im Leben freisetzen, ist mittlerweile deutlich geworden. Darüber hinaus ist es aber auch eine äußerliche Hilfe, auf diese Weise zu beten. Denn so wird die Gebetszeit fokussiert und die Aufmerksamkeit auf ein Zentrum hin gesammelt. Die Angriffsfläche für Ablenkung und Zerstreuung wird immer geringer.

Psalmen als Landkarten meines Lebens

Gibt es eigentlich Bibeltexte, die so gut wie *alle* meine Lebenserfahrungen abdecken? Die von allen Feldern meines Lebens sprechen und in denen die Gebetsanliegen genannt sind, die für mich zu allen Zeiten wichtig sind? Wenn ja, dann hätte ich mit solchen Bibeltexten ein hilfreiches Muster für meine Gebetszeiten. Ich könnte an diesen Bibeltexten entlanggehen, hätte einen roten Faden für mein Gebet und müsste mir keine Sorgen machen, den Faden zu verlieren.

Als ich mich auf die Suche nach solchen Bibeltexten gemacht habe, bin ich tatsächlich fündig geworden. Es sind nicht viele Abschnitte. Die allermeisten Bibeltexte sind in einer bestimmten Situation entstanden oder sprechen für eine bestimmte Situation. Aber zwei Psalmen sind für mich ganz breit aufgestellt und thematisieren eine Fülle von Lebenserfahrungen, in denen ich mich oft wiederfinden kann. Interessanterweise sind das Psalmen, die mir lange Zeit sperrig vorkamen. Sie scheinen zusammenhanglos zu sein, der Gedankengang wirkt sprunghaft, die Folge der angesprochenen Themen beliebig. Doch gerade aus dieser Sprunghaftigkeit ergibt sich, dass eine Fülle von Lebenserfahrungen zur Sprache kommt, und deshalb kann ich viel von meinem Leben darin wiederfinden. Diese für mich zunächst so spröden Psalmen sind mir mittlerweile richtig lieb geworden.

Psalm 147

Der erste von ihnen ist Psalm 147. Ich bin ihn durchgegangen und habe einzelnen Versen oder Formulierungen die Erfahrungen zugeordnet, die ich auch aus meinem Leben kenne. Dafür habe ich die Verse oben nicht der Reihe nach notiert, sondern nach Lebensfeldern. Dabei ist folgende Sammlung herausgekommen:

Lebensfeld	Psalmwort	Meine Gebetsgedanken
Lobpreis	„Halleluja! Ja, es ist gut, unserem Gott Loblieder zu singen! Ihn zu loben, macht froh und ist wunderschön!" (Vers 1).	Danke: Mein Herz findet zu sich.
	„Er zählt die Sterne und nennt jeden einzelnen beim Namen" (Vers 4).	Ich ehre ihn, weil er überlegen ist.
	„Unser Herr ist groß und seine Macht ist gewaltig! Seine Erkenntnis übersteigt alles, was wir begreifen können!" (Vers 5).	Gott weiß es einfach besser!
	„Singt dem Herrn Danklieder, lobt unsren Gott mit Harfenklang. Er bedeckt den Himmel mit Wolken und spendet der Erde Regen. Er lässt auf Bergen grünes Gras sprießen" (Vers 7-8).	Ich danke Gott für die Natur an meinem Wohnort und meine Spazierwege, auf denen ich mich erhole.
Fürbitte	„Er heilt gebrochene Herzen und verbindet Wunden . […] Der Herr hilft den Demütigen, die Gottlosen aber wirft er zu Boden" (Vers 3.6).	Hier nenne ich Namen von einzelnen aus meinem Bekanntenkreis, der Gemeinde und meiner Männergruppe, die einen besonderen Segen von Gott brauchen.
	„Er ernährt die wilden Tiere und die jungen Raben, die nach Nahrung schreien" (Vers 9).	Hier bete ich nicht für die Tiere, sondern knüpfe daran an, dass Gott ein Versorger ist. Das wende ich auf zwei Gebete an, das für „meinen" Täufling Johannes,

		dessen Gebetspate ich bin, und das für unser Patenkind in Kenia, das wir als Familie finanziell unterstützen.
	„Der Herr baut Jerusalem wieder auf und führt die Verschleppten Israels zurück“ (Vers 2).	Dieser Vers ist Anlass, für Gottes Volk in Israel zu beten – ein Fürbitteanliegen, das mir nur selten von allein einfällt, an das ich mich aber durch diesen Psalmvers erinnere.
Meine Kinder	„Er hat die Riegel deiner Tore fest gemacht und die Kinder in deiner Mitte gesegnet“ (Vers 13).	Ich bete für meine beiden Kinder und deren konkrete Lebensbereiche (Gesundheit, Ausbildung, Beziehungen, Gemeinde, Zukunft etc.).
Mein Auskommen	„Er hat … dich mit bestem Weizen gesättigt“ (Vers 14b).	Ich bete für langfristig nötige Geldausgaben wie das Abzahlen des Hauskredits oder die Anschaffung eines neue(re)n Gebrauchtwagens.
Unwillkommene Zeiten	„Er schickt Schnee wie weiße Wolle und streut auf den Boden Reif wie Asche aus. Er schleudert Hagel wie Steine. Wer kann in dieser Kälte überleben? Doch auf sein Wort hin schmilzt alles wieder. Er schickt seine Winde, und das Eis taut“ (Vers 16-18).	Sofern keine akuten Probleme oder Krisen anliegen, bete ich für Ausdauer im Leben und dass ich in meinem Beten das Vertrauen behalten kann. (Zu anderen Zeiten könnten hier sehr konkrete Anliegen hingehören.)
Gottes Volk – seine Gemeinde	„Er hat Jakob sein Wort offenbart und Israel seine Gebote und Gesetze verkündet. Keinem anderen Volk hat er sie gegeben; und sie kennen seine Gesetze nicht. Halleluja!“ (Vers 19-20).	Ich knüpfe an die Gaben an sein Volk an, beziehe sie hier auf die Gemeinde und bete für meine Gemeindeleitung; für das Miteinander der Generationen; für Menschen, die sich neu für Jesus entschieden haben; für weitere aktuelle Herausforderungen.
Gottes Wort, Gottes Reich	„Er erlässt seine Befehle über die ganze Erde – schnell verbreitet sich sein Wort!“ (Vers 15)	Hier bete ich für Menschen aus meiner Umgebung, die Jesus noch nicht kennen. Zugleich bete ich für mich, dass ich diese Menschen offen wahrnehmen kann, ohne Vorurteile. Meine Frau ist öfter unterwegs zu Vorträgen bei Frauenveranstaltungen, außerdem schreibt sie, wie auch ich, Bücher; ich bete, dass Gottes Wort auch auf diesen Wegen zum Ziel kommt.

Meine Berufung – die Felder, die Gott mir zugewiesen hat	„Er schafft Frieden in deinem Gebiet" (Vers 14a NEÜ).	Meine Verantwortungsbereiche sind hier im Blick: Ehe, Beruf, verantwortliche Mitarbeit in der Gemeinde, weitere Projekte am Schreibtisch. Wörtlich lautet dieser Vers: „Er schafft Frieden in deinen Grenzen." Ich bete also auch um das rechte Maß in allem: dass ich meine Grenzen nicht überschreite, Begrenzungen annehmen kann, aber mein Gebiet auch nicht zu zurückhaltend ausfülle.
Meine Hinwendung zu Gott; meine Umkehr	„Die Kraft eines Pferdes beeindruckt ihn nicht; wie armselig ist für ihn erst die Kraft eines Menschen. Doch der Herr hat Freude an denen, die ihn ehren und ihre Hoffnung auf seine Gnade setzen" (Vers 10-11).	Diese Sätze des Psalms decken auf, wo jemand sich auf das Falsche verlässt. Ich nehme das zum Anlass, Dinge zu bekennen, die ich vor Gott falsch gemacht habe. Manchmal stehen mir konkrete Verhaltensweisen vor Augen; zu anderen Zeiten spreche ich mit Gott über die Sünden, die mich immer wieder einholen, z.B. Trägheit, Menschenfurcht, Mutlosigkeit.

Sicherlich würde jeder seine Lebensthemen oder Lebensfelder anders benennen. Viele würden vielleicht auch andere Formulierungen aus diesem Psalm wählen, um ihr Leben dadurch zu beschreiben. Es ist ein sehr persönlicher Vorgang, sich in diesem Psalm zu spiegeln und das entstehende „Bild" zu notieren. Hier werden keine zwei Entwürfe einander gleichen, wenn verschiedene Menschen im Gebet von diesem Psalm ausgehen.

Im Gebet gehe ich konkret so vor, dass ich den betreffenden Vers des Psalms lese und von da aus für das entsprechende Lebensfeld bete. Mein Ausgangspunkt ist damit das, was der Psalm zu diesem Thema sagt. Ich habe also bereits eine Verheißung Gottes oder einen Gedanken Gottes dazu. Natürlich ist darin nicht alles enthalten, was Gott zu meinem Lebensfeld denkt oder was ich dafür bitten oder danken will. Ich setze mein Gebet deshalb gleich mit eigenen Worten fort. Aber indem ich den Psalm zugrunde lege, starte ich nicht bei meinen eigenen Worten, sondern Gottes Wort hat mir den ersten Schubs gegeben. Wenn ich mich beim Gebet allzu sehr in meinen eigenen Gedanken verliere und mich plötzlich ganz woanders wiederfinde, weit entfernt von dem, was ich eigentlich beten wollte, dann kann ich zu dem Psalmvers zurückkehren und mich daran wieder ausrichten. Meine Absicht ist dabei nicht, die ganze Bedeutungsbreite der betreffenden Psalmverse zu erfassen, ich betreibe an dieser Stelle keine Bibelauslegung. Ich lasse mir vielmehr verschiedene Wege ins Gebet weisen.

Natürlich ist es nicht immer begeisternd, eine Art Liste durchzubeten. Das kann schnell schematisch wirken - als ob es darum ginge, einzelne Punkte abzuhaken. Deswegen habe ich eine andere Methode entwickelt, um mir Gottes Wort und meine Lebensfelder noch anders vor Augen zu führen.

Meine Gebets-Mindmap

Ich habe den Psalm in eine Mindmap umgesetzt. Eine Mindmap stellt Zusammenhänge grafisch dar. Sie hilft, Übergeordnetes von Nachgeordnetem zu unterscheiden sowie Querverbindungen und Verknüpfungen hervorzuheben. Zugleich ist es eine kreative Methode, um Gedanken zu entwickeln und Themen für sich selbst zu ordnen.

Im Mittelpunkt steht das Thema oder das Stichwort, um das es geht. Von diesem Zentrum ausgehend trage ich - in Kreisen oder Wolken - die wichtigsten Unterthemen ein. Strahlenartige Linien verbinden jeden Kreis mit dem Zentrum. Von jedem Kreis können wiederum weitere Unterthemen ausgehen; sie werden in einer anderen Form (z. B. in einem Kasten) oder einer anderen Farbe eingetragen. Hier ist immer das am besten, was die Übersichtlichkeit fördert. Es ergibt sich letzten Endes eine große Übersicht über alle möglichen Aspekte eines Themas und wie diese Aspekte zusammenhängen können. Im Grunde ist es eine Art Landkarte der Gedanken, die entsteht, daher auch der Name Mindmap.

Der Vorteil dabei ist: Die Mindmap kommt unserem optischen Vorstellungsvermögen entgegen. Wir können uns die zentralen Punkte und die Verzweigungen unseres Themas viel plastischer vorstellen. Es wird beim Zeichnen und beim

Betrachten viel mehr Kreativität und Intuition freigesetzt, als wenn man alles nur in einer Liste untereinander schreibt. Bei einer Mindmap zählt daher nicht nur das Ergebnis: dass ein komplexes Thema nun übersichtlich dargestellt ist. Mindestens genauso wichtig ist der Vorgang, die Mindmap zu erstellen. Dabei klärt sich vieles, und eine Menge an Aspekten, die vorher noch gar nicht so klar waren, kommen an die Oberfläche.

Das mache ich mir zunutze, wenn ich eine Gebets-Mindmap erstelle. Für mich entsteht eine Landkarte meines Lebens oder meiner derzeitigen Lebenssituation. Und weil Gottes Wort – in Form von Psalmversen – ein Bestandteil dieser Mindmap ist, bildet sich so etwas wie die Landkarte meines Lebens aus Gottes Sicht. Es ist natürlich eine stark eingeschränkte Sicht, denn ihr liegt nur ein einziger Psalm zugrunde. Aber mir geht es ja darum, einen roten Faden für meine Gebetszeit zu finden, und dafür ist diese Methode auf alle Fälle geeignet.

Das Bild, das sich aus Psalm 147 ergibt, könnte so aussehen:

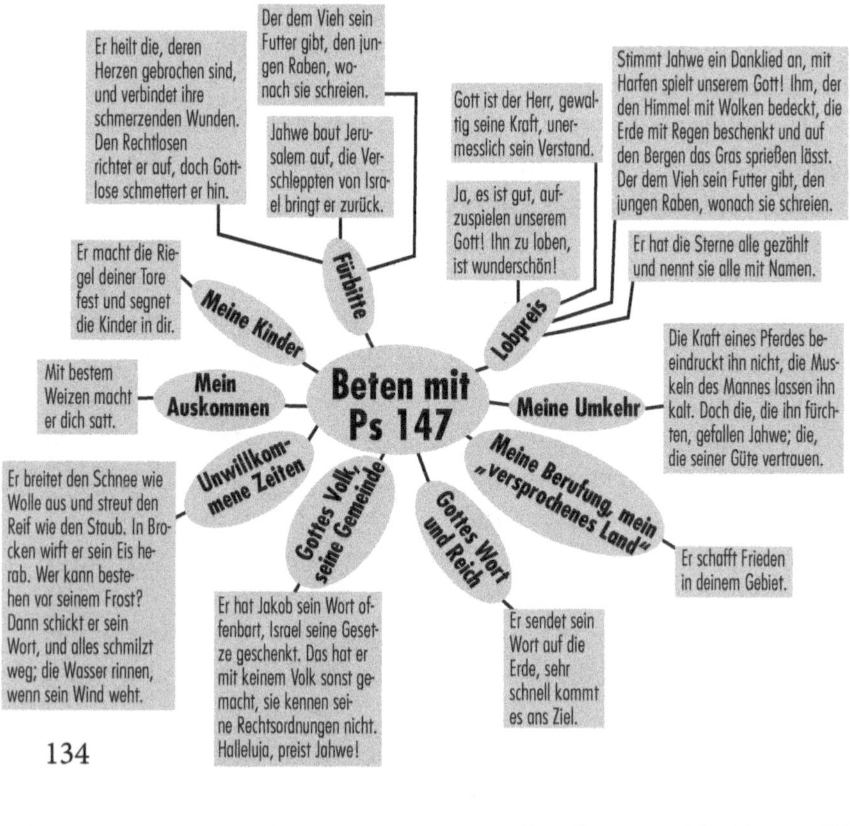

Diese „Landkarte“ ermöglicht es mir, Gebetszeiten in ganz unterschiedlichem Ausmaß zu gestalten. Habe ich viel Zeit, gehe ich ein Thema nach dem anderen durch. Ist weniger Zeit da, wähle ich einfach ein paar Punkte aus. Mein Blick wird bei diesem Gebet außerdem auf Lebensfelder gelenkt, die ich vielleicht längere Zeit aus den Augen verloren habe. Diese Mindmap hilft mir also, mich vor Einseitigkeit beim Beten zu bewahren.

Psalm 119

Ein weiterer Psalm, der viele meiner Lebenserfahrungen und -felder abbildet, ist Psalm 119. Lange Jahre war er für mich vor allem ein Kuriosum: dieser längste Psalm der Bibel mit seinen 176 Versen, die sich alle so sehr ähneln und bei denen man die Reihenfolge beliebig durcheinanderschütteln könnte, ohne dass sich im Psalm inhaltlich groß etwas ändern würde. Doch meine Gewohnheit, jeden Tag einen Psalm oder einen Psalmteil zu beten (siehe Seite 101), hat mich regelmäßig zu Psalm 119 geführt. Nach meinem jährlichen Psalmengebetsplan sind volle elf Tage dafür vorgesehen, diesen Psalm komplett zu beten. Ich tauche jedes Jahr neu in ihn ein und entdecke zunehmend seinen Reichtum.

Weil dieser Psalm so lang ist, sind es naturgemäß auch deutlich mehr Erfahrungen und Themen meines Lebens, die in ihm vorkommen. Es geht da um:

- Krankheit und Belastungen,
- Zukunftssorgen,
- den Nachtschlaf,
- den Rückblick auf die eigene Lebensgeschichte,
- die Gemeinde,
- das Wachstum des eigenen Charakters,
- Gaben und Grenzen,
- die eigene Leidenschaft und Berufung,
- Freiheit von Sorge,

- den eigenen Platz in der Welt,
- künftige Entscheidungen,
- Wartezeiten im Leben,
- Gelegenheiten, den Glauben zu bekennen,
- die eigene Identität,
- das Auskommen und die Finanzen,
- das, was Herz und Seele satt macht,
- den Tod,
- Gottes Wesen,
- sein Lob,
- die Schöpfung,
- das, was Jesus mit der Heiligung von Gottes Namen und dem Kommen seines Reiches meinte.

Das sind zumindest die Themen, die mich angesprochen haben. Jemand anderes würde sicher auch in diesem Psalm noch andere Lebenserfahrungen entdecken.

Die lange Aufzählung macht klar: Das ist wirklich eine Menge Stoff zum Beten. Damit kann man ausgedehnte Gebetszeiten gestalten und strukturieren - und die Anliegen immer wieder an Gottes Wort zurückbinden. Diese Rückbindung geschieht oft nur andeutungsweise, denn die betreffenden Verse des Psalms, die ein Thema oder eine Lebenserfahrung andeuten, sind ja keine kompletten Abhandlungen der biblischen Botschaft zu dem jeweiligen Lebensfeld. Aber der Psalm bietet immerhin eine Anregung zum Beten und eine Vorstellung davon, was Gott zu einem bestimmten Thema meint.

Zum Thema „Identität" zum Beispiel hat die Bibel ziemlich viel zu sagen. In Psalm 119 habe ich dazu vorwiegend dies gefunden:

> Wende dich zu mir und sei mir gnädig nach dem Anrecht derer, die deinen Namen lieben! ... Lass dein Angesicht leuchten über deinen Knecht, und lehre mich deine Ordnungen! (Vers 132.135 ELB)

Doch selbst diese beiden Verse sagen eine Menge über mich, und das führt mich tief ins Gespräch mit Gott:

- Ich verstehe mich vor allem als jemanden, der Gott liebt. Das ist mit das Wichtigste, was mich ausmacht. (Wichtiger für meine Identität wäre nur noch, dass Gott mich liebt. Das kommt in Psalm 119 nicht ausdrücklich zur Sprache. Hier hat der Psalm seine Grenzen. Aber im Gebet hindert mich natürlich nichts, diese wichtige Wahrheit ebenfalls mit Gott zu besprechen.)
- Ich bin jemand, der ein Recht darauf hat, dass Gott sich mir zuwendet!
- Ich bin Gottes Diener. Ich stehe ihm gegenüber also in einer Verbindlichkeit. (Aber das, so denke ich über den Psalm hinaus, macht mich zugleich frei von allen anderen Abhängigkeiten. Ich bin eben Gottes Diener und niemandem sonst unterworfen.)
- Ich bin jemand, über dem Gottes Augen leuchten.

Dieses kurze Beispiel zeigt: Psalm 119 sagt nicht alles, was ich für mein jeweiliges Gebetsanliegen wissen muss, aber er sagt so viel, dass ich den Weg ins Gebet finde.

Es würde den Lesefluss stören, wenn ich hier alle Verknüpfungen zwischen den Lebensfeldern und den entsprechenden Psalmversen aufzählen würde. Sicherlich ist aber deutlich geworden, wie ich Psalmen als „Landkarten meines Lebens" benutze, um mit ihrer Hilfe zu beten.

Gott mit neuen Namen anreden

Unter den vielen neuen Liedern, die in den letzten Jahren entstanden sind und in Gottesdiensten gesungen werden, ist eins mit folgenden Zeilen:

Mein Freudeschenker, mein Heimatgeber,
mein Glücklichmacher und mein Schuldvergeber,
mein Friedensbringer und mein Worteinhalter,
mein Lebensspender bist du.[40]

Wahrscheinlich geht es nicht nur mir so, dass ich diese Anreden an Gott sehr erfrischend finde. Hier hat jemand – *endlich*, möchte man fast sagen – neue Namen für Gott gefunden. Die ausgetretenen Pfade des „Herr Zebaoth", „Herr des Himmels", „allmächtiger Gott" sind hier verlassen. Nichts gegen ausgetretene Pfade: Sie sind ja nicht ohne Grund entstanden, sie bilden meist die direkte Verbindung von A nach B, man wird immer wieder auf sie zurückkommen – und die Gottesbezeichnungen, die ich eben genannt habe, haben ja ihren festen Platz in der Bibel. Aber manchmal braucht man eben auch neue Wege, die in noch nicht so vertraute Gegenden führen. Auf das Gebet angewandt: Es wird dann neu lebendig, wenn ich Gott frisch anreden kann und das mit Worten tue, die noch nicht allzu vertraut in meinen Ohren klingen.

Das Gebet wird neu lebendig, wenn ich Gott frisch anreden kann und das mit Worten tue, die noch nicht allzu vertraut in meinen Ohren klingen.

Nun ist nicht jeder von uns ein Liederdichter, der für Gott neue Namen erdenken könnte. Aber Liederdichter, die vor uns lebten, haben schon die Grundlage dafür gelegt, neue Gottesnamen für das Gebet zu finden. In den Psalmen finden sich an etlichen Stellen Beschreibungen Gottes, die man ohne viel Mühe in solche neuen Namen umsetzen kann. Das ist eine Übung, die das Gebetsleben sehr bereichert, und zwar auf zweierlei Weise: zunächst beim Betrachten eines Psalms und beim Ausdenken der Gottesanreden – und später, wenn man auf diese Namen zurückgreift und sie erneut in sein Gebet einfließen lässt.

Psalm 113

Ein guter Ausgangspunkt für diese Übung ist der 113. Psalm. In den Versen 5 bis 9 finden sich Beschreibungen von Gott, die sich gut in Anreden oder Beinamen umsetzen lassen:

> Wer ist wie der Herr, unser Gott,
> der hoch oben thront, der in die Tiefe schaut –
> im Himmel und auf Erden?
> Der aus dem Staub emporhebt den Geringen, aus
> dem Schmutz den Armen erhöht, um ihn sitzen
> zu lassen bei Edlen, bei den Edlen seines Volkes.
> Der die Unfruchtbare des Hauses wohnen lässt als
> eine fröhliche Mutter von Söhnen! Halleluja! (ELB)

Im eigenen Gebet kann man Gott nun zum Beispiel anreden als den *Gipfelthroner*, den *Tiefenblicker*, den *Aus-dem-Staub-Heraus-heber*, den *Armenaufheber*, den *Platzanweiser*, den *Menschenschenker*. All das sind Anreden und Namen, die für sich genommen rätselhaft oder für manche vielleicht auch albern klingen. Ohne den Bezug zu dem Psalm, aus dem sie abgeleitet sind, wird kaum jemand sie verstehen. Man würde sicher nur wenige Mitbeter gewinnen, wenn man diese Namen unvermittelt in einer Gebetszeit im Gottesdienst verwenden würde. Aber im eigenen Gebet, nach einer Beschäftigung mit dem Psalm, können solche Namen zu einer sehr tief gefüllten Gottesanrede werden, und sie können die persönliche Anbetung auf eine Weise beleben, wie es traditionelle Gottesnamen nicht immer schaffen.

Psalm 46

Auch Psalm 46 ist ein Gebet, das viele Beschreibungen von Gottes Wesen und seinen Taten enthält:

> Gott ist uns Zuflucht und Stärke, als Beistand in Nöten reichlich gefunden.
> Des Stromes Läufe erfreuen die Stadt Gottes, die heiligste der Wohnungen des Höchsten. Gott ist in ihrer Mitte, sie wird nicht wanken; Gott wird ihr helfen früh am Morgen.
> Nationen tobten, Königreiche wankten. Er ließ seine Stimme erschallen: Die Erde zerschmolz.
> Der Herr der Heerscharen ist mit uns, eine Festung ist uns der Gott Jakobs. Kommt, schaut die Großtaten des Herrn, der Entsetzen verbreitet auf Erden! Der Kriege beschwichtigt bis ans Ende der Erde, Bogen zerbricht und Speere zerschlägt, Wagen mit Feuer verbrennt.
>
> (Vers 2.5-10 ELB)

Was ist das für ein Gott, der hier gelobt wird? Es ist der *Beistand in Nöten* (warum soll man nicht auch eine Bezeichnung Gottes ganz wörtlich aus der Bibel entnehmen?), der *Zentrumsbewohner*, der *frühzeitige Helfer*, der *Politiker-Zurechtweiser*, der *Offiziers-Erschrecker*, der *Kriegsdämpfer*, der *Waffenzerstörer*, der *Panzerverschrotter* …

Psalm 145

Ein letztes Beispiel, aus dem ich Gottesbezeichnungen abgeleitet habe, sind einige Verse aus Psalm 145:

> Gnädig und barmherzig ist der Herr, langsam zum Zorn und groß an Gnade.
> Der Herr ist gut gegen alle, sein Erbarmen ist über alle seine Werke.
> Dein Reich ist ein Reich aller Zeiten, deine Herrschaft dauert durch alle Generationen hindurch.

> Der Herr stützt alle Fallenden, er richtet auf alle Niedergebeugten.
> Aller Augen warten auf dich, und du gibst ihnen ihre Speise zu seiner Zeit.
> Du tust deine Hand auf und sättigst alles Lebendige nach Wohlgefallen.
> Der Herr ist gerecht in allen seinen Wegen und treu in allen seinen Werken.
> Nahe ist der Herr allen, die ihn anrufen, allen, die ihn in Wahrheit anrufen.
> Er erfüllt das Verlangen derer, die ihn fürchten. Ihr Schreien hört er, und er hilft ihnen.
>
> (Vers 8-9.13-19 ELB)

Hier kann man Gott entdecken als den *Zornverzögerer*, den *Wohltäter, der keine Unterschiede macht*, den *Endlosherrscher*, den *Auffänger der Fallenden*, den *Rückenstärker* (oder auch *Rückgrat-Geber*), den *Pünktlich-Versorger*, den *Gott der offenen Hand*, den *Sattmacher*, den *Gott, der auf die Rufenden zugeht*, den *Stiller der Bedürfnisse*, den *hörenden Helfer*.

Weitere geeignete Bibeltexte

Zu dieser Art zu beten gehört sicherlich ein wenig Fantasie sowie der Mut, einmal vorgestanzte Gottesbilder zu verlassen und sich zu trauen, ein neues Bild in den Blick zu nehmen. Wer Gott so beschreibt, will damit keine neuen Glaubenssätze aufstellen, er schreibt an keiner Dogmatik und befindet sich nicht auf einer Kanzel. Er sucht vielmehr eine neue Sprache des Herzens. Niemand anderes muss die neu gefundenen Gottesnamen verstehen oder mitbeten können. Das kann zwar passieren und es kann durchaus eine inspirierende Erfahrung für eine Gebetsgruppe sein, gemeinsam aus einem Psalm Gott neue Namen zuzuschreiben, aber dabei muss man nichts bis ins Letzte ausdiskutieren. Das Ziel ist keine Gotteslehre, sondern ein erfrischtes Gespräch mit Gott.

Eine ganze Reihe von biblischen Gebeten und anderen Texten ist geeignet, auf die beschriebene Weise neue Anreden für Gott zu finden, zum Beispiel:

1. Samuel 2,1-10; Psalm 9; 99; 103; 111; 116; 121; 138; 145–147; Jesaja 40,26-31; 56,14-19; Micha 7,18-20; Lukas 1,46-55.68-79.

Es wird hilfreich sein, verschiedene Übersetzungen zu vergleichen. Manchmal treten die Wesensbeschreibungen Gottes in einer wörtlichen Übersetzung wie der Elberfelder Bibel plastischer hervor, manchmal bietet eine freiere Übertragung einen besseren Zugang. Entscheidend ist, was einen persönlich am stärksten anspricht. Das dient dann wiederum dazu, Gott von Herzen anzusprechen.

Eine persönliche Gebetsbibel gestalten

Beten mit der Bibel – bis hierher habe ich eine Fülle verschiedener Möglichkeiten vorgestellt. Natürlich muss niemand alle Varianten praktizieren. Vielmehr sollte jeder die für ihn oder sie am besten geeigneten Methoden herausfinden.

Dennoch bleibt die Frage: Könnte man diese verschiedenen Arten, mit der Bibel zu beten, irgendwie bündeln? Kann man sie griffbereit haben?

Eine gute Möglichkeit dazu ist die eigene Gebetsbibel. Das ist eine normale Bibelausgabe, die man durch verschiedene Einträge, Markierungen und Lesezeichen so gestaltet, dass einem die Gebetsmöglichkeiten schnell ins Auge springen. Der Zweck einer solchen Bibel ist, mich möglichst direkt ins Gebet zu führen. Wenn ich nach einem Faden suche, an den ich anknüpfen kann, um meine Gedanken – vielleicht inmitten eines abgelenkten Alltags – auf das Beten zu fokussieren, dann soll mir meine Gebetsbibel helfen: Ich schlage sie auf und muss gar nicht lange blättern, bis mein Blick auf einen Anstoß zum Gebet fällt.

Gottesbezeichnungen

Mein erster Schritt zur Gestaltung einer Gebetsbibel war, alle Namen und Titel für Gott und Christus zu unterstreichen. Hier ging es mir nicht darum, Gott mit neuen Namen anzureden und diese sozusagen zwischen den Zeilen der Bibel herauszulesen, sondern ich wollte die „alten Namen" finden - all die Anreden, die sich überall in der Bibel verstreut finden. Ich habe mich dabei vor allem auf die Aussagen darüber konzentriert, wie Gott *ist.* Darüber hinaus gäbe es auch eine riesige Fülle von Beschreibungen dessen, was Gott *tut.* Doch sein Handeln ist nicht an allen Orten und zu allen Zeiten dasselbe. Sein Wesen aber bleibt unverändert. Wenn ich nach seinem Wesen frage, habe ich daher rasch Anlässe, Gott anzubeten.

Darüber hinaus markiere ich die direkten Lobpreisgebete der Bibel. In den Psalmen halte ich mich dabei zurück - die Psalmen sprechen meist für sich und Unterstreichungen würden das Ganze für mich eher unübersichtlich machen. Aber die vielen anderen, verborgeneren Anbetungsverse der Bibel sind ebenfalls gut geeignet, mich mitzuziehen und zum Beten anzustecken.

In meiner Bibel sind Verse wie die folgenden gelb unterstrichen:

> Er ist ein Fels, sein Tun ist vollkommen. Alles, was er macht, ist richtig und gerecht. Er ist ein treuer Gott, der kein Unrecht tut; gerecht und zuverlässig ist er!
> (5. Mose 32,4)

> Dein, Herr, sind Größe, Macht, Herrlichkeit, Ruhm und Hoheit. Alles im Himmel und auf der Erde gehört dir; dein ist das Reich, Herr. Wir beten dich an als den Herrn über alles. (1. Chronik 29,11)

Ach Herr, Gott des Himmels, großer und Ehrfurcht gebietender Gott, der seinen Bund der beständigen Liebe denen hält, die ihn lieben und seinen Geboten gehorchen. (Nehemia 1,5)

Er, der Herr, ist meine Stärke und ich lobe ihn; er wurde mein Retter. (Jesaja 12,2b)

Jetzt preise, erhebe und verherrliche ich […] den König des Himmels. Alles, was er tut, ist Wahrheit, und seine Wege sind gerecht. Diejenigen, die stolz oder hochmütig sind, kann er erniedrigen.

(Daniel 4,34)

„Ich [Jesus] bin ein König. Dazu bin ich geboren. Ich bin gekommen, um der Welt die Wahrheit zu bringen." (Johannes 18,37)

Der Gott des Ausharrens und der Ermunterung.

(Römer 15,5 ELB)

Gott, der die Entmutigten aufrichtet

(2. Korinther 7,6)

Christus […], der Sohn, wurde über das ganze Haus Gottes gesetzt. (Hebräer 3,6)

„Ich bin das Alpha und das Omega – der Anfang und das Ende", spricht der Herr und Gott, der ist, der immer war und der noch kommen wird, der Allmächtige.

(Offenbarung 1,8)

Das ist nur eine ganz kleine Auswahl. Die Ausbeute ist in den erzählenden Büchern des Alten Testaments naturgemäß nicht so groß, aber auch hier lohnt es sich, aufmerksam zu sein, um Gottesbezeichnungen wie diese nicht zu übersehen:

> Der Herr, der Gott Israels, unter dessen Flügeln du Zuflucht gesucht hast. (Rut 2,12)

Um seine eigene Gebetsbibel zu gestalten, kann es wünschenswert sein, auf eine Liste solcher Bibelstellen zurückzugreifen. Ich verzichte aber bewusst darauf, aus meiner persönlichen Bibel alle Stellen zusammenzutragen und im Anhang dieses Buches zu nennen, denn es hat wenig Sinn, von jemand anderem zu kopieren, was diesen angesprochen hat und zum Gebet hinzieht. Viel besser ist es, sich über der eigenen aufgeschlagenen Bibel an die Arbeit zu setzen, Kapitel durchzukämmen oder zu überfliegen und auf Entdeckungsreise zu gehen, wo man auf Anreden oder Titel Gottes stößt.

Für diejenigen, die nur wenig Bibelerfahrung haben und nicht sofort wissen, wo sie beginnen könnten, könnte so eine Arbeit ein längeres Projekt sein. Aber es lohnt sich, denn die Ergebnisse sind dann viel persönlicher und viel mehr ans Herz gewachsen, als wenn man eine vorgegebene Liste abarbeiten würde. Es wird ja eine suchende und betende Arbeit sein, sich Stück für Stück durch die Heilige Schrift hindurchzulesen und zu fragen: Gott, wer bist du? Wer bist du *auch noch* – über das hinaus, was ich schon von dir kannte? Wie willst du dich mir zeigen?

Natürlich muss man nicht bei 1. Mose 1 beginnen und dann Seite für Seite vorgehen. Die Gottesbezeichnungen, die man vielleicht schon kennt, können ein guter Startpunkt sein – dann ist der Anfang gemacht. Jeder Fund, der einem auf seiner Entdeckungsreise geschenkt wird und den man in seiner Gebetsbibel markieren kann, ist ein Schatz für spätere Gebetszeiten. Ich kann meine Bibel aufschlagen und muss nicht lange blättern; bald bemerke ich eine Unterstreichung, die mir einen Wesenszug Gottes oder eine Anrede für ihn anbietet. Ich greife sie auf – und schon bin ich in der Anbetung.

Gebete außerhalb der Psalmen

Ein nächster Schritt zur Gestaltung meiner Gebetsbibel kann sein, diejenigen Gebete zu kennzeichnen, die sich außerhalb des Buchs der Psalmen in der Bibel befinden. Neben den Lobpreisgebeten quer durch die Bibel, die bereits erwähnt wurden, gibt es dort noch viele andere Gebete. Mit ihnen kann man ebenso gut beten wie mit den 150 Psalmen. Bis zu 80 weitere Gebete lassen sich im Alten und im Neuen Testament finden. Eine Übersicht über diese Bibelstellen ist im Anhang dieses Buches zusammengestellt. Hier wäre eine eigene Entdeckungsreise, um die Gebete der Bibel zu identifizieren, nicht so ergiebig wie bei den Gottesanreden. Jedoch hilft es sehr, diese Gebete in der eigenen Gebetsbibel hervorzuheben, zum Beispiel durch Anstreichen am Rand, vielleicht mit einer eigens zugewiesenen Farbe. Auf diese Weise prägt sich dem Auge schon ein wenig ein, wo man das betreffende Gebet findet: links oder rechts, eher oben oder eher unten auf der Seite. Für mich sind diese visuellen Hilfen wichtig, um in meiner Bibel heimisch zu sein und bestimmte Texte schneller zu finden.

Der passende Text für meine Situation

Eine weitere „Ausstattung" der Gebetsbibel wäre, solche Texte anzustreichen oder mit einem Stichwort zu versehen, die sich für das Gebet in bestimmten Situationen eignen. Die Menschen, die in der Bibel vorkommen, waren mit fast allen Lebenslagen konfrontiert, die uns auch heute begegnen. Nicht jede dieser biblischen Personen hat aus ihrer Lage heraus ins Gebet gefunden. Aber an vielen Stellen finden wir Erfahrungen mit Gott oder Verheißungen Gottes, die an eine konkrete Situa-

Die Menschen, die in der Bibel vorkommen, waren mit fast allen Lebenslagen konfrontiert, die uns auch heute begegnen.

tion anknüpfen. Diese Texte können beten helfen. Sie zeigen, was Gott damals tat, was er also kann, oder sie zeigen, was Gott häufig tun will, weil er es versprochen hat. Auf Seite 118 habe ich bereits darüber berichtet, wie segensreich es ist, den passenden Psalm zur Situation zu finden. Auch hier gilt: Es ist eine unschätzbare geistliche Erfahrung, sich eine solche Übersicht selbst zusammenzustellen - oder die Übersicht im Anhang mit eigenen biblischen Entdeckungen zu ergänzen. Eine Hilfe, entsprechende Bibeltexte zu finden, könnte eine Themenkonkordanz sein oder der Themenschlüssel der Thompson-Studienbibel.[41] Nicht alle dort genannten Texte sind geeignet, ins Gebet zu führen, aber wenn man besonders auf biblische Gebete und Verheißungen achtet, kann man sich eine persönliche Liste von situationsbezogenen Gottesworten erarbeiten.

Diese für einzelne Lebenslagen passenden Texte sollten dann ihren Weg in die Gebetsbibel finden, indem man auch diese Texte anstreicht, einrahmt oder farblich hervorhebt - am besten mit einem entsprechenden Stichwort am Rand. Nachdem ich dies getan habe, kann ich meine Bibel aufschlagen und auf bestimmte Lebenssituationen stoßen. Sie können für meine derzeitige Lage hilfreich sein - oder ich werde an jemand erinnert, der davon gerade betroffen ist, und kann aufgrund der zugeordneten Bibelstelle für diesen Menschen beten. Auf diese Weise gelange ich vom Bibeltext zum Gebetsanliegen. Häufiger allerdings werde ich den umgekehrten Weg brauchen: von meiner Lebenssituation, also dem Gebetsanliegen, hin zum passenden Bibeltext. Dazu dient die Übersicht im Anhang dieses Buchs (die allerdings nur Psalmen enthält, alos ergänzungsbedürftig ist). Es lohnt sich, diese zu kopieren und hinten in die Bibel zu legen oder abzuschreiben, falls die Bibelausgabe am Ende noch freie Seiten für Notizen hat.

Welche Bibel ist geeignet?

Das führt zu der Frage, welche Bibel denn am besten als Gebetsbibel geeignet ist. Man kann entweder die bereits vorhandene persönliche Bibel verwenden – die am häufigsten genutzte Lieblingsbibel, in die man gut eingelesen ist. Das hat den Vorteil, dass alle Einladungen zum Gebet immer zur Hand sind, wenn man sowieso zu seiner Bibel greift. Allerdings haben viele Bibelleser ihre Bibel schon mit anderen Notizen versehen: Wichtige Verse sind unterstrichen; vielleicht hat man ein farbiges Anstreichsystem verwendet, das nach verschiedenen Themen gegliedert ist, oder sich für thematisch zugeordnete Symbole entschieden.[42] Wenn dann noch die oben erwähnten Einträge und Notizen hinzukommen, könnte das Ganze schnell unübersichtlich werden.

Die zweite Möglichkeit ist daher, eine andere Bibelausgabe speziell als Gebetsbibel einzurichten. Das hat den Vorteil, dass man ohne weitere Ablenkung zum Gebet geführt wird. Vielleicht ist es auch nützlich, eine andere Übersetzung zu verwenden, eine wörtlichere, in der die biblischen Formulierungen und die Bezeichnungen Gottes elementarer herauskommen und nicht durch Umformulierungen abgeflacht sind. Praktisch sind auch Ausgaben mit Schreibrand. Auf diese Weise ist auf jeden Fall genug Platz für Hinweise, wo ein Bibeltext zu einer bestimmten Lebenssituation passt, und man kann Erfahrungen mit biblischen Gebeten festhalten, zum Beispiel ein besonderes Erlebnis mit Datum notieren. Bibeln mit Schreibrand gibt es leider nicht in jeder Übersetzung, zurzeit findet man auf Deutsch die Elberfelder Übersetzung, die Schlachter Übersetzung und die Neues Leben Bibel.

> Ein Werkzeug, das man jederzeit zur Hand nehmen kann und mit dessen Hilfe man möglichst schnell einen Weg ins Gebet findet.

Das Ziel der Gebetsbibel ist klar: Sie ist ein Werkzeug, das man jederzeit zur Hand nehmen kann und mit dessen Hilfe man möglichst schnell einen Weg ins Gebet findet, und zwar einen sehr individuellen, persönlichen Weg, denn die eigene Gebetsbibel ist ja keine vorgefertigte Ausgabe, sondern eine, die man sich selbst zusammengestellt hat, wie es den eigenen Bedürfnissen und Erfahrungen entspricht.

10. Zeit im Gebet verbringen

So viel ist klar: Unsere Welt voller Ablenkungen stellt uns vor große Herausforderungen, wenn wir beten möchten. Längere Zeiten zum konzentrierten Gebet zu finden, ist nicht einfach. Oft kommt etwas dazwischen, entweder von außen oder durch die eigene innere Unruhe. Meine persönliche Lösung besteht zunächst darin, dann eben viele kleine Gelegenheiten zum Beten zu nutzen (Kapitel 8). Gleichzeitig habe ich aber doch auch Sehnsucht nach ausgedehnten, tief gefüllten Zeiten des Zwiegesprächs mit Gott; Zeiten, in denen ich mich ihm anvertraue und er mir Zuspruch und Wegweisung gibt.

Kapitel 9 über das Beten mit der Bibel enthält schon Ansätze zur Gestaltung längerer Zeiten in Gottes Gegenwart. Das Beten mit einer biblischen Mindmap zum Beispiel kann eine längere Gebetszeit gut strukturieren. In diesem Kapitel nun suche ich weitere Wege ins ausdauernde Gebet; ich berichte von Erfahrungen, Versuchen und ersten Ergebnissen.

3000 Kilometer bis Epaphras

Er ist für mich so weit weg, dass ich ihn wohl nie erreichen werde: Epaphras, der Dauerbeter. Von ihm sagt Paulus:

> Epaphras, der aus eurer Stadt kommt und ein Diener von Christus Jesus ist, lässt euch grüßen. In seinen Gebeten kämpft er ständig für euch, damit ihr stark seid und ganz und gar den Willen Gottes erkennt und auch danach handelt. (Kolosser 4,12)

Gleich zwei Auszeichnungen bekommt Epaphras hier: Er betet nicht einfach so vor sich hin, sondern er kämpft im Gebet. Und das tut er sogar ständig! Epaphras kam aus Kolossä. Diese Stadt liegt in der heutigen Türkei, sie ist fast 3000 Kilometer von meinem Wohnort entfernt. Mindestens genauso weit kommt mir mein innerer Abstand zu diesem Beter vor: So wie er werde ich es wohl nur selten tun können. Gern wäre ich so ein ausdauernder Kämpfer. Aber vielleicht ist er nicht der Richtige, um mich mit ihm zu vergleichen.

Paulus, der so über Epaphras schreibt, war auch nicht gerade unerfahren in Sachen Gebetsausdauer. Gleich nachdem er Jesus vor Damaskus begegnet war und dabei vorübergehend das Augenlicht verloren hatte, setzte er sich in ein Zimmer und betete - drei Tage lang. Dem Jesusjünger Hananias, der ihn aufsuchen und dafür beten soll, dass Paulus von seiner Blindheit geheilt wird, wird ein Erkennungszeichen genannt. Er erfährt nicht nur die genaue Adresse (*Damaskus, Gerade Straße, Haus von Judas;* Apostelgeschichte 9,11), sondern er bekommt auch eine Beschreibung von Paulus: *„Denn siehe, er betet"* (ELB). Seufzend wünsche ich mir, man würde auch mich so beschreiben, aber ich fürchte, anhand dieses Erkennungszeichens würde mich nur selten jemand finden.

Doch anstatt mich weiter mit den falschen Vorbildern zu vergleichen - für *mich* falsch, weil sie nicht zu mir und meinem gegebenen Maß passen -, suche ich lieber nach Möglichkeiten, die ich erreichen kann. Und mit mir auch andere Christen, die ebenfalls mit den Ablenkungen unserer hastigen Welt zu kämpfen haben und sich nach einem fokussierten Beten sehnen.

Ich möchte diejenigen Erfahrungen teilen, die sich für mich bewährt haben. Es ist die persönliche Sammlung von jemandem, der kein Experte im anhaltenden Gebet ist. Aber vielleicht hilft gerade dies: Wenn mir etwas als durchschnittlich begabtem Beter hilft, dann können vielleicht auch andere „Normalbeter" davon profitieren.

Mich zu den Füßen von Jesus setzen

Eine innerlich gesammelte Gebetszeit kann damit beginnen, dass ich mich bewusst zu den Füßen von Jesus setze. Damit meine ich folgende Übung: Ich stelle mir bildlich vor, wie ich zu Jesus komme, mich zu ihm setze, und zwar auf den Boden, zu seinen Füßen, und zur Ruhe komme. Seine Gegenwart genügt – egal, in welcher Verfassung ich bin, von welchen Menschen und Erwartungen ich umgeben bin oder aus welcher Situation ich komme.

Seine Gegenwart genügt – egal, in welcher Verfassung ich bin

Diese Übung ist nicht einfach eine Imagination oder eine Fantasiereise. Vielmehr gehe ich einer äußeren und inneren Bewegung nach, die vor mir viele Menschen, von denen im Neuen Testament berichtet wird, gemacht haben. Diese Bewegung, mich vor Jesus niederzusetzen, ist direkt aus der Heiligen Schrift abgeleitet.[43] Viele Berichte erzählen davon, und indem ich zu Beginn meiner Gebetszeit eine dieser damaligen Situationen aufrufe, zeichne ich mich selbst in den biblischen Bericht ein. Das ist ein Vorgang, durch den Gottes Wort eine starke, persönlich berührende Kraft freisetzen kann.

Die Menschen, die sich zu den Füßen von Jesus setzten oder zu seinen Füßen niederfielen, taten das aus ganz unterschiedlichen Anlässen. Die Bandbreite ist so groß, dass ich mich sehr oft in einer dieser Situationen wiederfinden werde. Ich möchte diese biblischen Momente im Folgenden kurz beschreiben. Die Gebetsübung besteht dann darin, dass ich kurz überlege, welche dieser biblischen Szenen gerade am besten zu mir passt, mir diese Szene in Erinnerung rufe oder sie in meiner Bibel nachlese, die Situation in mich aufnehme und dann in der Stille in gleicher Weise zu Jesus komme und bei ihm verweile. Im Neuen Testament finden sich einige solcher Stellen mit unterschiedlichen Situationen.

In Schmerz und Sorge

Die Schriftstelle: Markus 5,22.

Die Szene: Jaïrus eilt zu Jesus, denn seine Tochter liegt im Sterben. Er weiß noch nicht, was Jesus tun wird, doch er fällt zu seinen Füßen nieder, in all seiner Sorge und seinem Schmerz. Er nimmt keine Rücksicht darauf, dass er seinen Ruf aufs Spiel setzen könnte: Er, der Synagogenvorsteher, wendet sich an diesen umstrittenen Rabbi! Jetzt blendet er alle anderen aus, jetzt gibt es nur ihn und Jesus. Bald wird er erleben, dass andere Menschen sich zwischen ihn und Jesus drängen, ja, dass seine eigenen Verwandten Jesus wieder wegschicken wollen, weil es angeblich zu spät sei. Doch erst einmal ist er bei Jesus angekommen, voller Erwartung, was dieser tun wird.

Die Anwendung: Ich komme zu Jesus, wenn ich nicht weiß, wohin ich mit meiner Sorge sonst gehen könnte.

Eine ähnliche Szene: Markus 7,25.

In Trauer und enttäuscht, weil Gott nicht rechtzeitig geholfen hat

Die Schriftstelle: Johannes 11,32

Die Szene: Lazarus ist gestorben. Jesus hat Bescheid gewusst, aber er ist nicht rechtzeitig in Betanien angekommen. Nun ist er da, außerhalb des Dorfes. Lazarus' Schwester Marta hat sich dort mit Jesus getroffen, während Maria zu Hause geblieben ist. Marta hat irgendeine unerklärliche Hoffnung und schickt deshalb ihre Schwester Maria zu Jesus. Diese geht zu ihm und wirft sich zu seinen Füßen nieder. Sie hat weder Glauben noch Hoffnung, nur den Vorwurf: *„Herr, wärst du hier gewesen, wäre mein Bruder nicht gestorben."* Dort, zu den Füßen von Jesus, erlebt sie, wie Jesus ihren Schmerz teilt und wie ihm die Tränen kommen.

Die Anwendung: Ich komme zu Jesus, wenn ich am Ende meiner Kraft und meines Glaubens bin; wenn andere scheinbar inniger mit Jesus verbunden sind, ich ihm aber nur meine Verwirrung und Enttäuschung hinwerfen kann und sonst nichts zu bringen habe.

Im Zwischenland – das Alte liegt hinter mir, im Neuen bin ich noch nicht angekommen

Die Schriftstelle: Lukas 8,35

Die Szene: Ein belasteter, ja besessener Mann läuft Jesus entgegen. Er wohnt in der Zone des Todes – auf dem Friedhof vor der Stadt. Jesus befreit ihn von seinen Lasten. Nun sitzt er zu den Füßen von Jesus: ruhig, geheilt und ohne die Spuren seines alten Lebens. Doch die Menschen aus seiner Stadt können noch nicht begreifen, dass er verwandelt ist. Sie betrachten das neue Leben skeptisch und mit Abstand. Er ist noch nicht in ihrer Gemeinschaft angekommen. Er ist mit seiner Jesuserfahrung wie eben erst geboren. Was er erlebte, ist ungeschützt und noch kaum erklärbar.

Die Anwendung: Ich komme zu Jesus, wenn ich eine Ahnung davon habe, was er mir gegeben hat und noch geben kann, aber es nicht viel mehr als eine Ahnung ist. Ich kann noch keine Auskunft geben. Doch bei Jesus komme ich zur Ruhe, egal was die anderen sagen.

Dankbar für Gottes Hilfe – auch wenn sonst niemand zu mir steht

Die Schriftstelle: Lukas 7,38

Die Szene: Eine von allen verachtete Frau hat bereits eine Erfahrung mit Jesus gemacht: Er hat ihre Sünden vergeben, die ihren ganzen Lebensstil geprägt haben. Nun kommt sie noch einmal zu ihm, um ihm zu danken. Die Art, wie sie sich zu seinen Füßen setzt und ihren Dank ausdrückt, kann niemand anderes verstehen. Alle anderen ärgern sich darüber, doch Jesus hat erfasst, was sie sagen wollte.

Die Anwendung: Ich komme zu Jesus, wenn er der Einzige

ist, der mich verstehen kann. Ich will ihm auf meine eigene Weise sagen, was er mir bedeutet. Ich entfliehe den Bildern, die andere von mir haben, und vertraue darauf, dass Jesus mein Herz erkennt.

Dankbar für Gottes Hilfe – auch wenn ich zur Tagesordnung übergehen und mein Leben selbst in die Hand nehmen könnte

Die Schriftstelle: Lukas 17,16

Die Szene: Zehn schwer Erkrankte kommen zu Jesus. Alle werden geheilt. Doch nur einer kehrt noch einmal zu Jesus zurück, fällt zu dessen Füßen nieder und dankt ihm. Dort empfängt er – nur er – das Geschenk der Errettung.

Die Anwendung: Ich komme zu Jesus, wenn er mir geholfen hat und mein Herz voller Dank ist. Ich will nicht versäumen, innezuhalten und das Gespräch mit ihm zu suchen.

Mit dem Bedürfnis, bei Jesus zur Ruhe zu kommen und ihm zuzuhören

Die Schriftstelle: Lukas 10,39

Die Szene: Maria ist zusammen mit ihrer Schwester Marta Gastgeberin für Jesus und seine Jünger. Obwohl von Maria erwartet wird, dass sie ihren Gastgeberpflichten nachkommt, sitzt sie lieber zu den Füßen von Jesus und hört ihm zu, wie er zu seinen Jüngern spricht. Zu den Füßen eines Lehrers zu sitzen bedeutete damals, sein Schüler zu sein (vgl. Apostelgeschichte 22,3). Maria nimmt diese Rolle für sich in Anspruch, egal was andere dazu sagen mögen.

Die Anwendung: Ich komme zu Jesus, wenn ich das Bedürfnis habe, Abstand zu den täglichen Pflichten und Abstand von den Erwartungen anderer zu nehmen. Ich erwarte von ihm, dass er mir etwas zu sagen hat, das mir eine neue Ausrichtung gibt.

An der Schwelle zwischen Zweifel und einer neuen Berufung

Die Schriftstelle: Matthäus 28,17

Die Szene: Die Jünger haben seelisch und glaubensmäßig extrem turbulente Tage hinter sich. Sie mussten damit fertigwerden, dass Jesus am Kreuz hingerichtet wurde. Dann kamen einige Frauen, die sagten, sie seien dem auferstandenen Herrn begegnet. Schließlich zeigt Jesus sich den Jüngern selbst. Sie erkennen ihn und werfen sich vor ihm nieder. Damit drücken sie ihre Verehrung aus – einige jedoch zweifeln auch jetzt noch. Diesen Männern in dieser Verfassung gibt Jesus einen neuen, weitreichenden Auftrag, der von nun an ihr ganzes Leben prägen wird. Er versichert ihnen, dass er mit seiner überragenden Macht täglich bei ihnen sein wird. Daraus entsteht eine riesige Freude bei den Jüngern (vgl. Lukas 24,52).

Die Anwendung: Ich komme zu Jesus, wenn ich erfasse, dass er etwas mit mir vorhat, und wenn ich mich ihm zur Verfügung stellen will. Ich komme so, wie ich bin, mit allem Glauben und jedem Zweifel. Ich erwarte, von seinem Auftrag her etwas in meiner Welt verändern zu können.

Diese sieben Szenen decken eine Menge von Lebenssituationen ab – vielleicht nicht alle, in denen ich irgendwann einmal sein werde, aber doch viele. Besonders bemerkenswert finde ich, dass in einigen von ihnen die Zuschauer eine besondere Rolle spielen. Jaïrus in Markus 5, der ehemals Besessene in Matthäus 8, die Frau im Haus des Pharisäers in Lukas 7, Maria in Lukas 10 – alle bahnen sich ihren Weg vor den Augen skeptischer Zuschauer. Alle vier mussten an ihrem Vorhaben, zu Jesus zu gelangen, entschlossen festhalten, auch wenn die Blicke der anderen sie in jedem Moment hätten entmutigen können. Dieses Detail der biblischen Berichte spricht ebenfalls zu mir. Meist ist es nicht das Gemurmel der anderen, das mich auf meinem Weg in die Stille zu Jesus innehalten lässt, sondern das Gemurmel meiner eigenen Gedanken. All die Einwände, die in mir laut werden, ob sich eine Zeit in der Gegenwart von Jesus wirklich lohnt. Der verzweifelte Vater Jaïrus, der Geheilte im Niemandsland zwischen Friedhof und Stadt, die Frau im Haus von Simon, dem Pharisäer, und Maria, sie alle ermutigen mich: Geh deinen Weg zu Jesus, trau dich, alles um dich herum versinken zu lassen und jetzt zu seinen Füßen zu sitzen.

Es ist nützlich, mich mit diesen biblischen Szenen vertraut zu machen, um sie dann abrufen zu können, wenn ich meine Gebetszeit beginnen will. Wenn ich mir eine Gebetsbibel angelegt habe (siehe Seite 142), kann ich die betreffenden Schriftstellen besonders kennzeichnen oder mir registerartige Klebereiter (wie Reiter auf Karteikarten) als Lesezeichen an die entsprechenden Seiten meiner Bibel kleben.

Dann gehe ich in die Stille und trete bewusst in die Gegenwart von Jesus. Ich suche mir die Begebenheit heraus, in der ich mich jetzt am besten wiederfinde, und lese die Szene, wenn ich sie nicht genau im Kopf habe, in meiner Bibel nach. Ich stelle mir in Gedanken vor, wie ich mich zu seinen Füßen setze, als wäre ich der Verzweifelte oder die Enttäuschte oder der Geheilte oder die, die Jesus jetzt zuhören will. Ich zeichne mich also in die jeweilige biblische Geschichte ein. Ich spüre der Tatsache nach, dass ich jetzt wirklich vor Jesus bin. Ich erfasse, dass er mir seine Aufmerksamkeit zuwendet, egal in welchem inneren oder äußeren Zustand ich bin. Ich mache mir bewusst, dass es für mich jetzt nur noch ihn und mich gibt und dass Menschen, die eben noch meine Gedanken bestimmten, jetzt auf Abstand bleiben. Ich werde mir klar darüber, dass ich jetzt sozusagen ein nachträglicher Teilnehmer biblischer Berichte bin – und dass ich so, zu den Füßen von Jesus, ganz im Zentrum von Gottes Willen bin. Denn was könnte Gott mehr wollen, als dass ich seinen Sohn aufsuche, vor ihm zur Ruhe komme und alles von ihm erwarte?

Diese Übung als Eingangsportal zu meiner Gebetszeit kann mich ruhig machen und mir helfen, mich zu sammeln. Sie schützt mich auch ein wenig vor Stress und innerem Erwartungsdruck, als müsste ich vollkommen konzentriert, geheiligt und unabgelenkt sein, wenn ich ins Gebet gehe. Das waren viele der Personen aus den sieben biblischen Szenen durchaus nicht - und doch haben sie sich vor Jesus niedergelassen und etwas von ihm empfangen. Jesus hat darauf reagiert, dass sie kamen - und sei es nur so, dass er zunächst mit der Trauernden geweint hat. Jesus handelt an denen, die zu seinen Füßen sitzen. Warum sollte es mir nicht ebenso gehen?

Jesus handelt an denen, die zu seinen Füßen sitzen. Warum sollte es mir nicht ebenso gehen?

Mein Treffpunkt mit Gott

Zu Beginn dieses Buches habe ich erzählt, wie schwer es mir in meiner Zeit als Gemeindepastor fiel, innerlich vor Gott zur Ruhe zu kommen. Da stand das rote Sofa in meinem Büro, es war ein einladender Platz, um mich jenseits von Schreibtisch und Telefon hinzusetzen und zu beten, doch um mich wirklich still zu machen, war es nicht die richtige Umgebung.

Zum Glück habe ich damals einen anderen Ort gefunden, an dem ich besser zur Stille gekommen bin. Dieser Platz ist zu meinem Treffpunkt mit Gott geworden, nicht täglich, aber immer dann, wenn ich merkte: Jetzt muss ich einen Ortswechsel vornehmen und in eine ganz andere Umgebung gehen - sonst verliere ich meine Mitte. Dieser Treffpunkt war die katholische Kirche St. Peter und Paul in Marburg. Sie liegt nur fünf Minuten zu Fuß von meiner eigenen damaligen Kirche entfernt. Es ist ein moderner Kirchenbau aus Beton und Bruchsteinen. Mich sprach er, sooft ich die Kirche betrat, schon durch seine Größe an: Die Halle ist 42 Meter lang und 15 Meter hoch. Ich hatte sofort das Empfinden: Hier ist ein Raum aus der Stadt herausgenommen, der mich umfängt und keinem anderen Zweck dient, als in ihm Gott zu begegnen. Die Geräusche der Stadt, vor allem des Autoverkehrs, dringen zwar gedämpft herein, aber sie verhallen in dem großen Raum –, sie sind verwandelt und haben ihre störende Wirkung verloren. Die Kirche ist mit eindrucksvollen Buntglasfenstern ausgestattet, mit einer großen Christusfigur, einer massiven Kanzel und einem wuchtigen Altar – mein Auge fiel ab und zu darauf – doch am meisten „sprach" die Größe des Raums zu mir. Hier konnte ich dem Alltag entnommen sein, und obwohl mich ringsum nichts als Luft und – weiter entfernt – die hohen Mauern umgaben, fühlte ich mich geborgen.

Einen bestimmten Platz in der fünften Reihe habe ich mir als Stammplatz ausgesucht. Meist war ich allein in der Kirche. Hier habe ich all das vor Gott gebracht, was mir auf dem Herzen lag, und manchmal habe ich einfach in seiner Gegenwart geschwiegen. Auch strukturiertes Gebet habe ich versucht, indem ich Karteikärtchen mit Gebetsanliegen durchgegangen bin, aber das hat sich für mich nicht bewährt, denn es wirkte schon zu sehr wie eine Tagesordnung und ein Abarbeiten. Dabei ist das Gespräch mit Gott doch keine Besprechung, sondern eine Begegnung!

Dieser Treffpunkt mit Gott ist mir erst verloren gegangen, als wir von Marburg weggezogen sind. Die Sehnsucht nach so einem Raum, der mich aus dem Alltag herausnimmt, ist geblieben, obwohl ich nun auch bestimmte Gebetsorte habe, vor allem meinen Schreibtisch und einen Sessel daneben. Nun lenkt mich das Beten am Schreibtisch nicht mehr ab, weil er zu Hause steht und nicht mein täglicher Arbeitsplatz ist. Ich freue mich, an diesem Tisch mein Gebetsnotizbuch, mein Tagebuch, ein Gesangbuch und meine Bibeln griffbereit zu haben. Ja, hier lässt es sich ganz passabel beten, wenn ich mir die Zeit dazu nehme. Aber es ist eben kein „ganz anderer" Ort, wie die Kirche St. Peter und Paul es für mich war.

Leider liegt an den Wegen, die ich in meinem Alltag oder am

Wochenende regelmäßig gehe oder fahre, keine täglich geöffnete Kirche. Vielleicht wird das anders, wenn ich einmal umziehen sollte. Der große Wert eines nicht alltäglichen Ortes als Treffpunkt mit Gott ist mir jedoch sehr bewusst. Im nächsten Abschnitt werde ich erzählen, welche Lösung ich stattdessen gelegentlich nutze. Aber eigentlich ist ein Raum wie diese Kirche in Marburg für mich nicht zu ersetzen.

Ich weiß von anderen Menschen, die ganz andersartige besondere Treffpunkte mit Gott haben. Eine Freundin von mir begegnet Gott vorzugsweise, wenn sie in ihrem Sessel an der Terrassentür sitzt. Sie kann den Blick nach draußen schweifen lassen, aber ihre Aufmerksamkeit richtet sich auf Gott. Schon mehrfach hat sie während so eines „Sesselgebets" wegweisende Gedanken empfangen. Einer meiner Chefs, der oft lange Strecken mit dem Auto unterwegs ist, hat diese Autofahrten für sich als Zeiten der Stille und des Gebets entdeckt. Das ist für ihn eine Qualitätszeit, die ein langes ungestörtes Gespräch mit Gott ermöglicht. Nun sind ein gemütlicher Sessel oder ein fahrendes Auto auf der Autobahn zwar alles andere als eine erhabene Kathedrale, aber in einer Hinsicht sind diese Orte gleich: Sie sind aus dem Alltag herausgenommen, und man ist nicht sofort für andere Menschen ansprechbar.

> Wer auf der Suche nach innerlich gesammeltem Gebet ist, sollte seine Suche auch auf einen besonderen Ort richten, den er als Treffpunkt mit Gott erleben kann.

Ob Kirche, Auto, Parkbank im Wald oder Gebetswinkel in der eigenen Wohnung: Wer auch immer auf der Suche nach innerlich gesammeltem Gebet ist, wer sich nach neuer Fokussierung im Gebetsleben sehnt, der sollte seine Suche auch auf einen besonderen Ort richten, den er als Treffpunkt mit Gott erleben kann.

Entspannte Konzentration: Spaziergänge mit Gott

Gesammeltes Gebet: Abgesehen von den eben beschriebenen besonderen Orten habe ich noch eine weitere Situation entdeckt, in der es mir etwas leichter fällt, längere Zeit gesammelt mit Gott zu reden, nämlich Spaziergänge. Ab und zu widme ich einen Spaziergang nicht nur der frischen Luft und der Erholung allgemein, sondern ich nehme mir vor, dabei zu beten. Das mache ich in größeren Abständen im Alltag und auch, wenn ich einen speziellen einsamen Stillen Tag einplane. Der besteht dann nicht nur darin, über Bibel und Tagebuch zu sitzen; spazieren gehen ist ein wesentlicher Bestandteil.

Ich meine damit keinen „Gebetsspaziergang" in einem bestimmten Stadtviertel, um meine Augen für die Menschen vor Ort zu öffnen und dieses Viertel im Gebet zu Gott zu bringen. Das ist eine besondere und sinnvolle Art der Fürbitte - aber dieses Unternehmen ist meist schon auf einen vorgegebenen Zweck bezogen. Es geht um spezielle Anliegen der Gegend und der Menschen, für die man betet. Das Spazierengehen, das ich praktiziere, ist zunächst eben dies: in einer schönen Umgebung (am liebsten im Wald) spazieren zu gehen. Die Gedanken, die ich dabei vor Gott bewege, sind nicht vorrangig die Nöte anderer, sondern meine eigene Situation: das, was ich in der letzten Zeit erlebt habe und was mich beschäftigt, die Fragen, die sich für mich ergeben haben, und die Herausforderungen der kommenden Zeit für mich.

Ich weiß von vielen solcher Spaziergänge, bei denen nichts Großes passiert ist. Ich habe hinterher oft kein greifbares Ergebnis mitgenommen. Ich konnte mich auch nicht immer durchgängig konzentrieren. Viele Gedanken kamen und gingen, und immer wieder waren Gebete dabei. Manchmal war ich enttäuscht, dass ich kein deutlicheres Reden Gottes verspürte. Doch auf der anderen Seite ist es gerade dies, was ich an meinen Spaziergängen so schätze: Es ist keine Zeit permanenter angestrengter Konzentration. Ich bin im Gegenteil ziemlich entspannt - und dennoch aufmerksam dabei. Eine Art zwangloser Konzentration, bei der es nicht schlimm ist, wenn die Gedanken zwischendurch abschweifen (oder sich auf einen besonders eindrucksvollen Baum, einen zwitschernden Vogel oder einen wimmelnden Ameisenhaufen am Wegrand richten). Ich kann mich danach gleich wieder zu Gott hin sammeln. Ich habe keine Eile, weil mein Weg noch eine ganze Weile dauern wird. Es ist genug Zeit, nach den entspannten Gedankenumwegen wieder zur Mitte zu kommen.

Ich erinnere mich allerdings auch an Spaziergänge, die wegweisend für mich geworden sind. Aus ihnen habe ich etwas mitgenommen, das noch viele Jahre später eine Bedeutung für mich hatte. Ich erzähle gleich davon. Zuvor aber möchte ich meine betenden Spaziergänge mit Menschen Gottes aus der Bibel in Verbindung bringen, die eine ganz ähnliche Erfahrung gemacht haben.

Isaak und Paulus

> Isaak wohnte im Süden des Landes. Eines Abends machte er einen Spaziergang durch die Felder und hing dabei seinen Gedanken nach.
>
> (1. Mose 24,62-63)

Seit ich diese Schriftstelle kenne, erstaunt sie mich. Sie klingt so modern, obwohl das, was hier beschrieben wird, sich in einer archaischen Zeit ereignet hat, vor etwa 4000 Jahren. Hatten die Menschen damals bereits den Wunsch und die Muße, mit ihren Gedanken allein zu sein? Hatten sie überhaupt den Kopf frei für irgendwelche weitreichenden Gedanken? Waren sie nicht mit der Sorge um Nahrung und Schutz vor Feinden völlig ausgefüllt? Offenbar dürfen wir uns diese vermeintlich archaischen Menschen nicht zu „primitiv" vorstellen. Gerade die Stammväter Israels, von denen Isaak einer war, wussten ja, dass sie in Gottes große, Generationen überspannende Pläne einbezogen waren. Die Zukunft jenseits von Saat und Ernte, Wasserquellen und Sorge vor Überfällen konnte sie sehr wohl beschäftigen. Der Alltag zwischen den Zelten der Großfamilie bot anscheinend keinen ausreichenden Raum dafür - deshalb suchte Isaak das Weite. Übrigens geschah es auf diesem Spaziergang, dass er seiner zukünftigen Frau begegnete.

Auch von Paulus wird berichtet, dass er die Einsamkeit suchte und sie auf einem längeren Fußmarsch fand - obwohl ihm durchaus bequemere Verkehrsmittel zur Verfügung gestanden hätten.

> Wir aber gingen voraus auf das Schiff und fuhren ab nach Assos und wollten dort den Paulus aufnehmen; denn so hatte er es angeordnet, da er selbst zu Fuß gehen wollte. (Apostelgeschichte 20,13 ELB)

Die Strecke, die Paulus sich hier vorgenommen hatte, betrug 25 Kilometer. Das ist schon deutlich mehr als ein Spaziergang. Immer wieder sind Bibelleser und Bibelausleger zu dieser Stelle aus dem Bericht der Apostelgeschichte gekommen und haben sich gefragt, warum Paulus hier auf das Schiff und die Reisebegleitung verzichtete. Einige machen darauf aufmerksam: Hinter Paulus lag eine intensive Woche der Gemeindearbeit in Troas - und am Schluss eine durchgepredigte Nacht, einschließlich der Herausforderung, einen Toten aufzuerwecken. Vor ihm lag eine Reise, auf der er nicht viel Zeit verlieren wollte, aber auch eine sehr tiefgehende Begegnung mit dem Leitungskreis der Gemeinde von Ephesus - Menschen, mit denen er zuvor zwei Jahre lang gearbeitet hatte. Also hatte Paulus zwischen diesen Terminen offenbar den Wunsch, allein zu sein und sich wieder zu sammeln. Und das im Gehen, selbst wenn es 25 Kilometer dauern würde. Doch es war nicht nur ein *Wunsch,* den Paulus hatte. Der Pfarrer Alfred Christlieb (1866-1934) - ein Ausleger, der einen besonderen Blick für die scheinbaren Nebenfiguren der Bibel und für die kleinen Details in den Berichten hatte – schrieb dazu: „Paulus war sicher kein befehlshaberischer Mensch. (...) Aber diesen Wunsch, jetzt eine Zeit lang allein zu sein, kleidete Paulus in Befehlsform. (...) Wie einst Jesus die Jünger von sich ‚trieb' (Matthäus 14,22), um allein auf dem Berge zu beten, so nötigte Paulus seine geliebten Gefährten, ihn jetzt eine Zeit lang allein zu lassen."[44] Diese Beobachtung zeigt mir: Stille findet man nicht so einfach nebenher. Manchmal braucht es einen klaren Entschluss dazu – und die Bereitschaft, ungewöhnliche Maßnahmen zu treffen.

Stille findet man nicht so einfach nebenher.

Meine eigenen stillen Spaziergänge waren bisher alle kürzer als die Strecke von Troas nach Assos. Aber ich kann gut verstehen, dass Paulus zwischen den anspruchsvollen Terminen auf seiner Agenda das Alleinsein suchte und sich deshalb zu Fuß aufmachte.

Innere Klarheit – und eine Schrift an der Wand

Wenn ich zurückdenke, fallen mir ein paar Spaziergänge ein, die eine große Bedeutung für mich hatten. Gehend vor Gott mein Herz ausschütten, das hat mich bei diesen Gelegenheiten tief bewegt, und dabei passierte manchmal eine Weichenstellung für mein weiteres Leben.

Der erste und vielleicht auch folgenreichste war ein einsamer Gang hinaus aus der Stadt. Ich steuerte den weithin sichtbaren Eisenberg vor den Toren Korbachs an und wollte versuchen, einen Weg bis auf die Kuppe zu finden. Dabei hatte ich die Frage im Gepäck, ob ich nach meinem Studium am Theologischen Seminar meiner Kirche noch ein weiteres Universitätsstudium anschließen sollte. Das hatte man mir geraten, ich empfand aber zunächst wenig Motivation dazu. Beim Gehen – und dem Bewusstsein, dass ich jetzt einen halben Tag Zeit dafür hatte –

sortierten sich meine Gedanken. Ich spürte meinen Vorbehalten und Befürchtungen nach. Und irgendwann hatte sich das Blatt gewendet. Ich kam mit einem „Warum eigentlich nicht?" vom Berg herunter. Vieles sprach nun für das Weiterstudium. Ich entschied mich dafür, und das wurde zu einer wertvollen Zeit in meinem Leben.

Während meines ersten Gemeindedienstes in Lüneburg hatten meine Frau und ich uns angewöhnt, ungefähr zweimal im Jahr jeweils einen einsamen Stillen Tag zu nehmen. Weniger als eine Autostunde entfernt gab es ein Haus, das für genau diesen Zweck eingerichtet war. Genauso wichtig wie das Haus war für mich die Natur in der Umgebung – Raum für ausgedehnte Spaziergänge. Einmal hatte ich eine Frage der eigenen geistlichen Ausrichtung mitgebracht: Ist es wirklich richtig, Jesus anzubeten? Lenkt das nicht letztlich von Gott ab? Das biblische Gebot lautet doch, Gott, den Einen, zu lieben, und genau das war es ja, was Jesus selbst getan hat. Von außen betrachtet mag diese Frage seltsam erscheinen, vor allem für Menschen, die mit einer starken Jesusfrömmigkeit aufgewachsen sind. Nun, das bin ich auch – und doch war diese Frage in mir aufgebrochen. Beim Gehen kam sie wieder zur Ruhe – genauer gesagt: Ich fand die Antwort für mich. Ich hatte mich zuvor mit dem biblischen Kapitel Johannes 17 beschäftigt, in dem viel über das Verhältnis von Jesus zum Vater gesagt wird. Doch das Lesen und Bedenken allein reichte nicht aus – ich musste es noch intensiv mit Gott durchsprechen. Das gelang mir auf diesem Spaziergang.

Andere betende Spaziergänge habe ich in meinen Alltag eingebaut, ohne dafür extra einen ganzen Stillen Tag mit Übernachtung zu investieren. In den ersten Monaten einer Pastorenstelle am neuen Ort wurde ich gebeten, die Beerdigung der Verwandten eines Gemeindemitglieds zu übernehmen. Die Verstorbene selbst gehörte nicht zu meiner Gemeinde und der geplante Termin fiel genau auf den Tag, den ich eigentlich mit meiner Familie im Vorfeld einer Konferenz verbringen wollte. Darauf hatte ich mich schon lange gefreut. Ich versuchte, eine

Vertretung für die Beerdigung zu finden, aber das ließ sich nicht umsetzen. Und die Angehörigen hatten – wohl zu Recht – nicht viel Verständnis dafür, dass ich mit meiner Zusage zögerte. Heute denke ich: Es war unklug, diese Aufgabe loswerden zu wollen. Aber damals haderte ich: Endlich hätte ich einmal Gelegenheit zu einem Familientag, und dann dies! Hier brauchte mein Spaziergang keine besondere Umgebung, keinen Wald, keinen räumlichen Abstand. Ich ging einfach durch die Straßen meines Viertels, klagte vor mich hin und zu Gott hin ... und konnte meine Seele dann zur Ruhe bringen. Ja, diese Aufgabe ist jetzt dran, dafür bist du jetzt da, und gut!

Von einer letzten Erfahrung möchte ich noch berichten, die gar nicht lange zurückliegt. Ich war zwei Wochen krankgeschrieben, musste aber nicht das Bett hüten, und nutzte die Zeit unter anderem für Bewegung und frische Luft. An einem Tag fuhr ich mit dem Auto ein Stück hinaus, weil ich einen bestimmten Weg erkunden wollte. Auf den ersten Metern sagte ich innerlich zu Gott: *Da bin ich, ich habe jetzt Zeit für dich, du könnest also jetzt gerne zu mir reden und mir große Dinge zeigen – über dich oder über mein Leben.* Es war hier keine besondere Last oder Sorge, auch keine bestimmte Frage, die ich Gott vorlegte, sondern ich wollte einfach ihm das Feld überlassen. Ich kann gar nicht sagen, wie hoch meine Erwartung wirklich war, dass Gott sich melden würde. Es war wohl ein Mix aus Bedürfnis, Hoffnung und gebremster Zuversicht. Dass es einfach ein ganz normaler Spaziergang werden würde – ich unterwegs mit meinen eigenen Gedanken –, war nicht ausgeschlossen.

Mein Weg führte mich über einen ziemlich abgelegenen Weg, an dem plötzlich ein größeres Sägewerk auftauchte; daneben ein Wohnhaus. Eine hübsch hergerichtete Sitzecke zog meine Aufmerksamkeit auf sich: eine farbig gestrichene Gartenbank vor dem Haus, Blumen und ein Schild an der Wand, eine Art Tonkachel mit einigen Worten darauf. Ich trat näher und las: *„Gott ist Liebe, und wer in der Liebe bleibt, der bleibt in Gott und*

Gott in ihm" (1. Johannes 4,6 LUT). Zuerst freute ich mich einfach, so unerwartet einem Schriftwort zu begegnen, und auch darüber, dass jemand eine solche Wertschätzung für Gottes Wort hat, dass er es öffentlich an seine Hauswand hängt. Doch ein paar Schritte später wurde mir klar, was Gott mir damit sagen wollte: Du suchst nach meiner Nähe, du streckst dich aus und willst mich neu erfassen – doch alles, was du „tun" musst, ist: in meiner Liebe bleiben. Dich von mir lieben lassen. Dann hast du schon alles. Dann bleibe ich in dir und du in mir. Das war eine Botschaft zum Aufatmen für mich, und sie passte genau in die Reihe der Dinge, die mich in den Predigten der letzten Wochen angesprochen hatten. Ich hätte wirklich nicht geglaubt, dass Gott auch zu mir einmal durch eine Schrift an der Wand sprechen würde, so wie er es mit dem König Belsazar gemacht hatte (Daniel 5). Doch tatsächlich, es ist nicht zu leugnen: Da war die Schrift an der Hauswand und sie sprach zu mir! Und der sich daran anschließende Weg, den ich unter die Füße nahm, gab mir Zeit, Gott dafür zu danken.

All diesen Spaziergängen ist gemeinsam: Ich hatte Zeit, aber keine festgelegte Struktur. Es konnte all das kommen, was kommen „wollte", seien es Gedanken und Gefühle, die meine Seele freigab, seien es Impulse von Gott. Jeder meiner Spaziergänge war ergebnisoffen und deshalb ein kleines Wagnis. Es konnte immer sein, dass ich die ganze Zeit bei mir selbst blieb und nicht so richtig hindurchkam zum Zwiegespräch mit Gott. Bei vielen Gängen war es auch so. Nichts Greifbares passierte. Die eben erzählten Beispiele sind nur die Sammlung der eindrucksvollsten Erfahrungen.

> Ich erlebe eine wohltuende Mischung aus Entspannung und Aufmerksamkeit, aus einfach dahinfließender Zeit und Konzentration.

Aber auch das andere ist all diesen Spaziergängen gemeinsam: Sie sind eine wohltuende Mischung aus Entspannung und

Aufmerksamkeit, aus einfach dahinfließender Zeit und Konzentration. Das macht sie für mich so wertvoll - gerade wenn ich nicht so gut darin bin, in stillen Kämmerlein ausdauernd zu beten.

Nein, ich bekomme es meist nicht so hin wie Epaphras in Kolossä, der ständig im Gebet für seine Geschwister eintrat, aber manchmal wenigstens so, wie Paulus es vielleicht auf dem Weg nach Assos erlebte.

Noch einmal die Gebetslandkarte

Von Maria habe ich gelernt: Manchmal muss ich einfach das „gute Teil erwählen" (Lukas 10,42), mich hinsetzen und mir Zeit für das Zwiegespräch mit Gott nehmen.

Ich greife dabei auf eine Methode zurück, die ich schon beschrieben habe, die ich aber jetzt noch ausweiten möchte. Sie hilft mir, längere Gebetszeiten zu gestalten und mir einen roten Faden zu geben, der mich hindurchleitet und mich, wenn ich abschweife, wieder zurück zur Sache bringt. Wenn man bei Gebets-Mindmaps (siehe Seite 133) die Verse eines Psalms aufgreift, ist die Auswahl der Lebensfelder, die man ins betende Gespräch bringt, begrenzt. Was im Psalm nicht vorkommt, kommt auch in dieser Mindmap nicht vor. Doch die Methode der Mindmap kann man leicht unabhängig von einem Bibeltext verwenden. Ich tue dies, indem ich einfach die Bereiche, die mein Leben ausmachen, auf einem großen Blatt Papier vor mir anordne. So entstehen einige Hauptfelder, z.B. Familie, Beruf, Gemeinde, Freunde, Nachbarn, Eltern, meine Männergruppe. Zu jedem Feld gehören untergeordnete Felder. Beim Beruf denke ich beispielsweise an die konkreten Aufgaben, die in der nächsten Zeit anstehen, aber auch an meine Kollegen, meine Vorgesetzten, an diejenigen, für die ich Verantwortung trage, außerdem an Lernbereiche, in denen ich noch persönliches Wachstum brauche; schließlich auch an all die Ideen, die ich noch nicht habe, auf die ich aber bald angewiesen sein werde. Die anderen Lebensfelder lassen sich ähnlich detailliert untergliedern. Vom Feld „Familie" gehen Linien zu meiner Frau und meinen Kindern aus, und von dort wiederum zu einzelnen Anliegen und Herausforderungen eines jeden von ihnen.

Manche der hier notierten Anliegen bleiben über lange Zeit dieselben, andere wechseln rasch. Diese Mindmap - als Landkarte meines Lebens - muss also immer wieder aktualisiert werden. Dabei ist dann das Aufzeichnen wiederum schon ein betender Vorgang. Es ergibt sich ein ziemlich komplexes Gebilde. Ein DIN-A4-Blatt reicht längst nicht aus. Ich habe mir einen extragroßen Zeichenblock dafür zugelegt. Eine Schreibtischunterlage aus Papier funktioniert auch - sie hat ein noch größeres Format.

Diese Art von Gebets-Mindmap leitet mich vor allem in das Bittgebet. Um darüber hinaus tiefer in die Anbetung Gottes zu finden, verwende ich deshalb eine weitere Mindmap. Die drei Hauptfelder lauten „Vater", „Jesus Christus" und „Heiliger Geist". Von da ausgehend habe ich eingetragen, was mir jeweils an diesen drei Aspekten von Gott besonders bedeutsam geworden ist. Ich notiere, welche Eigenschaft oder welche Verhaltensweise mich berührt oder zum Staunen gebracht hat. Auch besondere Verheißungen, die mit Vater, Sohn oder Geist verbunden sind und an denen ich mich freue, kommen hinzu. Das Ganze ist im Endergebnis natürlich eine sehr subjektive und unvollständige Auswahl. Die Mindmap gibt so etwas wie mein momentanes persönliches Gottesbild wieder. Auch hier gilt, dass das Bild ein paar Monate später schon wieder ganz anders aussehen kann. Das darf auch sein, denn es ist ja nicht meine Aufgabe, ein zeitlos gültiges dogmatisches Bild der biblischen Lehre über Gott aufzuzeichnen. Meine Mindmap dient dem Gebet, und zwar nur meinem eigenen, und ist keine Grundlage für Lehren und Predigten. Sie macht mich dankbar und verleiht meiner Anbetung Gottes einen bestimmten Ausdruck.

Für mich ist es hilfreich, diese großen Papierbögen mit meinen

Mindmaps parat zu haben. Der Gedanke, eine längere betende Zeit in Gottes Gegenwart zu verbringen, schreckt mich nicht mehr ab, denn ich weiß: Ich kann einer solchen Zeit eine Struktur geben. Wenn ich abschweife, kann ich meine Gedanken bald wieder zurückholen, indem ich einfach bei dem nächsten Feld ansetze, das ich auf meiner Mindmap vorfinde. Natürlich ginge dieser Versuch nach hinten los, wenn ich mich stressen würde mit dem Vorsatz, ich müsste jedes Mal eine DIN-A3-Mindmap komplett durchbeten. Nein, es darf ganz bruchstückhaft sein. So weit, wie ich komme, komme ich an diesem Tag eben. Und wenn ich mich an einer Sache längere Zeit festhake, aber bei dieser Sache bleibe – wunderbar! Dann bin ich ja genau dort, wo ich hinwollte: im Gebet.

„Wer bin ich, wer bist du?"

Eine der entscheidendsten Fragen im Leben ist die nach der eigenen Identität. Bin ich mir darüber klar geworden, wer ich in Wahrheit bin und was mich im Tiefsten ausmacht, dann löst sich ganz viel, ungeahnte Wege öffnen sich. Jesus begann sein öffentliches Wirken, nachdem er die Zusage gehört hatte: *„Du bist mein geliebter Sohn, an dir habe ich große Freude"* (Markus 1,11). Damit war für Jesus seine eigene Identität geklärt – und zugleich die Identität seines Gottes. Jesus, der unendlich geliebte Sohn. Gott, der unendlich liebende Vater. Nach dieser Zusage kam der Stein ins Rollen, das Evangelium breitete sich aus.

> Bin ich mir darüber klar geworden, wer ich in Wahrheit bin und was mich im Tiefsten ausmacht, dann öffnen sich ungeahnte Wege.

Jahrtausende zuvor war es bei Mose genauso gewesen. Als Gott ihn am brennenden Dornbusch berief, fragte Mose sinngemäß: „Wer bin ich schon, dass ich mein Volk befreien sollte?" Und: „Was soll ich ihnen sagen, wenn sie fragen, wer du bist?"

(siehe 2. Mose 3,11.13). Erst mussten die eigene Identität und die Identität Gottes klar sein. Nachdem Gott darauf (und auf ein paar weitere Rückfragen) geantwortet hatte, ging Mose los.

Wenn diese Frage so zentral ist, dann kann sie auch ein guter Ausgangspunkt für meine Gebetszeiten sein. Ich habe bereits in Kapitel 7 davon erzählt, dass ich einen bestimmten Abschnitt meines Fahrradwegs zur Arbeit dazu nutze, zu fragen: „Wer bin ich, wer bist du?“ Ich rufe mir jeweils eine Beschreibung in Erinnerung, die Gottes Wort über mich sagt - und eine Beschreibung Gottes. Doch die Fragen, was mich vor Gott ausmacht und wer Gott für mich ist, sind natürlich nicht schon ausgeschöpft, wenn ich ihnen auf einer Fünfhundert-Meter-Strecke Radweg nachspüre. Sie sind gut geeignet, um eine längere Gebetszeit zu füllen.

Die beste Hilfe dafür ist, dass ich einen Ausgangspunkt dafür parat habe. Die Bibel enthält viele verschiedene Antworten auf die Frage, wer ich als Glaubender bin. Aus den biblischen Verheißungen und Zuschreibungen kann ich ein oder zwei Worte nehmen und von ihnen ausgehend beten: Ich danke Gott dafür, dass er mich so sieht und dass er mir dieses Wesen zuspricht. Ich bekenne es vor mir und ihm, dass ich solch ein Mensch bin und immer mehr werden möchte. Dann kann ich mit Gott darüber sprechen, an welchen Stellen ich mich bereits als so jemand erfahren habe. Und ich rede mit ihm darüber, was mich noch von dieser Identität fernhält.

Im Anhang dieses Buchs ist eine Übersicht von passenden biblischen Identitäts-Beschreibungen zusammengestellt. Diese Übersicht kann man in seine Gebetszeit mitnehmen oder man überträgt die einzelnen Bibelstellen in seine Gebetsbibel (siehe Seite 142).

Ein ähnliches Gebetsgespräch folgt dann für die Frage, wer Gott für mich ist. Dafür kann man Gottesbezeichnungen verwenden, die man selbst in der Bibel entdeckt hat (siehe Seite 137). Doch damit das Gebets-Gespräch über die Frage nach Gottes Identität nicht erst dann starten kann, wenn man eine biblische Erkundungsreise hinter sich gebracht hat, ist im Anhang eine Übersicht über Namen und Titel von Jesus zu finden. Er ist das getreue Ebenbild Gottes. Das ernste Spiel unter der Frage „Wer bist du?“ kann sehr gut auch bei Jesus Christus starten und es spricht nichts dagegen, diese Christusbezeichnungen später dann in seine Gebetsbibel einzutragen.

Wer in diese Art zu beten eingeübt ist, dem werden mit der Zeit von allein Antworten einfallen auf die Fragen: Wer bin ich? Wer bist du? Diese Gebetszeit hat sich dann „freigeschwommen“ und ist nicht mehr so stark an Listen mit Bibelstellen gebunden. Aber es ist ratsam, nicht sofort mit all dem zu starten, was mir vielleicht spontan einfällt. Es könnte auch viel Wunschdenken dabei sein: wie ich mich gern hätte und wie ich Gott gern hätte. Gehaltvoller wird mein Gebet sein, wenn ich von Gottes Wort ausgehe und es mir zu eigen mache. Bin ich dann damit vertraut, was die Heilige Schrift über mich und über Gott sagt, fällt es umso leichter, meine Gebetszeit zu gestalten.

Meine Gebetskreise

Es muss Ende der Siebzigerjahre gewesen sein. Wir saßen in ausgebeulten Sesseln im Kellerraum unserer kirchlichen Jugendgruppe, zu der ich mich als Teenager hielt. Wahrscheinlich war „Begabungen“ das Thema des Abends. Jeder sollte auf einen anderen zugehen, den er noch nicht so gut kannte, und ihm sagen, was dieser gut konnte – genau die Art von Begegnungsspiel, die mir ein Gräuel war als zurückhaltender Mensch, der ich damals noch mehr war als jetzt. Einer der älteren Jugendlichen kam auf mich zu. Was der gut konnte, war klar: Friedrich war ein hervorragender Pianist. Und ich? „Also, von dir weiß ich nur, dass du gut schweigen kannst!“ Ja, das traf es wohl. Ich sagte halt kaum was. Vor allem beim gemeinsamen Gebet: Mich an einer Gebetsgemeinschaft mit einem frei formulierten Gebet zu beteiligen, war lange Zeit völlig undenkbar – obwohl es eigentlich von einem „guten Christen" erwartet wurde. Als ich es irgendwann das erste Mal schaffte, öffentlich zu beten, war ein heftiger innerer Kampf vorausgegangen, vergleichbar mit dem ersten Sprung vom Fünfmeterbrett. Was für ein Triumph, als ich mich dann getraut hatte!

Nach wie vor kann ich auf gemeinsames Gebet viel eher verzichten als auf das Beten allein. Ich habe im Lauf der Jahre aber entdeckt, dass es mir guttut, Gebetskreise zu besuchen und mit anderen zusammen zu beten. Hier erlebe ich Ähnliches wie zu den Gelegenheiten, wenn ich anhand von Bibelworten bete: Meine eigenen Gedankenkreise werden aufgebrochen, Neues kommt herein.

Ich finde es ermutigend, was Paulus und Silas erlebten, als sie in Philippi im Gefängnis saßen: Sie beteten und lobten Gott gemeinsam (Apostelgeschichte 16,25). Ich bin davon überzeugt, dass ihr Gebet auch deshalb so wirkungsvoll war, weil sie eben zu zweit beteten. Der Theologe Rudolf Bohren schrieb im Blick auf diese beiden Beter, dass die Vielstimmigkeit ihres Gebets dem Wesen des Heiligen Geistes entspricht. Weil sie nicht vereinzelt beten, sondern gemeinsam, kommt Gottes Geist in ihrem Gebet besonders zur Geltung. „Das Lob sucht Gemeinschaft, es hat an einer Stimme nicht genug. Nehmen wir uns die Szene aus dem Gefängnis von Philippi zum Modell." Paulus und Silas „können die Loblieder nicht separat singen, sondern nur miteinander."[45]

Nach dieser Erfahrung habe ich gesucht. Seit meiner Zeit als Gemeindepastor habe ich meine Gebetskreise richtig lieb gewonnen. In meiner ersten Stelle war das die kurze Gebetszeit vor dem Gottesdienst. Eine Reihe von Leuten, die den Gottesdienst auf diese Weise betend vorbereiten wollten, kam zwanzig Minuten vor Beginn zusammen. Das war für mich fast immer eine Stärkung. Wir waren sehr unterschiedliche Menschen, beteten aber frei und unbefangen. An den Sonntagen, an denen ich mit der Predigt dran war und im Verlauf des Gottesdienstes damit beschäftigt war, anderen etwas zu geben, war die kurze Gebetszeit zuvor oft schon mein eigener Gottesdienst.

An meiner zweiten Gemeindestelle war es ein Abendgebetskreis, der alle vierzehn Tage zusammenkam. In den ersten Jahren waren noch viele alte Leute dabei, die später gar nicht mehr abends ihr Haus verlassen konnten, Menschen, deren Glaube ganz anders geprägt war als meiner. Ich lernte, mich auf Vokabular, Aussprache und Stimmungslage von russlanddeutschen Glaubensgeschwistern einzustellen. Oft waren die Gebetsbeiträge ziemlich lang … aber sie kamen von Herzen, und mir machte es Mut, mitzuerleben, wie sie aus tiefster Seele zu Gott sprachen. „Danke, dass wir dürfen auch heute in deine Schule gehen …“ – diesen öfter gehörten Satz mit gerolltem „r“ mochte ich einfach!

Später veränderte sich nicht nur die Zusammensetzung des Kreises, sondern auch der Charakter des Betens. Wir starteten bei einem inhaltlichen Impuls, hörten danach aber auch aufeinander, und so nahmen die abwechselnden Gebete oft eine bestimmte Richtung. Am Ende waren wir manchmal ganz woanders gelandet als dort, wo wir angefangen hatten, aber es passte. Wir wurden an einem roten Faden entlanggeführt, den wir vorher noch gar nicht kannten. Für diese Erfahrung lohnte es sich, nach dem Abendessen noch einmal aufzubrechen und zum Gebetskreis zu fahren. Was es etwas leichter machte: Der Gebetskreis dauerte verabredungsgemäß nicht länger als eine Stunde. Eine Sofa-Zeit zu Hause war also danach trotzdem noch drin. Auch das hilft: feste Zeiten, auf die man sich verlassen kann.

In meiner jetzigen Gemeinde – wo ich nicht als Pastor arbeite, sondern ein Mitglied unter vielen bin – gab es anfangs keinen solchen Kreis, aber bald merkte ich, wie mir das fehlte. Also hörte ich mich um und fing einen an – auch hier klar auf eine Stunde begrenzt. Dieser Kreis ist wiederum ganz anders als meine Gebetskreise zuvor. Das überraschende Geführtwerden im gemeinsamen Gebet erlebe ich hier selten. Wir sind noch nicht so gut darin, aufeinander zu hören und in unseren Gebeten aneinander anzuknüpfen. Das vermisse ich oft. Doch auch hier mache ich die erstaunliche Erfahrung: Ich muss mich zwar oft aufraffen, um abends noch dorthin zu fahren. Nicht immer kommen wir gemeinsam in einen „Flow“, der das Beten wie auf einer Welle vorantreibt. Aber selbst nach solchen Zeiten, die ich eher als rational und trocken empfinde, fühle ich mich auf dem Heimweg innerlich erfrischt.

Für mich sind die Worte, die wir dort beten, nur eine Seite der Medaille. Die andere besteht für mich darin, dass wir unsere Schritte überhaupt dorthin gelenkt haben. Dem ging ja eine Entscheidung voraus: Diese Zeit, die wir nun dem Gebet widmen werden, ist besser genutzt, als wenn wir sie zu Hause oder sonstwo verbringen würden. Es ist eine Art Vertrauenserklärung. Ein Glaubensbekenntnis, dass wir uns von dieser einen Stunde im Gebet etwas versprechen. Mich dazu zu entschließen, an diesem Abend den Gebetskreis zu besuchen, ist für mich schon ein wortloses Gebet. Damit sage ich meinem Herrn: Es ist besser, zusammen mit meinen Glaubensgeschwistern jetzt bei dir zu sein, als dass ich zu Hause abhänge und dann meist nur bei mir bin. Auch so versuche ich, Gott zu ehren. Manchmal schließt sich eine spürbare geistliche Erfahrung an, manchmal nicht. Aber auch wenn ich nichts Besonderes mitnehme aus dem Gebetsabend: Ich habe Gott jedenfalls gezeigt, was ich von ihm halte. Schon meine Anwesenheit habe ich als Gebet gemeint.

Mich dazu zu entschließen, an diesem Abend den Gebetskreis zu besuchen, ist für mich schon ein wortloses Gebet.

Blicke ich zurück und ziehe Bilanz, welche Bedeutung meine Gebetskreise für mein eigenes Gebetsleben haben, dann merke ich: Viele davon habe ich vor Ort vorgefunden und mich ihnen angeschlossen. Von der jeweiligen Besonderheit jedes Kreises habe ich profitiert. Als mir dieser Nutzen bewusst wurde, habe ich dann zuletzt den Gebetskreis gegründet, der meinem Bedürfnis entsprach. Dies ist der Erfahrungswert, den ich mitnehme und der vielleicht auch für andere gilt, die auf der Suche nach einer Belebung im Gebet sind: Wenn es keinen Gebetskreis gibt, der den eigenen Bedürfnissen entgegenkommt - warum dann nicht einfach einen gründen? Gleichgesinnte suchen und dann Gebetserfahrungen machen? Es ist meist nützlich, aktiv zu werden, anstatt zu warten, dass irgendwann etwas von allein kommt. Dabei sollte man immer im Blick haben, dass Geschwister, die ganz anders sind, auch eine große Bereicherung sind - es muss nicht unbedingt ein Kreis nur mit Menschen in meinem Alter und mit einem ähnlichen Lebensumfeld sein.

Und wenn nichts passiert?

Sei es im Gebetskreis, sei es nach einem Gebetsspaziergang: Bei vielen Gelegenheiten passiert nichts Großartiges. Viele Gebetszeiten verlaufen ziemlich gewöhnlich oder sogar enttäuschend. Das ist es, was mich oft abhält, mir Zeit am Stück zum Beten zu nehmen - die Befürchtung, die Zeit werde sowieso vertan sein, weil meine Gedanken nicht gesammelt genug sind. Doch was wäre zu tun, wenn es wirklich so kommt? Wenn nichts weiter geschehen ist, als dass die Zeit verstrichen ist? Das Wichtigste ist dann, diese Erfahrung richtig zu bewerten und sich klarzumachen: Es liegt oft nicht daran, dass man zu ungeübt im Gebet oder zu unbegabt dazu wäre. Es ist nicht so, dass die „großen", erfahrenen Beter so etwas nie erlebt hätten. Im Gegenteil: Zu einem langjährigen Leben im Gebet gehört eben auch diese Erfahrung, dass Beten enttäuschend sein kann. Ich finde es sehr befreiend, bei dem Bischof und Gebetslehrer Franz von Sales zu entdecken, dass er ganz nüchtern mit „Trockenheit in der Betrachtung" rechnet. Befreiend sind auch seine Ratschläge für diese Situation:

> Kommt es vor, dass du an der Betrachtung keinen Geschmack und keine Freude findest, so bitte ich dich: Beunruhige dich deshalb nicht! Verrichte in solchen Zeiten mündliche Gebete; klage beim Herrn über dich selbst, […] sprich mit Jakob: „Ich lasse nicht von dir, o Herr, Du segnest mich denn“ (Gen 32,26), oder mit der Kanaaniterin: „Ja, Herr, ich bin ein Hündlein, aber die Hunde fressen doch auch die Brosamen, die vom Tisch des Herrn abfallen“ (Mt 15,27). – Ein anderes Mal […] sporne dein Herz an durch körperliche Bewegung […].
> Empfindest du nach all dem noch immer keine Freude, dann rege dich darüber nicht auf, so groß auch die Dürre deiner Seele sein mag; bleib einfach in frommer Haltung vor Gott.[46]

Im Folgenden zieht Sales einen Vergleich heran, der den damaligen Lesern ziemlich geläufig gewesen sein dürfte: der Umgang an einem Fürstenhof. Wir treten ein in die Welt der Diener, der Adligen, der Höflichkeit und der festen Rituale. Für die meisten von uns ist das keine Umgebung, die wir gern mit Gott vergleichen würden - Gott ist doch vor allem liebender Vater und kein unnahbarer Fürst. Aber wenn wir auf die durchaus vielen Körnchen Wahrheit achten, die in Sales' Vergleich stecken, und wenn wir erfassen, worauf er hinauswill, dann hält dieses Gleichnis eine heilsame Gelassenheit im Umgang mit trockenen Gebetszeiten bereit:

> Wie viele Höflinge betreten oft und oft im Laufe des Jahres die Gemächer des Fürsten, nur um von ihm gesehen zu werden und ihm ihre Aufwartung zu machen, ohne Hoffnung, ihn auch sprechen zu können. So müssen auch wir ganz schlicht und einfach vor Gott hintreten im Gebet, um unsere Pflicht zu er-

> füllen und ihm Treue zu zeigen. Gefällt es der göttlichen Majestät, mit uns zu sprechen und sich mit uns durch heilige Einsprechungen und Empfindungen der Freude zu unterhalten, dann soll es uns eine große Ehre und festliche Freude sein. Gefällt es aber Gott, uns diese Gnade nicht zu erweisen, lässt er uns stehen, ohne mit uns zu sprechen, als ob er uns gar nicht sähe und wir gar nicht in seiner Gegenwart wären, so dürfen wir trotzdem nicht fortgehen, sondern müssen im Gegenteil vor der unendlichen Güte in frommer und ruhiger Haltung verharren. Dann wird Gott unfehlbar unsere Geduld wohlgefällig aufnehmen, unsere unbeirrbare Beharrlichkeit sehen und ein anderes Mal, wenn wir wieder zu ihm kommen, uns mit seinen Freuden beschenken und uns die Seligkeit des heiligen Gebetes fühlen lassen. – Tut er es aber nicht, dann wollen wir uns auch damit zufrieden geben; es ist für uns schon eine zu große Ehre, bei ihm zu sein und von ihm gesehen zu werden.[47]

Wie befreiend ist dieser unaufgeregte Umgang mit enttäuschenden Gebetsversuchen! Sales sagt ja: Die innere Erfahrung ist zwar sehr gut, sie ist ein unvergleichliches Geschenk. Aber noch wichtiger ist, dass ich einfach in Gottes Gegenwart war. Auch wenn ich nichts erlebe, auch wenn ich ihn nicht höre, so werde ich doch von ihm gesehen, selbst wenn es sich nicht so anfühlt. Gott hat den Entschluss, eine Gebetszeit zu wagen, sehr wohl wahrgenommen. Ich als Beter bin keine Enttäuschung für ihn, wenn ich mein Beten allzu trocken fand.

Es ist so, wie ich es auch in meinem Gebetskreis empfinde: Allein das Hinkommen ist schon eine Geste des Gebets. Eine Abstimmung mit den Füßen. Und wenn dann gar nichts weiter passiert, wenn ich ganz unverändert aus der Gebetszeit herauskomme, wenn ich gespürt habe, dass ich nur bei mir selbst geblieben bin und meine Seele nicht zu Gott hindurchkam – dann kann ich mir sagen: *Und doch hast du gebetet. Mit deinen Füßen, die dich zu deinem Gebetsplatz gebracht haben, mit deinen Augen, die du geschlossen hast, mit deinen Händen, die du gefaltet hast. All das waren Gebetsgesten, und Gott hat sie als solche erkannt. Auch wenn deine Seele nicht weiter berührt wurde – eines ist auf jeden Fall mit dir geschehen: Dir ist die Ehre zuteilgeworden, „bei ihm zu sein und von ihm gesehen zu werden“.*

Die innere Erfahrung ist zwar sehr gut, aber noch wichtiger ist, dass ich einfach in Gottes Gegenwart einkehre.

11. Anbetung für Anbetungsmuffel

Eigentlich ist es gar nicht so schlecht bestellt unter uns Christen mit dem Gebet. Es hat in den letzten vier Jahrzehnten einen enormen Aufschwung genommen – zumindest das Beten im Gottesdienst. Genauer gesagt: das gesungene Gebet.

Fragt man ältere oder konservative Christen, was das Wichtigste im Gottesdienst sei, so lautet die Antwort oft: die Predigt. Ich erinnere mich an manchen Versprecher von Gottesdienstmoderatoren, die nach Eingangswort, Begrüßung, Choral und Abkündigungen sagten: „Und vor dem Gottesdienst singen wir noch das Lied Nummer ..." Gemeint war natürlich: vor der Predigt. Ganz unbewusst hatte man hier den Gottesdienst mit der Predigt gleichgesetzt. Das ist heute völlig anders. Das Wichtigste am Gottesdienst ist heute für viele die Anbetungszeit, und zwar in Form von vier, fünf oder noch mehr gesungenen Liedern, die durch wenige oder gar keine Wortbeiträge unterbrochen werden.

Das ist meiner Ansicht nach ein großer Gewinn. Der Gottesdienst ist nicht mehr vorrangig verstandesorientiert und verkopft. Außerdem hat uns die Anbetungsbewegung gelehrt, dass Beten weit mehr ist, als Gott unsere Bitten vorzutragen – und diese Lektion war nötig.

Doch nicht alle Christen sind von dieser neuen Schwerpunktsetzung begeistert. Manche haben sogar ausgesprochene Mühe damit. In einem Artikel für das Magazin *dran next* schreibt Hella Thorn:

> Zum gefühlt hundertsten Mal wiederholen wir mantraartig diese Zeilen [des zuletzt gesungenen Liedes].
> Es ist Worship-Zeit im Gottesdienst. Und ich gähne leise in mich hinein.
> Ich gucke mich um. Einige scheinen ganz bei der Sache zu sein: Hingebungsvoll singen sie Zeile um

> Zeile, ganz versunken im Moment. Anderen scheint es wie mir zu gehen: Sie fangen an, sich zu langweilen. Dreimal Wiederholung reicht vollkommen, finde ich, aber der Lobpreisleiter hat für diesen Vormittag etwas anderes vor. […] In diesem Moment merke ich (mal wieder): Ich kann mit Lobpreis überhaupt nichts anfangen. Ich fühle mich fehl am Platz, abgehängt, außen vor. Statt religiöser Ergriffenheit steigert sich bei mir nur das Genervtsein. Meine Gedanken kreisen: Können wir nicht endlich mit dem Gejaule aufhören und mit dem Programm des Gottesdienstes weitermachen? Und dann: Stimmt etwas nicht mit mir? Bin ich ein schlechter Christ oder habe ich gar Jesus mein Leben nicht wirklich ernsthaft übergeben, wenn ich mit dieser Königsdisziplin christlicher Frömmigkeit so gar nichts anfangen kann?[48]

Kleine Galerie des Unbehagens

Ich persönlich habe manches Mal ähnlich empfunden wie Hella Thorn. Andere Anbetungszeiten - zum Teil mit genau denselben Liedern - haben mich angerührt und mir etwas mitgegeben, das mich noch durch die nächsten Tage getragen hat. Das Unbehagen aber, das immer wieder hochkommt, hat durchaus seine Gründe. Einige davon möchte ich in aller Kürze nennen:

Bereits das Wort „Anbetung" ist ein klein wenig verdächtig. In unserer Sprache haben Worte, die ein Sprechen bezeichnen und mit der Vorsilbe „an-" beginnen, meist keine positive Bedeutung: „anschreien", „anpredigen", „anlabern" - das deutet auf eine Einbahnstraße der Kommunikation hin. Eine Verständigung gelingt so nicht. Selbst wenn ich jemanden „anrufe", ist noch nicht klar, ob ich auch mit ihm sprechen, mit ihm telefonieren kann. Warum gibt es kein anderes Wort für Anbetung, eines, das der Schönheit der Sache angemessen ist? Und warum heißt es meist: Wir „machen" Anbetung? Als ob es hier darauf ankäme, etwas zu vollbringen? Ich werde immer stutzig, wenn irgendetwas mit einem unschönen Wort bezeichnet wird. Das lässt mich fragen, ob mit der Sache, über die man spricht, wirklich alles in Ordnung ist.

Stutzig werde ich auch, wenn man mir erklärt, warum Anbetung so segensreich ist. Schon oft habe ich gehört, dass die ganze Veranstaltung (der Gottesdienst, die Leitungssitzung) viel besser gelaufen ist, wenn (und weil) man mit einer Anbetungszeit begonnen hat. Anbetung, damit es bei uns besser klappt? Anbetung, um etwas zu erreichen? Bei der Anbetung geht es doch um die Größe Gottes und nicht um die Optimierung unserer Veranstaltungen oder um Vorteile für unsere Vorhaben!

Und schließlich helfen mir viele Liedtexte einfach nicht ins Gebet hinein, weil sich nur ein kleiner Ausschnitt an Lebenserfahrung in diesen Texten widerspiegelt. Die ganze Breite des Lebens, mit der ich in Gottes Gegenwart kommen will – Herausforderungen, Angst, Dank, Krankheit, Freude an Erfolg, Entscheidungen, Segen und Last in Beziehungen, meine tägliche Arbeit –, ist in den Texten nur selten abgebildet. Da holen mich Paul-Gerhardt-Choräle trotz ihrer antiquierten Sprache besser ab. Von denen gibt es auch genügend passende Lieder für die verschiedenen Phasen des Kirchenjahrs.

Manche der aktuellen Liedtexte machen es mir schwer, ihrem Gedankengang zu folgen. Ich bin zum Beispiel zunächst eingeladen, den gnädigen, treuen Gott, der voller Sanftmut und Geduld ist, anzubeten, und ich denke an die gütigen und zart berührenden Seiten Gottes. Doch in der nächsten Zeile stehe ich dem Wort „Majestät" gegenüber, das mich eher an einen hoch thronenden und unnahbaren Herrscher denken lässt. Klar, Gott ist beides, sanft und hoch erhaben. Aber der überleitungslose Kontrast innerhalb eines einzigen Liedes ist mir zu schroff. Ich fliege da innerlich aus der Kurve.

Genug kritisiert! Insgesamt haben wir Christen sehr viel Nutzen aus der Anbetungsbewegung gezogen im Vergleich zu dem, was gelegentlich irritieren kann. Eine skeptische Grundhaltung und ein Generalverdacht gegen Anbetung wären nicht nur völlig überzogen, sondern bringen auch niemanden näher in Gottes Gegenwart.

Viel wichtiger ist die Frage: Wie kann ich Anbetungszeiten etwas abgewinnen, wenn ich mich nicht zu den begeisterten Anbetungssängern zähle? Wenn es mir eher so geht, wie es Hella Thorn geschildert hat?

In der Menge meinen eigenen Weg gehen

Mir hilft es, wenn ich mir in einem Gottesdienst sage: Es ist gut für die anderen, dass sie Gott auf ihre Weise näher kommen – und es ist richtig, wenn ich bei ihnen bin, mich mit ihnen freue, aber meinen eigenen Weg gehe. Ich finde es legitim, sich für ein paar Momente innerlich auszuklinken und das Gebet auf meine eigene Weise zu suchen.

Hella Thorn berichtet von sich: „Ich nutze die Zeit lieber, um mit Gott ein wenig ins Plaudern zu kommen und mit ihm über einzelne Textzeilen zu sprechen. Wie passen sie gerade in mein Leben hinein: Wünsche ich mir mehr von diesem oder jenem Gefühl? Kenne ich jemandem, der Gottes Liebe und Güte ganz dringend mal wieder spüren müsste?“[49] Damit sind mindestens zwei Spuren gelegt: zum einen die des Dialogs mit Gott. Das Zwiegespräch von Herz zu Herz ist oft der direkte Weg, Gott anzubeten – eben weil er mir so vertraut ist, dass ich mein Innerstes mit ihm teilen möchte. Zum anderen deutet Hella Thorn auch die Fürbitte für andere an. Man könnte einwenden: Bittgebet ist doch gerade etwas anderes als Lobgebet. Doch ich meine, es ist besser, Gott für jemanden zu bitten (und damit anzuerkennen, dass Gott die Quelle der Hilfe ist – ein Bekenntnis, das ihn ja ehrt), als mich unzufrieden in mich selbst zu vergraben, weil mir das Anbetungslied nichts zu sagen hat. Zwiesprache und Fürbitte also, während die anderen singen.

Auf meine Zeile warten

Eine andere Möglichkeit ist es, ganz gelassen auf das eine Lied oder auch nur die eine Textzeile zu warten, die für mich an diesem Tag passend ist, und dann dabei zu verweilen. Der Rest der Lieder mag getrost an mir vorbeiziehen und die anderen mögen aus vollem Herzen einstimmen – ich habe „meine" Anbetung heute gefunden und sinne diesen paar Worten nach. Vielleicht ahne ich schon vorher, dass ich irgendwann „aus der Kurve fliegen werde" – sei es, weil eine Formulierung mich ablenkt, sei es, dass es für mich ein paar Wiederholungen zu viel sind. Nun denn: Wenn ich schon rausfliegen werde, dann bestimme ich lieber selbst den Punkt, an dem das geschieht. Ich springe da ab, wo mich eine Zeile am tiefsten anspricht – und nicht da, wo mich etwas am meisten befremdet. Besser, ich verliere den Faden mit einem starken Wort im Ohr, als mit Ärger im Herzen. Und dann bleibe ich einfach bei dem, was heute für mich da ist.

Besser, ich verliere den Faden mit einem starken Wort im Ohr, als mit Ärger im Herzen.

Bibel oder Liederbuch nutzen

Und wenn nicht einmal das *eine* Lied, die *eine* Zeile heute zu mir passt? Dann gibt es immer noch die Möglichkeit, mich noch weiter auszuklinken, aber zu Gott hin auszuklinken. Wer sich eine Gebetsbibel angelegt hat (siehe Seite 142) und diese im Gottesdienst dabei hat, kann dort nach Worten suchen, die er sich anbetend zu eigen machen will. Dasselbe funktioniert auch mit dem Gesangbuch – falls die Gemeinde noch solche besitzt und nicht auf das Singen von der Leinwand umgestellt hat.

Der Reichtum der Namen Gottes

Die Fülle von Gottes Wesen ist unerschöpflich. Ich kann ihn ohne Ende anbeten, wenn ich seine Namen nenne und die Wesensbeschreibungen ausspreche, die sein Wort enthält. Ich kann das ganz allein für mich tun, wenn ich nur zu meinem Gott hin geöffnet bin - egal, was für Anbetungslieder um mich herum geschmettert werden. Die Vielfalt der Gottesbezeichnungen (siehe Seite 137) und der Ehrentitel und biblischen Bezeichnungen für Jesus Christus (vgl. Anhang 4) ist so groß, dass auch eine zunächst langweilige Anbetungszeit eigentlich nicht lang genug sein kann - ich habe meinem Gott dann viel zu sagen.

Was wäre eigentlich, wenn …

Auch ohne äußere Hilfen wie Bibel und Liederbuch kann ich im Gebet eigene Wege gehen. Ich suche Gott auf meine Weise, während andere es auf ihre tun. Ich mache mir andere Formen des Gebets zunutze. Eine Möglichkeit besteht darin, dass ich in Gedanken einmal den Negativfall durchspiele: Was wäre eigentlich, wenn ich Gott nicht hätte? Wenn es ihn gar nicht gäbe? Oder wenn es ihn gäbe, er aber ein despotischer und grausamer Herrscher wäre? Mit diesen Überlegungen wird mir schnell klar, was ich an ihm habe, wofür ich ihm danken und weswegen ich ihn anbeten kann.

Diesen Gebetsweg finden wir sowohl in der Bibel als auch im Schatz der geistlichen Lieder von früher und heute. Psalm 124 ist ein Gebet, das eben diesen Gedankenweg geht: Es spielt den Negativfall durch.

> Wenn der Herr nicht für uns gewesen wäre –
> so soll Israel sprechen –,
> wenn der Herr nicht für uns gewesen wäre,
> als die Völker sich gegen uns erhoben,
> dann hätten sie uns lebendig verschlungen,

so groß war ihr Hass auf uns.
Wasser hätte uns überflutet,
ein reißender Strom hätte uns fortgespült.
Die tobenden Fluten hätten uns überwältigt
(Vers 1-5)

So weit geht das Szenario, das zum Glück nur im Konjunktiv, in der Möglichkeitsform steht. Der Rest des Psalms zieht die Schlussfolgerung daraus und ist pure Anbetung:

Gelobt sei der Herr,
der nicht zuließ, dass sie uns mit ihren Zähnen zerrissen!
Wir sind entkommen wie ein Vogel aus dem Netz des Jägers.
Das Netz ist zerrissen und wir sind frei!
Unsere Hilfe kommt vom Herrn,
der Himmel und Erde gemacht hat. (Vers 6-8)

Der Gedanke daran, was ohne Gott hätte sein können, weckt die Freude darüber, was in Wirklichkeit mit ihm gegeben ist. Eine ähnliche Bewegung des Betens ist in einem Gedicht von Jochen Klepper[50] enthalten:

Ohne Gott bin ich ein Fisch am Strand,
ohne Gott ein Tropfen in der Glut;
ohne Gott bin ich ein Gras im Sand
und ein Vogel, dessen Schwinge ruht.
Wenn Gott mich bei meinem Namen ruft,
bin ich Wasser, Feuer, Erde, Luft.

Ein drittes Beispiel ist das alte Heilslied „Stern, auf den ich schaue“[51], in dessen zweiter Strophe es heißt:

Ohne dich, wo käme Kraft und Mut mir her?
Ohne dich, wer nähme meine Bürde, wer?
Ohne dich, zerstieben würden mir im Nu
Glauben, Hoffen, Lieben. Alles, Herr, bist du.

Es gibt noch weitere Lieder, die diesen Gedankengang enthalten.[52] Aber ich brauche natürlich keinen Liedtext, um so zu beten, ich kann es auch mit meinen eigenen stillen Worten tun. So erfasse ich, wie einzigartig Gott ist, und bin innerlich genauso sehr für Gott geöffnet wie all die anderen um mich herum, die ihre Anbetungslieder singen.

Lautstärke als Bekenntnis

Gelegentlich habe ich auf eine noch andere Weise in die Anbetungszeit des Gottesdienstes zurückgefunden. Manchmal kommen Lieder vor, die mich zwar nicht gefühlsmäßig so erheben wie meine Mitsänger. Ich bin nicht ergriffen, lasse mich nicht in den Gesang hineinfallen und habe nicht den Wunsch, dieses Lied möglichst oft zu wiederholen. Aber es hat eine Aussage, die ich richtig finde und die ich unterschreiben könnte. Manchmal singe ich dieses Lied oder die betreffende Strophe bewusst sehr laut mit. Ich spüre die Töne geradezu in meinem Körper, ich bin in dem Moment eine Art Resonanz, meine Kehle vibriert. Das ist dann für mich die Ausdrucksform, die ich Gott widme. Ich sage mir und ihm: Unabhängig von meinen Empfindungen trifft das zu, was wir hier singen, ich stelle mich dahinter, ich „stimme" im buchstäblichen Sinne zu. Das ist ein deutlicheres Bekenntnis, als wenn ich nur gedanklich meine Zustimmung geben würde. Körper und Verstand sind ins Beten einbezogen, auch wenn die Emotionen es mal nicht sind. In diesem Sinne ist - manchmal - auch Lautstärke für mich Anbetung.

Alles hat seine Zeit

Es gibt – so viel ist deutlich geworden – eine Reihe von Wegen, wie auch „Anbetungsmuffel" einer gottesdienstlichen Anbetungszeit etwas abgewinnen können. „Anbetungsmuffel" heißt in diesem Zusammenhang nicht: Leute, die gegen Anbetung sind, sondern: Menschen, die nicht gut auf die im Gottesdienst vorgesehene Weise anbeten können.

Trotz der verschiedenen Wege, mit Anbetungszeiten zurechtzukommen, wird es immer wieder auch einfach leere Zeiten geben. Lieder, die einen auf keine Weise abholen. Wiederholungen, die zu viel sind. Gefühlslagen, die für einen selbst nicht authentisch sind. Dann liegt es nahe, sich zu ärgern oder zumindest enttäuscht zu seufzen: Schade, es war wieder nichts für mich dabei.

Ich selbst empfinde ab und zu so. Aber mir hilft immer mehr eine Einsicht, die mich gelassen macht. Und zwar die Erkenntnis: Jedes Lied hat seine Zeit. Wenn es heute nicht zu mir passt und vielleicht auch in den nächsten Monaten nicht – es kann eine Zeit kommen, wo es sich mir aufschließt. Es ist entspannend, einen gedanklichen Abstand einzunehmen und sich klarzumachen: In meinem Leben wird es noch sehr unterschiedliche Erfahrungen und Phasen geben. Was ich momentan erlebe und empfinde, ist nur ein Ausschnitt aus dem großen Ganzen. Es wird Zeiten geben, in denen es mir besser oder schlechter geht als jetzt, es wird Zeiten geben, in denen ich von ganz anderen Freuden und Sorgen geprägt bin als momentan. Dann wird es vielleicht andere Lieder geben, die mittlerweile entstanden sind. Oder aber eins der Lieder, die mich gerade so gar nicht anrühren, wird dann das richtige für mich sein. Es liegt nicht immer an den Liedern und ihren Texten. Es liegt oft ein-

Was ich momentan erlebe und empfinde, ist nur ein Ausschnitt aus dem großen Ganzen.

fach an der Vielfalt des Lebens. Alles hat seine Zeit, und ich werde mich vielleicht einmal freuen, die Lieder zu kennen, die mich heute langweilen. Wenn ich die Dinge so sehe, muss ich mich nicht groß über jeden einzelnen für mich unbefriedigenden Gottesdienst ärgern.

Alles hat seine Zeit, und die Zeit manchen Liedes wird vielleicht noch kommen. Das, was nicht zu mir spricht, spricht zur selben Zeit zu anderen Christen, und mit denen kann ich mich verbunden wissen. Jesus als König anzubeten ist vielleicht nicht meine Art - ich lebe in einer Demokratie und kenne Könige eigentlich nur aus den Fürstenhäuser-Gazetten im Wartezimmer meines Zahnarztes. Aber Glaubensgeschwister, die in einer Diktatur leben, bekennen zur selben Zeit aus vollen Herzen (und mit vollem Risiko), dass Jesus König ist - und dass diese Ehre eben nicht dem Diktator zukommt, der alle Verehrung einfordert. Wenn ich in meinem Land dieses Lied singe, kann ich es auch mit einer still gesprochenen Fürbitte für diese Glaubensgeschwister singen.

Wechselwirkungen mit dem Alltag

Warum gehören regelmäßige Anbetungszeiten mit einer Reihe von gesungenen Liedern mittlerweile zum Normalprogramm vieler Gottesdienste - fast konfessionsübergreifend? Ein wichtiger Grund ist sicher, dass die Anbetung im Gottesdienst in den Alltag hineinstrahlt. Es entstehen Wechselwirkungen. Das Wesen Gottes, das man am Sonntag besungen hat, fällt einem am Mittwoch wieder ein. Es ist also dieselbe segensreiche Wirkung, die wir auch von einer guten Predigt erwarten.

„Und wenn ein Kampf beginnt, bist du es, der für mich kämpft. Die stärkste Festung bist du, Gott!" Ein Lied mit diesen Zeilen bildete den Abschluss des Gottesdienstes, den ich gerade kürzlich erlebte.[53] Ich war danach als Beter in unserem Fürbitte- und Segnungsdienst eingeteilt. Nicht an jedem Sonntag wird dieses Angebot in Anspruch genommen, aber an diesem Tag kamen nacheinander zwei Gottesdienstbesucher – eine junge Mutter und ein Mann zwischen fünfzig und sechzig –, um für sich beten zu lassen. Beide waren gerade von dieser Textzeile angesprochen worden und nahmen das als Anlass, ein Anliegen in die Fürbitte zu bringen. Sehr gern habe ich für sie gebetet und ihnen ein Schriftwort zugesprochen: *„Der Herr wird für euch streiten und ihr werdet stille sein"* (2. Mose 14,14 LUT). Gern tat ich das auch deshalb, weil ich mich erinnerte: Dieses Lied habe ich vor eineinhalb Jahren auf einer Hochzeitsfeier gesungen, und damals ist eben diese Zeile mit mir gegangen. Ich wusste, wie dieses Lied sprechen kann. Die Woche, die sich für die junge Mutter und diesen Mann an diesen Gottesdienst anschloss, wird ebenfalls von der Aussage dieses Liedes geprägt gewesen sein.

Ja, die Anbetungszeit im Gottesdienst wirkt sich auf den Alltag aus. Wie ist das aber nun bei Menschen wie mir, die oft wenig aus einer Anbetungszeit mitnehmen? Müssen wir auf diese segensreiche Wechselwirkung verzichten?

Ich habe die Erfahrung gemacht: Ich erlebe diese Wechselwirkung durchaus – nur in umgekehrter Richtung. Das, was ich Gott im Laufe meiner Woche gesagt habe, und das, was ich von ihm aus seinem Wort erfasst habe, das bringe ich innerlich in den Gottesdienst mit. Die Anbetungslieder, die ich dann singe (oder anhöre), bringen meine Gebetserfahrungen manchmal zum Klingen. Von Gottes Güte oder Gottes Macht ist die Rede, und ich kann diese Wörter mit den Beschreibungen Gottes füllen, die ich in den Tagen zuvor in meinem morgendlichen Psalmgebet ausgesprochen habe. Die Psalmen der vergangenen Woche haben eine Sicht von Gott in mir ausgeformt, die ich am Sonntag mit den Texten der Anbetungslieder in Verbindung bringen kann. Ohne mein Beten im Alltag würden viele Worte am Sonntag eher leer für mich bleiben, aber nun kann ich ihnen eine Bedeutung geben.

Wechselwirkungen gibt es also viele. Bei den einen – den begeisterten Anbetern – wirkt der Sonntag auf den Alltag. Bei anderen wie mir – den „Anbetungsmuffeln“, wenn man so will – wirkt der betend erlebte Alltag auf den Sonntag. Wer will entscheiden, welche Art der Wechselwirkung die bessere ist? Ist überhaupt eine besser als die andere? Das letztliche Ziel ist doch ein vom Gebet geprägtes Leben. Wenn die einzelnen Formen und Arten des Gebets sich gegenseitig durchdringen, wenn sie wechselseitig aufeinander einwirken, ist das schließlich das Beste, was einem passieren kann.

Das letztliche Ziel ist doch ein vom Gebet geprägtes Leben.

Dann hängt auch nicht mehr alles von der *einen* Anbetungszeit im Sonntagsgottesdienst ab: ob sie gelingt oder nicht; ob es mir gelingt, mich in sie hineinzugeben, oder nicht. Sondern sie ist eine Zutat für mein Leben im Gebet, und ich kann jedes Mal neu herausfinden, ob sie mich in Gottes Nähe führt oder ob ich diese Nähe zu anderen Gelegenheiten erreiche. Wichtiger als eine einzelne Anbetungszeit ist, dass ich ein Leben im Gebet führe.

III. Ermutigt

12. Wie Beten den Beter verändert

Ein gewundener Waldweg. Ich gehe bergauf und genieße die Natur. Wichtiger aber noch ist mir das Alleinsein und die Stille. Gestartet bin ich in einem geistlichen Einkehrhaus in Hessen, in dem ich für 24 Stunden mein Quartier aufgeschlagen habe. Der Rhythmus von Alleinsein, liturgischem Tageszeitengebet mit anderen, Spaziergängen und Gebet in der hauseigenen Kirche prägt diese Zeit. Für meinen Spaziergang habe ich zwei Ziele. Zum einen möchte ich die nahe gelegene Burg Greifenstein erreichen, die ich sonst meist nur von der Autobahn aus entfernt liegen sehe. Zum anderen will ich eine Sorge mit Gott durchsprechen. In meiner Gemeinde stehen Wahlen zur Leitung bevor. Ich weiß nicht, wie sie ausgehen werden, und habe verschiedene Szenarien durchgespielt. Eine bestimmte Personenkonstellation erscheint mir gar nicht unwahrscheinlich – aber ich kann mir momentan nicht vorstellen, dass wir konstruktiv zusammenarbeiten würden. Ich befürchte falsche Schwerpunktsetzungen (zumindest nach meiner Einschätzung) und dass die nötige Erneuerung der Gemeinde verzögert wird.

All das habe ich im Gepäck auf meinem Weg hinauf zur Burg. Was soll ich beten? Dass Gott den Ausgang der Wahl steuert? Dass manche Personen sich nicht zur Verfügung stellen? Ich bete besonders für einen bestimmten Menschen – und für mich selbst: wie ich ihn sehe und ob meine Sicht wirklich die richtige ist. Vor allem ist eine meiner Gebetsrichtungen: Wenn es denn so kommt, dass ich mit diesem Menschen zusammenarbeiten werde, dann soll es ein unbelasteter Anfang sein. Ich möchte meine Sorgen und Vorbehalte nicht in diese Zusammenarbeit hineintragen.

Nach einer Kurve tauchen die beiden markanten Türme der Burg auf, deren Anblick ich schon gespannt erwartet habe. Ich freue mich daran, die Burg zu betreten und ein wenig zu erkunden. Dann folgt der Rückweg zu meinem Einkehrhaus. Ich spüre, dass ich „durch" bin mit meiner Sorge: Sie liegt hinter mir, ich habe sie unterwegs verloren. Ich kann Gott zutrauen, dass er die Arbeit in meiner Gemeinde weiter fördert und voranbringt, egal in welcher Personenkonstellation. Ganz klar: Mein Gebet hat nicht den Menschen verändert, der mir Sorgen gemacht hat, sondern es hat mich selbst verändert.

Debatte im Religionsunterricht

Im Religionsunterricht auf dem Gymnasium haben wir immer wieder engagierte Debatten geführt. Ich bin vom Naturell her weder extrovertiert noch ein Kämpfertyp, aber im Reli-Unterricht habe ich damals ab und zu mitgemischt, und wenn nicht, dann doch manche Debatte in mir selbst ausgetragen. Das Thema Gebet war so eines, bei dem ich mich daran gerieben habe, wie es im Unterricht behandelt wurde. Unsere Aufgabe war es, Wirkungen des Betens zusammenzutragen. Da ging es um positive Einflüsse wie Gelassenheit, emotionale Stabilisierung und anderes. Mich störte diese Herangehensweise sehr. Für mich war Gebet damals - und ist es auch heute noch - der Kontakt zu jemandem, der außerhalb von mir steht. Das Gespräch mit Gott eben. All die Fragen nach den günstigen Auswirkungen auf die Seele der Beter kamen mir wie Versuche vor, beim Gebet ohne Gott auszukommen. Als ob man die Frage nach Gott damit ausklammern wollte. Als ob Gebet auch ohne ein jenseitiges Gegenüber funktionieren würde.

> Ich glaube, dass Gott sich durch meine Gebete bewegen lässt.

Heute, mit etwas Abstand und vielen weiteren Jahren der eigenen Gebetserfahrung, weiß ich die Wirkungen des Betens auf mich als Beter viel mehr zu schätzen. Klar, wenn alles nur ein Selbstgespräch wäre oder eine Spielart der Meditation, wäre mir das viel zu wenig. Ich glaube, dass Gott sich durch meine Gebete bewegen lässt. Ich glaube, dass die Veränderung nicht nur bei mir stattfindet, sondern auf geheimnisvolle Art auch im Himmel.

Dennoch – ich sehe es einfach als Geschenk Gottes an, dass Beten auch mir guttut. Dass es mich auf Spuren setzt, auf die ich sonst nicht käme. Dass die Wirkung des Betens in sehr viele verschiedene Richtungen geht – und unter anderem mich selbst verändert, so wie auf dem Fußweg zur Burg Greifenstein.

Für meine Freude am Gebet ist diese Erfahrung wichtig. Natürlich ist auch eine greifbare Gebetserhörung eine außerordentliche Ermutigung für mich. Wenn sich nach außen etwas zum Guten verändert hat und wenn das mit meinem Gebet zu tun hatte – klar, dass ich dann gern wieder ins Gebet gehe. Aber ich erlebe Gebetssegen auch, wenn sich nach außen hin noch nichts ändert. Gott geht ans Werk, wenn ich die Hände falte und still werde, und ich will alle Arten seines Werkes zulassen und begrüßen. Auch dann, wenn ich selbst sein Werkstück bin.

Die Erfahrung der Bischöfe

Über die verändernde Kraft des Gebets ist in diesem Buch schon viel gesagt worden. Für Franz von Sales, den Bischof von Genf, war das Gebet eine Quelle, deren Wasser alle guten Regungen in uns zum Blühen bringt, jeden Schmutz von der Seele wäscht und das von Leidenschaften erhitzte Herz abkühlt. Der Bischof Joachim Wanke aus Erfurt berichtete über das Beten von Psalmen, wie ein solches Gebetswort aus Verengungen befreit, das Herz weit macht und Luft zum Atmen gibt. Ein Gebet, das sich der Worte aus der Bibel bedient, „öffnet mich innerlich für das, was Gott mich sehen lassen will und was mir jetzt noch verborgen ist.“[54]

Einprägsame Bilder machen anschaulich, was nach dem Beten mit dem Beter passiert. Franz von Sales sprach vom geistlichen Blumenstrauß, aus dem man einige Blumen mit in den Tag nimmt, um sich an ihrem Duft zu erfreuen. Der katholische

Pfarrer Wilhelm Bruners fand das Bild von der Psalmbrücke. Wer die überschreitet und auf diesem Weg in den Tag geht, dreht sich nicht mehr um die eigene Achse, sondern ist voller Hoffnung (siehe Seite 103).

Diese Erfahrungen und Bilder beziehen sich auf eine spezielle Art des Gebets, nämlich auf das Beten mit der Bibel. Aber nicht nur Psalm- und Schriftgebete haben Prägekraft. Ganz allgemein können Beter erwarten, dass ihr Beten sie gestaltet. So wie man manchen Leuten ansieht, dass sie vom Leben gezeichnet sind, so spüren Menschen, die mit Gott im Gespräch sind, dass sie vom Beten gezeichnet sind.

Ich möchte im Folgenden an einigen Beispielen zeigen, was mit jemandem passieren kann, der betet. Ich nehme diese Beispiele wieder einmal aus der Bibel. Was Menschen erlebten, die ihren Platz in Gottes Wort gefunden haben, hat für mich eine große Überzeugungskraft. Auch wenn ihre Gebete in der Bibel überliefert sind, haben sie damals in ihrer aktuellen Situation nicht „mit der Bibel" gebetet - deren Worte lagen ja noch nicht vor. Sie haben nicht diesen Spezialfall des Betens praktiziert. Es ist also wirklich eine allgemeine Gebetserfahrung, der wir in ihnen begegnen.

Wenn Gegen-Bitte zur Für-Bitte wird

Es ist eine sehr gute Erfahrung, wenn Gegen-Bitte zu Für-Bitte wird, wenn man anders aus dem Gebet herauskommt, als man hineingegangen ist. Das hat Asaf erlebt. Sein Beten hat ihn umgeformt. Von Asaf stammt der 83. Psalm. Er ist ein Hilferuf angesichts vieler Feinde. Zu Beginn seines Gebets schildert Asaf, was diese Feinde Übles vorhaben - *„Kommt, wir wollen das Volk Israel vernichten!"* (Vers 5) - und wie viele es sind. Die ethnischen Bezeichnungen, die Asaf aufzählt, lassen das Bild eines internationalen Aufmarsches entstehen, der sich rings um Israel zusammenzieht (Vers 6-9).

Nach der Lagebeschreibung trägt Asaf Gott seine Bitten vor. Und die sind sehr eindeutig. Er will, dass die Feinde Israels umkommen. Er denkt dabei an die Geschichte seines Volkes, wie wir sie heute noch im Alten Testament nachlesen können. Asaf zählt die großen Gegner der Vergangenheit auf und erinnert sich, wie sie mit Gottes Hilfe besiegt wurden. *„Ihre Leichen verrotteten auf der Erde"* (Vers 11). Dass Gott so etwas auch in der aktuellen Bedrohung tut, darum bittet Asaf: *„Mein Gott, blase sie fort wie Staub, verwehe sie wie Spreu im Wind!"* (Vers 14).

Das ist kein hochmütiges Gebet, aus Nationalstolz geboren, der das eigene Volk für überlegen hält, das eigene Imperium ausdehnen will und deshalb alle störenden Völker ringsum wegfegen möchte. Es ist vielmehr die Bitte eines kleinen, meist schutzlosen Volkes, das die meiste Zeit seiner Geschichte unter fremder Herrschaft stand und sehr oft mit Vernichtungsangriffen rechnen musste. Asaf betet nicht von oben herab, sondern mit dem Rücken zur Wand. Dennoch würden nur wenige heute solche Vernichtungsgebete gern mitbeten. Sie klingen einerseits verständlich, andererseits aber doch weit entfernt von dem, was Jesus über Feindesliebe sagte. Doch es wäre unsererseits hochmütig, wenn wir diesem Beter Israels das Recht bestreiten wollten, so zu beten, während wir selbst auf dem warmen Sofa sitzen.

Mit diesen Bitten ist nun aber Asafs Gebet noch nicht zu Ende. Die Worte fließen weiter aus ihm heraus. Und im letzten Drittel des Gebets ändert sich langsam der Inhalt seiner Bitten. Ein neues Gebetsanliegen formt sich allmählich aus. Nach wie vor möchte Asaf, dass Gott an den Feinden handelt, aber nun nicht mehr so, dass sie dabei umkommen. Vielmehr sollen sie vor Gott erschrecken und vor den anderen lächerlich dastehen. Ihre Pläne sollen scheitern. Und das alles soll einem bestimmten Zweck dienen: *„dass sie anfangen, Herr, nach deinem Namen zu fragen. […]. Was sie auch tun, es soll ihnen misslingen, bis sie erkennen, dass du allein Herr genannt wirst, der Herrscher über die ganze Erde"* (Vers 17-19).

Tote können nicht mehr nach Gott fragen. Leichen können Gott nicht erkennen. Die Gebetsziele von Asaf, die er zum Schluss nennt, setzen also voraus, dass die Feinde am Leben bleiben - dass Gott sie doch nicht umkommen lässt! Mit den Feinden soll etwas passieren. Sie sollen nach außen hin keine Gefahr mehr sein und zugleich sollen sie im Inneren verändert werden. Wenn sie dann wirklich Gott als Herrn erkennen und *„nach seinem Namen fragen"*, dann sind sie sogar dem Volk Gottes ein Stück ähnlich geworden. Dann stehen sie nicht mehr nur dem Beter Asaf gegenüber, sondern an seiner Seite - denn auch Asaf ist ja jemand, der nach Gott fragt und ihn als Herrscher der Welt bekennt.

Das Gebet von Asaf hat sich verändert. Asaf hat sich vorwärtsgebetet. Er ist woanders angekommen, als er anfangs vorhatte. Aus der Gegen-Bitte ist eine Für-Bitte geworden. Das Muster von Gewalt und Vergeltung ist aufgebrochen. Am Ende steht nicht die Rache, sondern - wenn man so will - die „Bekehrung" der Feinde.

Mit diesem Psalm kann man nicht das gesamte Problem der sogenannten Rachepsalmen erklären. Es bleiben immer noch genug Psalmen in der Bibel, in denen die Bitte um Vergeltung tatsächlich das letzte Wort hat und das angestrebte Ziel ist. Aber im Gesamtbild der biblischen Rachepsalmen ist dieser 83. Psalm ein wichtiger Mosaikstein. Auch das gibt es, dass der Beter, während er betet, auf andere Gedanken kommt. Das Beten hat den Beter verändert.

Linienbus und Heißluftballon

Wer eine Gebetserfahrung macht, wie wir sie bei Asaf beobachten konnten, der hat eine besondere Art des Betens kennengelernt: das Heißluftballon-Gebet.

Die meisten unserer Gebete gehören einem anderen Typus an, nämlich dem *Linienbus-Gebet.* So wie ein Bus eine Haltestelle nach der anderen anfährt, so steuern viele unserer Gebete ein Anliegen nach dem anderen an. Wir tragen es Gott vor, wir sagen, was wir brauchen, und danach geht es weiter zum nächsten Anliegen. So machen wir die Runde und haben am Ende alle Dinge angesprochen, bei denen wir Gottes Hilfe brauchen.

Diese Art zu beten ist völlig okay, sie ist sinnvoll und entspricht unserem Verhältnis zu Gott: Er ist der Vater und der überreiche Herr; wir sind seine Kinder, die auf ihn angewiesen sind. Wenn Gottes Wort uns auffordert: *„In allem sollen durch Gebet und Flehen mit Danksagung eure Anliegen vor Gott kundwerden"* (Philipper 4,6 ELB), dann ist unser Gebet eben auch vollgepackt mit vielerlei Bitten. Es ist wohl nicht von ungefähr, dass Paulus so viele verschiedene Worte für das Beten (Gebet, Flehen, Danksagung, Anliegen) verwendet. Dem entspricht eine Fülle verschiedener Bitten. Indem ich mit ihnen zu Gott komme (anstatt allein darüber nachzugrübeln und diese Sorgen bei mir zu behalten), ehre ich Gott, denn ich bekenne: Er ist der Geber guter Gaben, von ihm erwarte ich viel.

Doch es wäre schade, wenn das *Linienbus-Gebet* der einzige Gebetstypus wäre, den wir praktizieren. Eine notwendige Ergänzung ist das *Heißluftballon-Gebet.* Eine Ballonfahrt startet an einem festgelegten Punkt. Die ungefähre Richtung der Reise kann man zuvor abschätzen, nämlich entsprechend der vorherrschenden Windrichtung. Aber wohin es dann wirklich geht und an welchem Fleck man schließlich landen wird, das ist ziemlich offen. Unter anderem darin liegt ja der Reiz einer Ballonfahrt. Es kann sein, dass der Wind zwischenzeitlich dreht. Es kann sein, dass die Richtung in höheren Luftschichten eine andere ist – oder dass zumindest die Windgeschwindigkeit ganz anders ist als in Bodennähe. Also darf man gespannt sein, worauf die Fahrt hinausläuft und wo man zur Landung ansetzen wird.

Ganz ähnlich können manche unserer Gebetszeiten sein. Man hat anfangs im Kopf, was man vor Gott ansprechen möchte. Doch dann nimmt das Gebet seine eigene Richtung. Wir werden in Gegenden getragen, die wir so vielleicht noch gar nicht kannten – oder in durchaus wohlbekannte Gegenden, die wir für heute aber gar nicht im Blick hatten. Die Winde – oder besser gesagt: die Führungen von Gottes Geist – setzen uns dort ab, wo wir aus Gottes Sicht hingelangen sollten. Und von dort aus kehren wir dann in den Alltag zurück. Wir haben dafür einen neuen Ausgangspunkt bekommen. Das Heißluftballon-Gebet hat uns verändert. Wir wurden geformt, wie Asaf in Psalm 83 während seines Gebets geformt wurde.

Wir werden in Gegenden getragen, die wir so vielleicht noch gar nicht kannten – oder in durchaus wohlbekannte Gegenden, die wir für heute aber gar nicht im Blick hatten.

Ich erlebe das nicht nur beim stillen oder laut ausgesprochenen Gebet, sondern auch beim Schreiben. Plötzlich steht etwas da, von dem ich eben noch nicht wusste, dass ich es beten und schreiben wollte.

Veränderung: nicht nur innerlich!

Wirkt Beten nur nach innen? Verändert es nur die Haltung des Beters? Oder auch die äußeren Umstände? Das war der Punkt, an dem ich mich als Schüler im Reli-Unterricht abarbeitete. Viel mehr, als ich es damals zugeben wollte, ist mir jetzt klar: Es ist ein großer Segen, dass mein Gebet mich selbst verändert, meine eigene Einstellung, meinen Standpunkt. Dennoch ist die andere Seite der Medaille ebenso wichtig: Auch äußere Bedingungen können sich zum Guten wandeln – manchmal ganz unerwartet. Und auch so verändert das Beten den Beter: nicht nur seine Haltung, sondern seine Lebensumstände. Was für ein Segen ist das! Vor allem, wenn man für etwas ganz anderes gebetet hat und dann erstaunt Gottes Überraschungen im eigenen Leben entdeckt!

Hiob führte ein Leben im Gebet (siehe Kapitel 3). Und trotz aller entsetzlichen Schicksalsschläge, trotz seiner Auflehnung gegen Gott, trotz aller harten Worte, trotz des Endes der Geschichte, an dem Gott Hiob zurechtweisen musste: Hiob blieb ein Beter, und darin war er Gott viel näher als seine schlauen Freunde. Sie redeten von Richtigkeiten, sie redeten sogar vom Gebet – aber Hiob war es, der betete, nicht sie. Und am Ende waren diese Freunde auf die Fürbitte des Mannes angewiesen, den sie mit ausführlichen Begründungen verurteilt hatten! Gott setzte Hiob als Beter ein und gab ihm recht. Das war die überraschende Schlusswendung der Hiobsgeschichte. Die drei Freunde entkamen Gottes Zorn, denn Hiob betete für sie *„und der Herr erhörte Hiobs Gebet"* (Hiob 42,9). Doch damit ist das Buch Hiob noch nicht zu Ende. Sein Gebet hat noch viel weiter reichende Folgen. Hiob erlebte Dimensionen der Gebetserhörung, um die er mit keiner Silbe gebetet hatte und die er sicher so nicht erwartet hatte. Diese betrafen sehr deutlich seine äußeren Lebensumstände.

Hiob erlebte Dimensionen der Gebetserhörung, um die er mit keiner Silbe gebetet hatte und die er sicher so nicht erwartet hatte.

> Und Gott gab Hiobs Schicksal eine neue Wendung, weil er Fürbitte für seine Freunde getan hatte, ja, er schenkte ihm doppelt so viel, wie er vorher besessen hatte! (Hiob 42,10)

Weil er Fürbitte für seine Freunde getan hatte! Er hatte für drei Männer gebetet – und Amen. Diese drei Männer wurden gesegnet. Aber dann wurde auch der Beter gesegnet. Alles, was ihm vorher zwischen den Fingern zerbröselt war, schenkte Gott ihm überreich wieder. Bezeichnenderweise fängt die Aufzählung nicht mit den verlorenen Besitztümern an, sondern mit den Beziehungen. *„Seine Brüder, Schwestern und früheren Freun-*

de strömten herbei und aßen mit ihm in seinem Haus" (Hiob 42,11). Erst danach wird der neue Reichtum Hiobs vermerkt. Den Höhepunkt bildet die Erneuerung seiner Familie: Hiob bekommt zehn weitere Kinder, Söhne und Töchter. Zwischen den Zeilen erfährt man damit auch, dass Hiobs Ehe trotz aller Belastungen (seine Frau hatte ihn aufgefordert, den Glauben an Gott aufzugeben) noch Bestand hatte.

Ganz klar: Der Bericht vom Ergehen Hiobs ist keine Universalverheißung. Veränderung meiner Lebensumstände ist kein garantierter Nebeneffekt meiner Gebete. Aber ich entdecke in diesem doppelt überraschenden Schluss des Buchs Hiob, was Betern passieren könnte: Sie werden in einer Weise verändert, die sie sich nicht hätten träumen lassen. Allein diese Möglichkeit finde ich höchst ermutigend. Sie weckt in mir die Lust, immer wieder mal meinen Gebets-Heißluftballon startklar zu machen.

Die „Quelle des Rufenden"

Die Dimensionen der Wirkungen des Gebets können sogar noch größer sein als bei Hiob. Bei diesem ging der unerwartete Segen schon ein wenig über seine eigene Lebenszeit hinaus. Er hatte Nachkommen – und seine Töchter hatten für ihre Lebenszeit und die ihrer Kinder ein Ausnahme-Privileg, denn Hiob bedachte auch sie mit Erbbesitz und nicht nur seine Söhne, wie damals üblich (Hiob 42,15).

Doch Gebetswirkungen können auch mehrere Generationen umspannen und die Grenzen der eigenen Familie überschreiten. Dafür steht die Gebetserfahrung von Simson. Dieser kantige und ungezähmte Mann wird uns im folgenden Kapitel noch näher beschäftigen. Doch so viel sei jetzt schon gesagt: Ein großer Beter war Simson nicht gerade. Zwar werden zwei seiner Gebete sogar im Wortlaut überliefert – aber ansonsten spiegelt sein Leben nicht viel von einem betenden Umgang mit Gott wider, völlig anders als bei Hiob. Und das, worum er bittet, ist stark auf seine eigenen Bedürfnisse fixiert.

Einmal hat Simson seine Lieblingsfeinde, die Philister, wieder kräftig verprügelt. Er tat das in der Kraft von Gottes Geist, hat sich dabei aber als Mensch offenbar völlig verausgabt. Nun sitzt er irgendwo im Hügelland von Judäa und ist am Verdursten. Verzweifelt ruft er den Herrn an: *„Du hast deinem Diener diesen großen Sieg geschenkt. Und jetzt soll ich vor Durst sterben und in die Hände dieses unbeschnittenen Volkes fallen?"* (Richter 15,18). Gott reagiert. In einer Höhle in der Nähe, bei einem Ort namens Lehi, bricht plötzlich eine Quelle auf. Simson ist gerettet, er trinkt sich satt und kann seiner Wege gehen. Doch diesen Ort wird er nie vergessen, er gibt ihm den Namen En-Hakore: „Quelle des Rufenden". Der biblische Bericht vermerkt, dass diese Quelle „bis heute" - also bis zur Abfassung des Richterbuches - dort zu finden war (Vers 19).

Für das Land Israel kann man die Bedeutung einer Quelle gar nicht überschätzen. Wasser ist ein extrem kostbares Gut. Die Quelle, die Simson „herbeigebetet" hat, wurde noch Generationen nach ihm zur Ressource.

Der Bibelausleger Alfred Christlieb hat sich in den biblischen Bericht über diese Quelle vertieft und herausgestellt, was da eigentlich passiert ist, als Simson betete. Er nennt sie den „Brunnen des Anrufers" (gemeint ist: Anrufer Gottes).

> Wäre bei Lehi kein Anrufer gewesen, die Gegend dort wäre vielleicht dürre und trocken geblieben bis heute. Wie wertvoll ist ein einziger Anrufer in einer öden, dürren Gegend, wo noch kein Leben ist! […] Wer kann die Segnungen ermessen, die von solchen Orten jahrzehntelang ausgehen, wo solch ein Anrufer gelebt hat und ein „Brunnen des Anrufers" entstanden ist? Diese Gegend bei Lehi, die man früher mied, weil sie so trocken, so dürr, so langweilig war, die wurde jetzt von manchen aufgesucht. Warum? Es

> war ein Brunnen dort entstanden, ein Brunnen des Anrufers. Viele tranken jetzt dort, ohne die Not und das Anrufen des Simson durchgemacht und ausgekostet zu haben.[55]

Die Sprache von Alfred Christlieb klingt heute altbacken. Aber was er beobachtet hat, verdient, dass man es festhält: Wo ein Beter sich an Gott wendet, entstehen Wirkungen, deren Ausmaße der Beter nie ahnen konnte. Gott stiftet Segen für unzählige Menschen, und manchmal ist es ein schlichter Beter, der diesen nachhaltigen Segen auslöst.

Das Gebet verändert den Beter. Simson kann das bestätigen: Sein lebensgefährlicher Durst wurde gestillt. Das Gebet kann die Lebensumstände des Beters verändern, es kann sein Umfeld beeinflussen, und der Beter kann ein Erbe hinterlassen, das wiederum andere Menschen zum Guten beeinflusst. Was Simson in Lehi zurückließ, war mehr als eine Quelle. Es war eine Quelle mit Namen. Dieser Name – „Quelle des Rufenden" – erinnert an Gottes Tat, er erinnert an das erhörte Gebet. Wer später aus dieser Quelle trank, zu dem wird auch der Name der Quelle gesprochen haben. Manche derer, die Wasser schöpften, könnten an Gott gedacht und ihm gedankt haben. Dann hätte der Beter von damals weitere Beter, die nach ihm kamen, hervorgebracht. Auch das kann passieren, wenn man betet: Die Bewegung der Beter vervielfältigt sich.

Der Veränderung eine Chance geben

Wie gesagt: Ein großer Beter war Simson ansonsten nicht. Beten in einem oft rasanten Alltag fällt nicht leicht. Fokussierte Zeiten müssen meist erkämpft werden oder zumindest bewusst geplant. Mir stehen zu oft die Gebetshindernisse vor Augen: was alles erforderlich wäre, um mehr Gebet in meinen Wochenablauf zu platzieren. Und welche Qualität dann diese Zeiten haben, wie fokussiert ich also wirklich sein werde, ist ja noch nicht ausgemacht.

Deshalb tut es mir gut, meinen Blick auf die überraschenden Möglichkeiten des Gebets zu lenken. Es ermutigt mich, wenn ich mir klarmache, was alles mit mir geschehen kann, wenn ich bete. So zu bleiben, wie ich bin, ist selten das, was ich brauche. Viel häufiger brauche ich Veränderung: eine neue Perspektive, eine neue Einstellung, eine neue Kraft, die von mir ausgeht. Wie gebe ich dieser Veränderung eine Chance? Ganz klar – indem ich bete.

Es ermutigt mich, wenn ich mir klarmache, was alles mit mir geschehen kann, wenn ich bete.

13. Wie viel Glauben brauche ich zum Gebet?

Ein Leben im Gebet hat viele Zutaten. Manche davon sind unbedingt nötig. Zum Beispiel muss ich Gott kennen und ich muss mir bewusst sein, dass ich ein Recht darauf habe, Gott anzureden. Ohne diese Zutaten entsteht kein lebendiges Gebet. Andere Zutaten sind zwar günstig, aber nicht unbedingt notwendig. Stille, Ausdauer, Konzentration – all das fördert das Beten. Aber wo diese drei Dinge fehlen, ist das Gebet dennoch nicht am Ende.

Wie ist es mit dem Glauben? Muss ein Beter unbedingt Glauben haben? Und wenn ja, wie viel? Gibt es ein Minimum, das man nicht unterschreiten sollte, wenn das Gebet noch am Leben bleiben soll?

Wenn man sich nach den großen Betern der Christenheit richtet, dann scheint die Antwort klar zu sein. „Die Erhörung unsers Gebets steht im Verhältnis zu unserm Glauben", meint Charles H. Spurgeon. „Es ist eine stehende Regel des Gottesreiches: ‚Dir geschehe, wie du geglaubt hast.'"[56] Spurgeon wird nicht müde, diesen Zusammenhang zu unterstreichen: „In jedem Fall muss Glaube vorhanden sein, und wenn kein Glaube da ist, dann dürfen wir nicht mit Erhörung rechnen."[57] „Wenn ich nicht den Glauben habe, dass mein Gebet wirksam ist, so wird es das auch nicht sein."[58]

Andere leuchtende Gebetsvorbilder haben entsprechend gebetet. Von Georg Müller (1805–1898), dem Leiter eines großen Waisenhauses in Bristol, wird berichtet, er habe nie um Spenden für seine diakonische Arbeit gebeten, sondern darauf vertraut, dass Gott auf sein Beten hin das Nötige geben werde. Müller sagte selbst über sich, er habe im Laufe von 54 Jahren 30 000 Gebetserhörungen erlebt, „entweder in derselben Stunde oder am selben Tag, an dem die Bitte ausgesprochen wurde".[59]

Mit dieser Zuversicht beeinflusste Müller zum Beispiel Toni von Blücher (1836–1906), die Gründerin der Brüdergemeinde in Berlin-Schöneberg Hohenstaufenstraße, die ähnliche Gebetserfahrungen machte.[60] Auch die Missionarin Elisabeth Seiler (1889–1974) wurde von Müllers Biografie inspiriert. Sie sagte: „Ich wollte es lernen, in ganzer Abhängigkeit vom Herrn zu leben. Ich versprach dem Herrn, keinem Menschen zu sagen, wenn ich etwas benötigte, sondern mich allein an ihn zu wenden. So habe ich es denn auch gehalten. Wenn ich eine Briefmarke brauchte, so sagte ich es Jesus, und am Abend lag sie auf meinem Bett."[61]

Ein weiteres leuchtendes Gebetsvorbild ist bedeutend älter als diese Frauen, wurde aber erst in den letzten Jahren wiederentdeckt: Honi, der Kreiszieher. In einer Zeit der Dürre habe er mit einem Stock um sich herum einen Kreis gezogen und diesen nicht eher verlassen, bis Gott sein Gebet um Regen erhört hatte. Und mehr noch – als der Regen zu zögerlich war, betete er erneut, ebenso, als der Regen zu heftig war, und schließlich auch, als es dann lange genug geregnet hatte. Honi wusste genau, was er wollte, er betete konkret und kühn – und Gott erhörte ihn jedes Mal.[62]

Waren das Extrem-Beter, die es übertrieben haben mit dem Glauben? Wohl kaum. Die Bibel gibt ihnen – und den anspruchsvollen Sätzen Spurgeons – an vielen Stellen recht. Der Hebräerbrief betont, *„dass es unmöglich ist, ohne Glauben Gott zu gefallen. Wer zu ihm kommen möchte, muss glauben, dass Gott existiert und dass er die, die ihn aufrichtig suchen, belohnt"* (Hebräer 11,6). Und Jesus hat den Zusammenhang von Glauben und Gebet so eng geknüpft, wie man es sich nur vorstellen kann: *„Bei allem, worum ihr im Gebet bittet, vertraut darauf, dass ihr es schon empfangen habt, und es wird so für euch geschehen"* (Markus 11,24 DB).

Glaube als Fliehkraft?

Wenn das allerdings so ist, dann drängt sich auch der Umkehrschluss auf: Ohne Glauben kann ich mir das Beten sparen, zumindest werde ich keine Erhörung erleben. Und damit wird der nötige Glaube beim Gebet leider schnell zum Gebetshindernis, denn nur selten beobachte ich an mir: Ich bitte Gott um etwas und kann glauben, dass er es mir nun gegeben *hat* – auch wenn ich es noch nicht sehe oder erlebe. Meist bete ich mit einer mehr oder weniger starken *Hoffnung:* Es spricht viel dafür, dass Gott mein Gebet irgendwann erhören könnte. Manchmal bete ich auch, wenn meine Hoffnung gering ist, einfach weil mir nichts anderes übrig bleibt und weil aus keiner anderen Richtung eine Hilfe zu erwarten ist. Aber ist das schon *Glaube?* Wohl kaum – vor allem dann nicht, wenn Glaube eben heißt, dass ich davon ausgehe, das Erbetene bereits bekommen zu haben.

Die Botschaft der Bibel vom Glauben beim Gebet wird für mich zu einer weiteren Fliehkraft. Solche Fliehkräfte, die mich vom Beten wegziehen, gibt es ja viele. Ablenkung, Alltagstempo, innere und äußere Unruhe, Überfülle an äußeren Eindrücken. Damit hätte ich eigentlich genug zu tun … doch nun scheint es Gottes Wort selbst zu sein, das eine weitere Fliehkraft hinzufügt. Das große Maß an Glauben, das Voraussetzung zum erhörten Gebet zu sein scheint, bringe ich nur selten auf. Das entmutigt mich manchmal.

Das große Maß an Glauben, das Voraussetzung zum erhörten Gebet zu sein scheint, bringe ich nur selten auf.

Ich möchte dieser Entmutigung etwas entgegensetzen. Denn ich habe in der Bibel auch andere Zusammenhänge beobachtet. Ich bin auf Gebete gestoßen, die eher zum Typ „mehr oder weniger starke Hoffnung“ gehören und nicht zum Typ „unumstößliche Gewissheit“. Ich bin auch Menschen der Bibel begegnet, die als vorbildliche Glaubende bezeichnet werden – obwohl ihr Leben ganz anders aussah. Diesen Zusammenhängen möchte ich nachspüren.

Ich will damit nicht abschwächen, dass ein festes Vertrauen zum Beten dazugehört. Ich will mich von Jesus weiterhin herausfordern lassen, dass ich im Moment der Bitte schon die Gewissheit entwickle, von Gott etwas empfangen zu haben. Ich will der Lehre vom Gebet, wie sie in der Bibel steckt, nicht die Spitze abbrechen. Aber ich möchte meinen Blick ganz weit machen für die Arten von Glauben und die Arten von Gebet, die es *auch noch* in der Bibel gibt. Und daraus will ich Mut schöpfen, auch mit wenig Glauben zu beten – anstatt das Gebet auf die künftigen Zeiten zu vertagen, in denen mir mein Glaube ausreichend vorkommt. Ich möchte glauben lernen, aber den nötigen Glauben nicht zur Fliehkraft werden lassen, die mich vom Gespräch mit Gott fortträgt.

Seltsame Glaubenshelden

Wer sich ein Bild von starkem Glauben machen möchte, der findet im Hebräerbrief reichhaltige Anschauung, vor allem im elften Kapitel. Nach einer Definition von Glauben (Vers 1) begegnet dem Leser eine lange Reihe von Menschen aus dem Alten Testament. Schlüsselsituationen aus ihrem Leben werden untersucht und auf ihr Vertrauen hin abgeleuchtet. So kommt eine Menge eindrucksvoller Vorbilder zustande.

Bei vielen von ihnen ist es unmittelbar einleuchtend, dass sie einen starken Glauben hatten. Noah baute die Arche, lange bevor irgendein Tropfen Regen gefallen war. Abraham verließ seine Heimat, ohne zu wissen, was sein Ziel war. Später war er bereit, seinen einzigen Sohn zu töten und an Gott zurückzugeben, denn er glaubte, dass Gott ihn wieder lebendig machen konnte. Mose führte die Israeliten bis ans Ufer des Roten Meeres und glaubte, dass der Weg nun nicht zu Ende war, sondern weitergehen würde. All diese Berichte sind herausfordernd und stimmig: So geschah es damals, so berichtet es die Geschichtsschreibung des Alten Testaments, und dementsprechend kann der Hebräerbrief auch seine „Glaubensdiagnose" stellen.

Doch an einigen Stellen kommt man ins Stolpern - zumindest dann, wenn man die alttestamentlichen Berichte kennt und sie mit der Zusammenfassung des Hebräerbriefs vergleicht. Irgendetwas scheint nicht zu stimmen. Wenn man hier bloß menschliche Worte vor sich hätte, würde man meinen, da würde etwas schöngeredet. Unwillkürlich muss ich an die Situation auf manchen Beerdigungen denken, wenn der Verstorbene in einem glänzenden Licht dargestellt wird und doch fast alle Hinterbliebenen wissen, dass er so makellos gar nicht gewesen ist.

Der Glaube von Sara

Zum Beispiel tritt im Hebräerbrief nicht nur Abraham als Glaubensvorbild auf, sondern auch seine Frau Sara: *„Durch den Glauben empfing auch Sara, die unfruchtbar war, Kraft, Nachkommen hervorzubringen trotz ihres Alters; denn sie hielt den für treu, der es verheißen hatte"* (Hebräer 11,11 LUT)[63]. Sara erscheint hier als eine Frau von gelassenem Glauben. Gott versprach Nachkommen, Sara hielt eine Empfängnis auch noch in ihrem Alter für möglich, und so tat sie mit ihrem Mann alles dafür, was Menschen so tun, um Kinder zu bekommen.

Doch war es im Bericht des 1. Buches Mose nicht ganz anders? Mal abgesehen davon, dass Sara Abraham 14 Jahre zuvor überredet hatte, mit seiner Magd Hagar ein Kind zu zeugen - als Gott ihr danach im Eichenhain Mamre ankündigte, sie selbst werde als alte Frau einen Sohn bekommen, da musste sie erst einmal lachen (1. Mose 18,10-12), und das sah Gott nicht als Zeichen großen Glaubens an. Dementsprechend bekam Sara Angst und stritt ab, gelacht zu haben (Vers 13-15). Wie kann der Hebräerbrief da behaupten, Sara hätte ihren Sohn *im Glauben* empfangen?

Bei näherem Hinsehen erkennt man: Bei Abraham - ja ebenfalls ein Glaubensvorbild des Hebräerbriefs - war es nicht viel besser. Auch er musste zuerst lachen, als Gott ihm, dem Neunundneunzigjährigen, einen Sohn ankündigte (1. Mose 17,17). Von diesem „Ausrutscher" macht der alttestamentliche Bericht kein großes Aufhebens - und der Hebräerbrief schon gar nicht. Aber man fragt sich: Was meint der Hebräerbrief eigentlich mit Glauben, wenn Menschen wie die lachende Sara als Glaubende bezeichnet werden? Eine Skeptikerin als Glaubensvorbild?

Der Glaube von Mose

Auch die Darstellung von Mose enthält solch einen Stolperstein. Ja, aufgrund des Glaubens waren seine Eltern dem Befehl des Pharao ungehorsam und versteckten ihr Neugeborenes. Und als Erwachsener führte Mose die Israeliten aus Ägypten heraus, weil er auf Gott vertraute. Doch was passierte dazwischen? Wenn ich nichts von Mose weiß und nur die Zusammenfassung im Hebräerbrief lese, erfahre ich: Mose wuchs am ägyptischen Königshof auf, erkannte dann aber, dass es falsch wäre, diese Privilegien weiter zu genießen. Er tauschte die Vorzüge von Ägypten für ein Leben als Hebräer ein und verließ Ägypten, ohne Angst vor der Reaktion des Pharao zu haben. Und all das tat Mose, weil er Glauben hatte (Hebräer 11,23-29).

Im Vergleich zum 2. Buch Mose ist das allerdings eine kühne Glättung! Die Ausreise aus Ägypten war keineswegs ein wohlüberlegter Glaubensschritt! Mose hatte erkannt, dass er letztlich doch auf die Seite der Hebräer gehörte, ja - aber dann erschlug er einen Ägypter, und als das herauskam, floh er Hals über Kopf, und zwar weil der Pharao ihn töten wollte. War der Mord eine Tat des Glaubens? War die Flucht ein Weg des Vertrauens auf Gott, frei von jeder Angst? Wohl kaum.

Nun ist das Bild im Hebräerbrief an dieser Stelle ein wenig unscharf. *„Durch den Glauben verließ Mose das Land Ägypten. Er hatte keine Angst vor dem König, sondern ging unerschütterlich wei-*

ter, weil er den Blick fest auf den richtete, der unsichtbar ist" (Vers 27) – dieser Satz bezieht sich in der Abfolge der erzählten Geschehnisse auf die Flucht vom Königshof. Und dann ist die Deutung „durch den Glauben" sehr kühn. Der Satz könnte sich aber auch auf den Auszug der Israeliten unter Moses Führung 40 Jahre später beziehen. Dann wäre die Diagnose „Glauben" stimmig. Allerdings stimmt die Reihenfolge der Ereignisse im Hebräerbrief dann nicht mehr. Die meisten Bibelausleger wägen die eine Möglichkeit gegen die andere ab und meinen, dass beide infrage kommen. Der springende Punkt ist nun: Wer nur den Hebräerbrief liest, kommt gar nicht auf die Idee, dass der Satz von Moses Ausreise doppeldeutig sein könnte. Es ist eben eine Zusammenfassung – wobei zwei sehr unterschiedliche Ereignisse in diesen einen Satz zusammengezogen werden. Der Mord, die Angst vor der Rache des Königs und die Flucht verschwinden durch diese Erzählmethode. Übrig bleibt, dass Mose Gott vertraute. Dieses Vertrauen wird ihm in der Rückschau pauschal für sein ganzes Leben zugesprochen, egal was für eigenmächtige Episoden sich da zwischenzeitlich abgespielt haben mögen.

Dieses Vertrauen wird ihm in der Rückschau pauschal für sein ganzes Leben zugesprochen, egal was für eigenmächtige Episoden sich da zwischenzeitlich abgespielt haben mögen.

Und wieder fragt man sich: Was für einen Glauben meint der Hebräerbrief hier? Was soll man sich unter Vertrauen vorstellen, wenn auch ein ungestümer Befreiungskämpfer, der sich durch seine Tat für 40 Jahre ins Abseits manövriert, als Glaubender bezeichnet wird?

Der Glaube von Simson

Ein weiterer Mensch, den der Hebräerbrief aus dem Alten Testament aufgreift, ist Simson (Hebräer 11,32). Nur sein Name wird kurz genannt, aber dadurch gehört er zur Reihe der Glaubensvorbilder. Und auch hier wundert man sich. Zwar würde niemand erwarten, dass alle in Hebräer 11 genannten Menschen durch und durch makellos wären. Natürlich hatte jeder von ihnen Gottesmomente und auch dunkle Stunden. Das gilt für Gideon, Jeftah, David und viele andere. Aber die Gottesmomente kann man bei diesen Männern klar benennen. Bei Simson fällt das dagegen schwer. Ohne Zweifel war er ein von Gott berufener Retter. Ohne Zweifel war es Gottes Geist, der ihn antrieb. Aber unbestritten ist ebenfalls, dass Simson mindestens genauso stark von anderen Leidenschaften angetrieben war. Immer wieder zog es ihn zu Frauen hin. Immer wieder war er vom Wunsch nach Rache beseelt. Gott konnte ihn dennoch gebrauchen. Aber wo hat Simson geglaubt?

Zwei Gebete werden von ihm im Richterbuch überliefert (Richter 15,18-19; 16,28-30). Beide Gebete werden erhört. Eins der beiden brachte Segen für Generationen (siehe Seite 203). Doch man muss zugeben, dass es Simson in beiden Gebeten nicht an erster Stelle um die Rettung seines Volkes oder gar um die Ehre Gottes ging. Vielmehr schrie er verzweifelt um Rettung, als er am Verdursten war, und bat um die Kraft, sich an seinen Feinden rächen zu können. Unbestritten – beide Gebete wurden erhört. Und die Erhörung umfasste größeren Segen als nur die Rettung eines Verdurstenden und die Rache eines Besiegten. Dennoch: Wo hat Simson denn Glauben gezeigt? Wo hat er etwas gewagt auf Gottes Wort hin? Warum kann er im Hebräerbrief als Glaubensvorbild gelten?

Tiefenblick für Glaubensspuren

Was soll man also von der Darstellung im Hebräerbrief halten? Wie gesagt: Wenn man hier bloß menschliche Worte vor sich hätte, würde man meinen, da würde etwas schöngeredet. Wenn ich aber ernst nehme, dass dieser Brief Gottes Wort ist, dann muss ich auch diese seltsame Glaubensperspektive ernst nehmen, anstatt sie glattzubügeln. Der Bibelausleger Frederick F. Bruce meint: „Unser Autor kann [auch] an anderen Stellen in diesem Kapitel Glauben sehen, wo die meisten von uns keinen erkennen würden."[64] Offenbar liegt eine Art Tiefenblick für Glaubensspuren vor. Wie genau dieser Blick aussieht, dafür gibt es mehrere Möglichkeiten:

- Die aktuelle Situation wird bereits im Blick auf den zukünftigen Glauben betrachtet. Weil die betreffende Person aus der Bibel später einmal sehr deutlichen Glauben zeigen wird, kann man auch vorhergehende Momente des Lebens unter die Überschrift „Glauben" stellen, denn sie führen auf den Glauben hin. Bei Sara würde das gut passen. Zunächst musste sie lachen, als Gott ihr die Geburt eines Kindes ankündigte. Doch später deutete sie ihr Lachen anders. Abraham hatte seinen Sohn „Isaak" genannt – das bedeutet: Er lacht. *„Und Sara freute sich: ‚Gott lässt mich wieder lachen! Alle, die dies hören, werden mit mir lachen. Denn wer hätte sich träumen lassen, dass ich noch Kinder stille? Und doch habe ich Abraham in seinem hohen Alter einen Sohn geboren!'"* (1. Mose 21,6-7). Zu guter Letzt gibt Sara Gott die Ehre und kann ihm vertrauen.
- Die einzelnen Stationen im Leben der Glaubensvorbilder werden aufgezählt, aber die Diagnose „Glauben" leitet sich aus dem Gesamtbild des Lebens der Betreffenden ab. Es kommt also nicht so sehr darauf an, wie viel oder wie wenig Glauben jemand im Einzelnen gezeigt hat, sondern dass er insgesamt ein Mensch des Glaubens war. Die Grundhaltung ist entscheidend.

- Gott sieht die Motive hinter jeder einzelnen Entscheidung besser als wir Menschen (und manchmal auch besser als die Berichterstatter des Alten Testaments?). Bei jedem Menschen sind die Motive, etwas zu tun oder zu lassen, ja immer gemischt. Niemand tut etwas aus nur einem einzigen Beweggrund. Gott ist der Herzenskenner, der dort Glauben sieht, wo andere das noch nicht sehen konnten (vgl. Apostelgeschichte 15,8). Für Gott zählt es gelegentlich auch, wenn jemand eigentlich gar nicht wusste, was er tat.[65] Wenn also Mose aus Ägypten floh, nachdem er einen Mann erschlagen hatte, dann war sein Blick auf den, der unsichtbar ist (Hebräer 11,27), in Gottes Sicht vielleicht eine Seite der Medaille - eine undeutliche, unscharfe Seite, die Gott aber erkennen konnte. Mit dem Gebet Simsons, sich an den Feinden rächen zu können, mag es ebenso gewesen sein. Noch die kleinste Spur von Vertrauen in diesem Gebet stand Gott klar vor Augen.

Für meine Frage, was Glauben heißt, lerne ich: Ja, es ist ein erstrebenswerter Glaube, wie Abraham nur auf Gottes Wort hin aus allen vertrauten Bindungen heraus aufzubrechen. Ja, es ist Glaube, wie Josua sieben Tage um die Stadtmauern von Jericho herumzuziehen und auch am vierten, fünften und sechsten Tag zu vertrauen, dass Gott handeln wird. Aber Gott sieht auch meine Glaubens-Bruchstücke. Meine Versuche, mich ganz auf ihn zu verlassen, auch wenn ich meine Ängste und Sorgen noch nicht loslassen kann. Meinen Mikro-Glauben, der erst noch auf Senfkorngröße wachsen muss. Mein Hin-und-her-Gerissensein, das mich ausrufen lässt: *„Ich glaube. Hilf meinem Unglauben!“* (Markus 9,24 ELB).

Das Wachstumsziel erkennen!

Wenn Gott mich so sieht, mit meinen Glaubenshöhen und -tiefen, dann liegt darin für mich eine große Entlastung. Es ermutigt mich, dass ich in Wahrheit nicht immer jedes Mal auf dem Nullpunkt bin, wenn ich mich so fühle. Gottes Wahrheit ist umfassender als mein Bild von mir selbst!

Wichtig ist nun, dass ich mich davon auch wirklich ermutigen lasse. Also nicht stehen bleibe und mich in die Komfortzone des halbherzigen Vertrauens zurückziehe, indem ich mir sage: Wenn schon Typen wie Simson letztlich doch glaubten, dann wird es bei mir wohl auch reichen. Nein, mein Ziel ist das Wachstum! Aus einer besonderen Gnade Gottes – dass er Menschen wie die lachende Sara als gläubig ansieht – darf ich kein zeitloses Gesetz machen. Charles H. Spurgeon, an dessen steilen Glaubenssätzen ich mich so gerieben habe, hält fest:

> Wenn ich nicht den Glauben habe, dass mein Gebet wirksam ist, so wird es das auch nicht sein. Gott kann mir wohl Gnade schenken, selbst wenn ich keinen Glauben habe, das wird seine souveräne Gnade sein; aber er hat uns diese Gnade nicht verheißen.[66]

Ich darf also kein Versprechen Gottes für mich ableiten, wenn Gott hier und da einmal etwas Besonderes tut. Die Verheißung Gottes liegt auf dem Gebet des Glaubens, nicht auf dem Leben der vermischten Beweggründe. Jesus hat sich Thomas zwar gezeigt, als der noch nicht glauben konnte, er hat ihm seinen Wunsch nach einem Beweis erfüllt. Aber dann sagte er ihm auch: *„Sei nicht mehr ungläubig, sondern glaube!“* (Johannes 20,27). In diese Richtung muss es auch bei mir gehen.

Auf eins aber kann ich mich immer verlassen: Gott ist der Herzenskenner (Apostelgeschichte 15,8). Er kennt mich mitsamt meinem kleinen oder großen Glauben besser, als ich mich selbst einschätzen kann. Im Gebet zu ihm zu kommen, ist deshalb nie verkehrt.

Und wie viel Glauben brauche ich nun zum Gebet?

Wie viel Glaube ist also für das Beten erforderlich? Nun, ich brauche so viel Glauben wie möglich. Ich brauche ihn mindestens in der Größe eines Senfkorns. Ich brauche vor allem den Glauben an einen großen Gott - egal wie groß oder klein mein Glaube auch sein mag.

Wenn das biblische Wachstumsziel *„Sei nicht mehr ungläubig, sondern glaube!“* nicht zu einer Fliehkraft werden soll, die mich vom Beten wegzieht, dann muss ich die richtigen Schlussfolgerungen ziehen:

- Kühne Gebete ehren Gott, weil sie ihm viel zutrauen.
- Wenn ich in mir nicht viel Glauben vorfinde, sollte ich mich auf keinen Fall dadurch vom Beten abhalten lassen.
- Wenn ich in mir eine Stimme höre, die mir zuflüstert: „Mit diesem inneren Zustand kannst du unmöglich zu Gott kommen“, dann sollte ich mir sehr genau überlegen, ob es wirklich Gottes Art ist, so zu sprechen. Viel wahrscheinlicher kommt diese Stimme aus einer anderen Richtung.
- Der Mikro-Glaube, den ich in manchen Lebenssituationen habe, ist nicht mehr als eine Momentaufnahme. Gott will mich dahin führen, dass ich über die Herausforderungen, die ich für undenkbar halte, irgendwann einmal erlöst lachen kann, weil Gott gehandelt hat. Es geht mir dann wie Sara; auch mir hat Gott dann *„ein Lachen geschenkt“* (1. Mose 21,6 NEÜ).
- Es ist bereits ein Schritt des Glaubens, wenn ich als Zweifelnder ins Gebet gehe.
- Wenn ich mir schon darüber Rechenschaft ablegen möchte, ob ich Gott wirklich vertraue, dann sollte ich das unbedingt erst nach dem Beten tun und nicht vor dem Beten. Denn das

Gebet verändert mich ja oft und zieht mich näher zu Gott hin.
- Ich werde das Wachstumsziel des Glaubens wohl kaum erreichen, wenn ich nicht so oft wie möglich mit Gott im Gespräch bin.

Der Unterschied zwischen Glauben und Hoffnung

Pläne schmieden für eine Reise ist oft mit Vorfreude verbunden. Ein Urlaub steht bevor, man kann aus dem Alltag aussteigen, und dieser Ausstieg fängt manchmal schon mit dem erwartungsvollen Planen an. Andere Reisepläne bedeuten eher eine Belastung - dann, wenn es ungeliebte Pflichtreisen sind. Für mich sind die sechs Wochen von November bis Mitte Dezember meist mit verschiedenen Dienstreisen gefüllt, und die Aussicht auf unpünktliche Züge, laute Hotelzimmer und zu harte Matratzen weckt in mir nicht gerade das Reisefieber. Andere Reisepläne wirken auf den ersten Blick ziemlich unrealistisch. Mit einem einfachen Durchschnittsgehalt kann man kaum eine dreimonatige Weltreise finanzieren. Wenn man im Gefängnis sitzt, kann man nur schlecht für die nahe Zukunft planen, einen Freund zu besuchen.

Genau diesen scheinbar unrealistischen Reiseplan fasste allerdings der Apostel Paulus, als er einmal hinter Gittern saß. Wir erfahren das aus dem Philemonbrief, der aus einer Gefängniszelle in einer Stadt des Römischen Reiches geschrieben worden ist. Paulus lässt da die Erwartung erkennen, dass er nicht mehr lange in Haft sein wird. Und die Wortwahl des Apostels macht mir den Unterschied zwischen Glauben und Hoffnung klar.

> Zugleich aber bereite mir auch eine Herberge! Denn ich hoffe, dass ich durch eure Gebete euch werde geschenkt werden. (Philemon 22 ELB)

Diese Anweisung geht an Philemon und die Gemeinde in seinem Haus. Dorthin will Paulus in nächster Zeit reisen; sein Ziel liegt in Kolossä, der Stadt im Tal des Lykos, im Westen der heutigen Türkei. Diese Gemeinde kennt er so gut, dass er davon ausgehen kann: Sie betet für ihn. Die Christen dort wissen, dass Paulus im Gefängnis sitzt, und beten darum, dass er freikommt. Von diesen Gebeten verspricht sich Paulus viel: Sie werden bewirken, dass er bald ein freier Mann ist. Natürlich gehört zur Freilassung aus einem römischen Gefängnis noch mehr: die Einsicht eines Richters, das Geschick eines Anwalts, vielleicht auch der Mut von Entlastungszeugen, die zugunsten dieses Missionars aussagen. Doch der entscheidende Faktor in dem Ganzen ist das Gebet der Hausgemeinde in Kolossä.

Wenn Paulus mit einem solchen Gebetsergebnis rechnet, dann sollte man meinen, er habe einen großen Glauben. Er sieht ja seine Ankunft bei Philemon schon vor sich. Aber Paulus benutzt ein anderes Wort, um seine Haltung zu beschreiben. Er spricht nicht von seinem *Glauben,* sondern von seiner *Hoffnung*. Er sagt nicht: „Klar, es wird so sein, in Kürze stehe ich frei von Ketten vor euch! Halleluja, ich habe es im Glauben schon ergriffen!" Sondern Paulus ist voller Hoffnung. Das ist sehr viel. Aber es ist noch keine unumstößliche Gewissheit.

In derselben Tonlage klingt dann auch die Beschreibung, wie Paulus sich diese Gebetserhörung genau vorstellt. Er hofft, dass er den betenden Christen in Kolossä „geschenkt wird". Ein Geschenk ist etwas Besonderes. Nichts, auf das man einen Anspruch hätte. Nichts, das man einklagen kann, weil es einem zustünde. Die schönsten Geschenke sind ja die, die als Überraschung kommen. Paulus rechnet damit, dass die Leute um Philemon beschenkt werden. Er sieht sehr gute Chancen, dass dieses Geschenk eintreffen wird. Aber es bleibt eben ein Geschenk, es ist keine Ware, die man bestellt und bezahlt hat. Paulus hat kein Recht darauf, dass er aufgrund der Fürbitte seiner Glaubensgeschwister freikommt.

Wenn also Paulus hier nicht zuerst von Glauben erfüllt ist, sondern von Hoffnung, so hat diese Hoffnung doch große Kraft. Sie ermutigt Paulus derart, dass er jetzt schon Konsequenzen zieht. Zwar sitzt er noch im Arrest, aber er bucht schon mal ein Gästezimmer bei Philemon. Er stimmt sein Handeln auf die Tatsache ab, dass für ihn gebetet wurde, und er möchte, dass auch sein Freund Philemon sein Handeln darauf abstimmt. Paulus ist darauf vorbereitet, sehr bald seine Koffer zu packen (oder in seinem Fall: ein paar Kleidungsstücke zu bündeln und seine Bücher und Pergamente zusammenzuschnüren). Und Philemon soll schon mal ein Bett beziehen.

Wenn Hoffnung mein Beten prägt

Für mich ist diese Beobachtung an dem kleinen Satz am Schluss des Philemonbriefs zu einer großen Ermutigung geworden. Sie beflügelt mein Beten und gibt mir Auftrieb. Ich erkenne an der Wortwahl von Paulus: Man muss nicht erst ein hundertprozentiges Maß an Glaubensgewissheit erreicht haben, bevor man etwas von seinen Gebeten erwarten kann. Es reicht schon, ein gehöriges Maß an Hoffnung zu haben.

Ich ziehe daraus diese Schlussfolgerungen:

- Wenn ich ernst nehme, was ich bete, dann kann daraufhin etwas Großes passieren, auch wenn ich mir noch nicht klar darüber bin, ob ich das Erbetene jetzt schon empfangen habe.
- Das Gefühl einer Glaubensgewissheit ist nicht so entscheidend. Es kommt viel eher darauf an, welche Konsequenzen ich aus meinem Gebet ziehe und wie ich mein Handeln auf die Tatsache abstimme, dass ich gebetet habe.

- Ich sollte mich nicht von einem bestimmten Glaubensmaß einschüchtern lassen, das von außen an mich herangetragen wird (durch das, was andere sagen; durch das, was ich an anderen sehe und womit ich mich vergleiche; durch das, was ich von prominenten Christen lese).
- Eine kräftige Hoffnung ist nicht zu verachten. Ich sollte sie daher nicht abwerten gegenüber einem starken Glauben, den ich mir wünsche.
- Es ist mein Recht, mit Gott zu reden. Aber es ist nicht immer mein Recht, von Gott etwas zu bekommen. Was Gott mir gibt, ist oft ein Geschenk. Mit Gott über die Möglichkeit eines Geschenks zu sprechen, macht mein Gebet entspannt – mehr jedenfalls, als wenn ich meine, betend ein Recht durchsetzen zu müssen.
- Beten kann auch mal ein Kampf sein. Davon spricht das Neue Testament öfter.[67] Aber im Gebetskampf etwas zu erringen ist nicht der einzige Weg zu einer Gebetserhörung. Auch das gelassene Gebet der Hoffnung, das sich gute Chancen bei Gott ausrechnet, kann mit einer erstaunlichen Erhörung beantwortet werden.

Wie viel Glauben brauche ich für mein Gebet? Je stärker ich Gott vertraue, desto mehr ehrt es ihn und desto heilsamer ist das für mich. Vielleicht fällt die Erhörung manchmal umso größer aus, je mehr Glauben ich aufbringe. Aber Gott ist nicht abhängig von meinem Glauben. Um beten zu können, reicht eine Hoffnung erst einmal aus.

Glauben, dass ich es schon empfangen habe

Sara am Eichenhain von Mamre, Mose in Ägypten, Simson im Grenzgebiet zu den Philistern, Paulus im römischen Gefängnis, Philemon in Kolossä – all das sind meine Zeugen dafür, dass es verschiedene Arten und Abstufungen gibt, Gott zu vertrauen.

Glaube ist mehr, als dass man sich hinsetzt, kurz für etwas betet und dann gleich das Dankgebet dafür anschließt, dass Gott das Erbetene jetzt schon geschenkt hat.

Dennoch kann die Reihe meiner Zeugen nicht darüber hinwegtäuschen: Es gibt ihn, diesen Glauben, der mit der Erhörung rechnet, auch wenn jetzt noch nichts davon sichtbar ist. Und diesen Glauben gibt es nicht nur hier und dort in günstigen Momenten, sondern diesen Glauben möchte Jesus bei Betern sehen. Auf diesen Glauben hat Jesus seine Verheißung gelegt. *„Bei allem, worum ihr im Gebet bittet, vertraut darauf, dass ihr es schon empfangen habt, und es wird so für euch geschehen"* (Markus 11,24 DB).

Es wäre falsch, einseitig zu werden und diese Dimension des Glaubens auszublenden. Wenn Jesus seine Jünger in diese Richtung des Betens lenkt, dann wäre es der erste Vertrauensschritt für mich, es Jesus zu glauben: Ja, eine solche Art des Betens ist ein Segen für mich und nicht nur die Belastung, die ich zuerst unwillkürlich bei diesem Bibelwort empfinde. Ich habe ein besseres Verhältnis zu der Glaubensherausforderung von Jesus gefunden, als ich entdeckt habe, wie Jesus selbst solches Beten und solchen Glauben praktiziert hat – und wie es ihm dabei gegangen ist. Der biblische Bericht darüber hat mich sehr ermutigt. Um zu erklären, was er mir bedeutet, muss ich ein klein wenig ausholen.

Chronisch herausgefordert

Seit vielen Jahrzehnten ist meine Frau chronisch krank. Sie leidet an häufig wiederkehrenden Rücken- und Kopfschmerzen. Die Ursachen dafür sind vielfältig, vor allem aber gibt es eine psychosomatische Komponente. Während all dieser Jahre hat sie Ärzte verschiedener Fachrichtungen aufgesucht und unterschiedliche Behandlungen und Therapien bekommen. Von einer Psychotherapie hat sie profitiert. Dadurch hat sich ihr Leben enorm geändert und ihre Lebensqualität ist deutlich gestiegen.

Dennoch muss sie nach wie vor mit vielen Schmerzen zurechtkommen. Immer wieder ist sie mit ihrer Erkrankung ins Gebet gegangen, auch zu zweit haben wir das oft getan. An wichtigen Stellen haben wir die Fürbitte anderer in Anspruch genommen, ebenso auch ein Krankensalbungs-Gebet nach der Verheißung von Jakobus 5. Und über die Länge der Zeit hat Gott immer wieder so klare Verheißungen ausgesprochen, dass zum Gesamtbild die klare Hoffnung gehört: Es wird einmal wieder aufwärtsgehen. Dennoch gibt es auch monatelange Phasen, in denen sich alles in die „falsche" Richtung entwickelt. Gerade das Jahr, bevor ich dies schreibe, war davon geprägt.

Diese chronische Krankheit heißt für mich auch: chronische Gebetsherausforderung. Ich habe über die Jahre hinweg unterschiedlich intensiv und unterschiedlich hoffnungsvoll gebetet. Gottes Verheißungen, die bei uns eintrafen, haben es mir verwehrt, das Gebet um Heilung ganz aufzugeben. Ich erinnere mich an mindestens zwei intensive Gespräche mit Gott, wo ich alles vor ihm ausgebreitet habe und mit beträchtlicher Frustration gefragt habe, was er denn nun eigentlich vorhat und wie ich jetzt noch weiterbeten soll. Beide Male hat er mir eine Antwort gegeben. Das eine Mal durch eine Predigt über die vier Freunde des Gelähmten in Markus 2,1-12. Diese vier glaubten anstelle des Kranken. Es war eine ganz schöne Zumutung für mich, in dem Moment, als ich mit meinem Glauben an die Grenze gekommen war, von Gott zu hören: Du bist der, der seine Frau weiter zu Jesus bringen soll; du bist der, der glauben soll. „Mach weiter mit dem, was nicht leicht für dich ist" – eine klare Botschaft für mich!

Das andere Mal blendete sich ein Satz in meine Gedanken ein, den ich schon lange kannte, den Gott nun aber für mich aktualisierte: *„[Diese] Krankheit wird nicht zum Tode führen; sie dient vielmehr der Verherrlichung Gottes"* (Johannes 11,4). Nun, lebensbedrohlich krank war und ist meine Frau nicht, ich habe nicht mit einem schlimmen Ende gerechnet. Aber was ich nun von Gott hörte, war dies: Es wird noch einmal etwas Gutes aus der Krankheit herauskommen – und ihr alle werdet mich dann ehren.

Jesus hat diesen Satz gesagt, als er um Hilfe für seinen kranken Freund Lazarus gebeten wurde. Diese Hilfe allerdings ließ auf sich warten – es ging erst einmal deutlich in die „falsche" Richtung. Das kannte ich! Also habe ich mich mit dem Bericht darüber in Johannes 11 näher beschäftigt. Die erste Entdeckung: Gleich nach dem Satz über die Krankheit, die zu Gottes Verherrlichung führt, steht: *„Jesus hatte Marta, Maria und Lazarus lieb."* Dieses Vorzeichen ist und bleibt also gesetzt, egal welche Achterbahn des Glaubens und der Verzweiflung sich nun anschließt.

„Ich danke dir, dass du mich erhört hast."

Jesus zögert zwei Tage, bevor er sich zu Lazarus und seinen Schwestern aufmacht. Als er dort ankommt, ist Lazarus bereits vier Tage tot. Kurz bevor Jesus an seinem Ziel eintrifft, hat er eine Begegnung mit Marta und dann auch mit Maria. Schließlich steht Jesus am Grab, umringt von den Schwestern und den Dorfbewohnern von Betanien. Er lässt den Stein von der Grabhöhle wegrollen und betet dann. Und zwar betet er genau in dem Sinne, wie er es – dem Markusevangelium zufolge – seine Jünger gelehrt hat: Er geht davon aus, dass er es schon empfangen hat. *„Ich danke dir, dass du mich erhört hast"* (Johannes 11,41)!

Es ist gar kein Bittgebet, das Jesus hier spricht. Er ist gleich im Dank. Andererseits ist eine Bitte vorausgesetzt, wenn Jesus von „Erhörung" spricht. Er wird also irgendwann zuvor im Laufe der vergangenen vier Tage mit Gott über seinen kranken und später toten Freund Lazarus geredet haben; er wird Gott gebeten haben, Lazarus aufzuerwecken – oder um die Vollmacht gebeten haben, es selbst zu tun. Bereits dieses Gebet muss in der Gewissheit geschehen sein, dass Gott ihn erhört. So äußert sich Jesus dann am Grab: *„Ich weiß, dass du mich immer erhörst"* (Vers 42). Diese Gewissheit hat Jesus schon die ganze Zeit geprägt. Er wusste genau, was er tun und wie es ausgehen würde (Vers 11.15.23).

Wir haben also hier in Jesus ein prägnantes Beispiel für einen Beter, der das Erbetene schon im Glauben ergriffen hat. Der schon für die geschehene Erhörung danken kann, bevor sie sichtbar geschehen ist. Eine größere Steigerung des Glaubens ist kaum vorstellbar. Und das ist offenbar der Level, auf dem Jesus seine betenden Jünger sehen möchte.

„Da weinte Jesus."

Nun ist es allerdings höchst erstaunlich, wie es diesem maximal glaubensvollen Beter in der Zwischenzeit ergeht - in der Zeitspanne zwischen Tod und Auferweckung, zwischen Gebet und sichtbarer Erhörung. Einerseits ist Jesus der Ruhige, Souveräne, der seiner Freundin Marta erklärt, sie werde die Herrlichkeit Gottes sehen, wenn sie nur glaube (Vers 40), und der mit ihr noch eine Unterredung über das ewige Leben führt. In großer Gelassenheit nimmt er hin, dass die Dinge sich zuspitzen, und sagt seinen Jüngern, dass er alles im Griff hat.

Doch andererseits wird eben dieser Beter auch von heftigsten Gefühlsaufwallungen übermannt. Als Maria vor ihm steht und bitterlich weint, um sie herum die Dorfbewohner in ihrer Trauer, da erfüllen Jesus Zorn und Schmerz (Vers 33). Andere übersetzen: Er ist *„im Innersten erregt und erschüttert"* (EÜ). Kurz darauf weint er. Und wieder einen Moment später ist Jesus erneut innerlich erschüttert (Vers 38). Da ist nichts mehr von dem überlegenen Heiland, dem der Ausgang der Sache klar vor Augen steht und der alles schon im Glauben ergriffen hat. Hier sehe ich den Sohn Gottes, wie er tiefen Anteil an der Zerrissenheit der Menschen nimmt und wie er diese Zerrissenheit selbst spürt.

Viele Bibelausleger bemühen sich, festzuhalten: Jesus sei hier nicht etwa aus Trauer über den Tod seines Freundes aufgewühlt gewesen. Vielmehr sei er von Zorn darüber bewegt gewesen, dass die Menschen um ihn trauern, anstatt zu glauben. In der Tat – der Unglaube der Menschen, die es besser wissen müssten, konnte Jesus schon mal aufregen.[68] Aber an dieser Stelle überzeugt mich diese Deutung nicht. Denn woher hätten die Bewohner von Betsaida es besser wissen sollen? Die Jünger, ja, denen hatte Jesus mitgeteilt, was er zu tun gedachte. Und Marta hatte mit Jesus über die Möglichkeit der Auferweckung gesprochen. Aber hier sind ausdrücklich Martas Schwester Maria und die Leute um sie im Blick. Sie haben von Jesus keine Vorbereitung auf das erhalten, was kommen sollte. Als Jesus deren Tränen und deren Trauer sieht, packt ihn der Schmerz. Er ist aufs Heftigste bewegt.

Hier sehe ich den Sohn Gottes, wie er tiefen Anteil an der Zerrissenheit der Menschen nimmt und wie er diese Zerrissenheit selbst spürt.

Die Tränen, die Jesus dann weint, haben möglicherweise noch einen tieferen Grund. Sie brechen aus Jesus heraus, nachdem sich ein ganz kurzes Zwiegespräch ereignet hat. Jesus fragt: *„Wo habt ihr ihn hingelegt?"*, und die Leute antworten: *„Herr, komm und sieh!"* (Vers 34 ELB). Diesen Satz „Komm und sieh!" kennen die Leser des Johannesevangeliums schon. Jesus hat ähnliche Worte gebraucht, als zwei seiner späteren Jünger neugierig waren und mehr über ihn erfahren wollten, und später hat auch Philippus das gesagt, als er Nathanael an Jesus und dessen Bedeutung heranführen wollte (Johannes 1,39.46). Dieser Satz bedeutet: Jesus ist jetzt hier, der versprochene Retter, mit ihm fängt etwas Neues an, mit ihm sind die Kräfte von Gottes Reich ganz nah. Jetzt geht es los! Überzeugt euch doch selbst! Kommt und seht!

Und nun, auf dem Weg zu Lazarus' Grab, fällt dieser Satz erneut. Das Johannesevangelium ist so angelegt, dass eine solche Wiederholung kein Zufall ist. Es ist ein bewusst eingesetztes Signal im Text – ein Rückverweis auf den hoffnungsvollen

Anfang. Doch nun wird dieser Satz zu Jesus gesagt. Im ersten Kapitel des Johannesevangeliums steht der Satz für die Möglichkeiten von Jesus. Nun konfrontiert er Jesus mit der Realität des Todes. Noch ist Lazarus im Grab. Noch hat die Trauer alle gepackt. Und Jesus – der sich doch vollkommen bewusst ist, dass Gott sein Gebet bereits erhört hat – Jesus ist ganz tief verbunden mit den Trauernden, die im Machtbereich des Todes leben, und mit dem Freund, den der Tod schon erwischt hat. *„Da weinte Jesus. Die Leute, die in seiner Nähe standen, sagten: ‚Seht, wie sehr er ihn geliebt hat.'"* Vers 35-36).

So kann es also aussehen, wenn man den größten vorstellbaren Glauben hat. Wenn man nicht den Hauch eines Zweifels hat, dass das Gebet bereits von Gott erhört ist. Dieser Glaube verleiht keine Imprägnierschicht gegenüber dem Schmerz und der Trauer. Dieser Glaube lässt einen nicht im geistlichen Triumphzug marschieren, mit mitleidigem Lächeln für all die links und rechts, die noch nicht so glauben können. Der unerschütterliche Glaube von Jesus hat diese Kehrseite: Er ist tief verbunden mit denen, die verzweifelt auf Gott warten. Er ist vom Schmerz erfüllt, dass es seinen geliebten Freunden so wehtut. Die Zerrissenheit derer, die an der Spannung zwischen sichtbarer Realität und Gottes Verheißung leiden, zerreißt auch Jesus. Und Zorn kommt in ihm hoch – Zorn darüber, dass der Tod, der doch im Fall von Lazarus schon ausgespielt hat, trotzdem noch seine Schatten so dunkel über die Menschen wirft. Dieser Zorn entzündet sich genau an der Zwischenzeit zwischen Gottes Zusage und der sichtbaren Erfüllung.

Doch nichts von all dem, nichts vom Schmerz, den Tränen, dem Zorn, steht im Widerspruch zur Glaubensgewissheit.

Mein Gebet auf der langen Strecke

Die Antwort, die ich für das Gebet für meine kranke Frau aus diesem biblischen Bericht mitnahm, war: Du sollst auf jeden Fall weiterbeten! In meinem (sporadisch geführten) Tagebuch finde ich folgende Notizen dazu, mit denen ich damals beschrieben habe, wie ich weiter vorgehen sollte:

- Also: beten.
- Glauben, dass bei Gott die Entscheidung schon gefallen ist.
- Weiterbeten. Jesus betete *„wegen der vielen Menschen, die hier stehen, damit sie glauben können, dass du mich gesandt hast"* (Vers 42). Ich bete weiter wegen der Anteile in mir, die erst noch glauben sollen, was Jesus kann und will.
- Nichts beschönigen.
- Trauer empfinden; mit dem Leid mitleiden.
- Und doch - gerade so - beten und glauben, dass sich schon etwas getan hat.

Wie viel Glauben brauche ich zum Gebet?

Nach der Begegnung mit Jesus am Grab von Lazarus mag ich mir die Frage eigentlich nicht mehr stellen, wie viel Glauben ich zum Beten brauche. Ich möchte mich lieber damit befassen, wie Jesus ist. Welch unerschütterliches Vertrauensverhältnis er zu seinem Vater hatte. Ihm möchte ich ähnlich werden. Ich will leidensfähig sein, ohne dass mir das Gebet im Mund verstummt. Ich will bei Gott mit allem rechnen, ohne dass ich mir meine momentane Lage schönreden muss. Ich will mir von Jesus sagen lassen, dass ich die Herrlichkeit Gottes sehen werde, wenn ich glaube. Ich will meinen Glauben wachsen sehen - mehr aber noch meine Nähe zu Jesus.

Und dann will ich …

… beten.

14. Du betest öfter, als du denkst

Anstrengender Alltag. Die tägliche Arbeit wird zu schwer und füllt alle Gedanken aus. Es liegt nicht allein an der Arbeit, sondern an den ganzen Umständen. Du bist weit weg von deiner eigentlichen Heimat. Da, wo du jetzt bist, gehörst du eigentlich nicht hin. Die, die dich liebt, oder der, der dich liebt, ist weit entfernt.

So ungefähr fühlt es sich an, wenn man als Wochenendpendler in einer anderen Stadt arbeiten muss. Im vertrauten Zuhause ist man nur von Freitagabend bis Sonntagabend. Was unter der Woche in der Familie läuft, bekommt man zwar in Umrissen mit, aber man muss sich jedes Wochenende erst wieder ein wenig neu einleben. Komisch: Es gibt Freunde, die hat man jahrelang nicht gesehen, und das Gespräch mit ihnen knüpft gleich da an, wo man damals aufgehört hat. Doch im Gegensatz dazu berichten Wochenendpendler immer wieder: Zum Ehepartner muss man erst einmal Kontakt aufbauen. Jeder hat fünf Tage in seiner Welt gelebt, jeder hat nun hohe Erwartungen an das Wochenende, und gerade das führt schnell zu Streit oder Verletzungen. „[…] die ersten Minuten und Stunden des Wiedersehens blieben kritisch", so schreibt ein Betroffener. „Wenn beide Seiten ausgehungert sind nach Nähe und Liebeszeichen. Wenn sich zwei Menschen mit unterschiedlichen Erwartungen und Wünschen begegnen"[69]. Es fällt eben ins Gewicht, dass man lange nicht richtig miteinander reden konnte. Die Zeit des reduzierten Gesprächs ist eine Hypothek für die Begegnung.

Wieder zu wenig gebetet?

Im Gebet geht es mir oft ähnlich. Wenn ich aus einer hektischen Zeit komme, die all meine Aufmerksamkeit beansprucht hat, dann fällt es mir schwer, unbefangen und vertrauensvoll ins

Gebet zu gehen. Das Bewusstsein, Abstand zu Gott gehabt zu haben, legt sich wie ein Schleier über mich. Ich taste mich erst mal vorsichtig voran. Ein gewisses Schuldgefühl kann ich nicht gleich abschütteln: Hättest du nicht eigentlich mehr mit Gott reden sollen, trotz deines hektischen Alltags? Mit welcher „Begrüßung" empfängt Gott dich, wenn du jetzt wieder zu ihm kommst? Zieht er die Augenbrauen hoch?

Wenn ich aus einer hektischen Zeit komme, die all meine Aufmerksamkeit beansprucht hat, dann fällt es mir schwer, unbefangen und vertrauensvoll ins Gebet zu gehen.

Oft ist es nur ein einziger Tag gewesen, den ich als gebetslos empfundenen habe. Wenn ich dann abends zu beten versuche, sagt mir eine innere Stimme: „Ach, jetzt willst du doch noch beten?!" Ich habe gelernt, ihr zu antworten. Es ist völliger Blödsinn, sich von dieser Stimme das Gebet schlechtreden zu lassen. Ich setze ihr einfach den Gedanken entgegen: „Ja, da war heute nicht viel Gebet. Aber jetzt bete ich, und es ist noch nicht zu spät. Bitte stör mich nicht!"

Doch das funktioniert nicht immer. Manchmal ist die Schwelle zum Gebet für mich hoch, weil ich aus einer abgelenkten, unfokussierten Zeit komme. Gebetsbedürfnis und schlechtes Gewissen halten sich im ungünstigsten Fall die Waage.

Israel in Ägypten

Anstrengender Alltag. Die tägliche Arbeit wird zu schwer und füllt alle Gedanken aus. Es liegt nicht nur an der Arbeit, sondern darüber hinaus an den ganzen Umständen. Sie sind weit weg von ihrer eigentlichen Heimat. Da, wo sie jetzt sind, gehören sie eigentlich nicht hin. Der, der sie liebt, ist weit entfernt – man hat seit Generationen nichts Neues von ihm gehört.

Das war die Situation für das Volk Israel in Ägypten. Dieses Land war zunächst lebensrettende Zuflucht. Zu Hause herrschte Hungersnot, aber in Ägypten konnten sie überleben. Doch nach Generationen war ihnen das Gastland feindlich geworden. Die Hebräer wurden versklavt. Zwangsarbeit bestimmte den Alltag. Es wurde unerträglich.

> Und die Israeliten seufzten über ihre Knechtschaft und schrien, und ihr Schreien aus ihrer Knechtschaft stieg auf zu Gott. Und Gott erhörte ihr Wehklagen und gedachte an seinen Bund mit Abraham, Isaak und Jakob. (2. Mose 2,23-24 LUT)

Den Gequälten blieb irgendwann nichts mehr, als zu schreien. Und das erhörte Gott. Aus Gottes Sicht war es also ein Gebet, das da zu ihm kam. Aber haben die Israeliten wirklich gebetet?

Liest man den biblischen Bericht etwas zu schnell, würde man meinen: Ja klar haben sie gebetet. Was sollen sie sonst geschrien haben? Eine Reihe von Bibelübersetzungen gibt daher auch die Stelle gleich so wieder: Sie *„schrien zu Gott um Hilfe"* (z.B. NLB, HFA).

Doch an dieser Stelle lohnt es sich, eng am genauen Wortlaut festzuhalten. Die oben zitierte Lutherbibel und die Zürcher Bibel zeigen, dass das auch geht. Das Hebräische sagt eben nur, dass sie schrien. Es war der elementare Ruf geschundener Menschen. Wir können nicht voraussetzen, dass sie den Gott noch besonders gut kannten, durch dessen Führung sie vor Generationen nach Ägypten gekommen waren. Klar, es muss Erzählungen der Vorfahren gegeben haben. Aber wir wissen nichts von geregelten Formen des Gottesdienstes. Auch über Verkündiger, die von Gott sprachen, ist nichts bekannt. Aus späteren Zeiten wissen wir sogar, dass selbst dann, wenn Propheten im Volk wirkten, die Überlieferungen der Väter in Vergessenheit geraten konnten. Für die Hebräer in Ägypten sollten wir also nicht so einfach voraussetzen, dass sie beteten oder dass sie wussten, wen sie anrufen konnten. Gott ist es, der an seinen Bund mit Abraham, Isaak und Jakob gedachte. Das ist seine Reaktion darauf, dass Israel schrie. Aber von den Israeliten wird eben nicht gesagt, dass sie sich etwa auf diesen Bund beriefen.

Erst die spätere biblische Geschichtsschreibung deutet das Schreien der Israeliten als Gebet (z.B. in 4. Mose 20,16). Das ist die Rückschau, die schon davon weiß, dass Gott dieses Schreien erhört hat. Wir sollten den biblischen Bericht in 2. Mose 2 jedoch erst einmal so nehmen, wie er da steht, und nicht ausschließlich durch die Brille späterer Nacherzählungen betrachten. Entscheidend ist vor allem folgende Beobachtung: Wenn Gott selbst in seiner Rede an Mose das Geschehen rekapituliert, dann spricht er einfach vom Seufzen der Israeliten und nicht etwa davon, dass sie ihn angerufen hätten (2. Mose 3,7.9; 6,5). Gott hat dieses Seufzen erhört, ohne dass es von den Israeliten als Gebet gemeint gewesen wäre.

Gott hat dieses Seufzen erhört, ohne dass es von den Israeliten als Gebet gemeint gewesen wäre.

Wenn das nun aber so ist, dann erscheinen gebetslose Zeiten in einem anderen Licht. Selbst da, wo jemand sich nicht bewusst an Gott wendet, kann Gott das hören, was diesen Menschen beschäftigt. Wenn jemand seufzt und gar nicht weiß, zu welchem Gott er beten soll, kann es sein, dass Gott das Seufzen wahrnimmt und darauf reagiert. Mancher mag erst im Nachhinein erkannt haben: Vielleicht war es ja ein unbewusstes Gebet, das ich da gesprochen habe – doch Gott hat es schon im Augenblick des Seufzens als Gebet anerkannt. Übertrage ich das auf mich, dann komme ich zu dem Schluss: Ich bete öfter, als ich denke.

Die verstoßene Sklavin in der Wüste

Erschöpft und verzweifelt sitzt sie in der Wüste und die Sonne brennt sengend auf sie nieder. Hagar, die Sklavin der Frau von Abraham, hat lange Jahre in Sicherheit gelebt. Doch nun hat er sie fortgejagt, zusammen mit ihrem Sohn. Der Vorrat für die Reise, den sie mitbekommen hat, ist längst aufgebraucht. Beide werden wohl bald verdursten, die Mutter und ihr Kind. Sie legt es unter einem Busch ab und geht gerade so weit weg, dass sie es nicht mehr sehen und hören muss. Dann wartet sie unter Tränen auf den Tod.

Nicht das erste Mal sitzt sie in der Wüste. Jetzt wie damals war ihr Sohn der Anlass, dass sie fortgegangen ist. Ihr Kind stammt von Abraham, ihrem Herrn. Er hat es mit ihr gezeugt, als seine Frau Sara zu alt war, um schwanger zu werden. Es war Saras eigene Idee gewesen, dass ihre Sklavin Hagar Abrahams Kind austragen und zur Welt bringen sollte. Doch als Hagar dann schwanger war, schikanierte Sara sie. Hagar lief weg. Sie floh in die Wüste - und dort begegnete sie Gott. Durch seinen Engel sprach er sie an. Gott hatte ihre Hilferufe gehört. Er versprach ihr, dass alles gut werden würde mit ihrem Sohn. Hagar sollte getrost zu Sara zurückkehren. Und den Sohn sollte sie Ismael nennen - dieser Name bedeutet: Gott hört. So sagt es der Bericht in 1. Mose 16.

In der Wüste hat Hagar also Gott damals persönlich kennengelernt. Er hat zu ihr gesprochen - zu einer Sklavin! Sie hat ein ganz eigenes Gotteserlebnis gehabt. Das muss ein Meilenstein in ihrem Leben gewesen sein. Sie hat durch diese Gottesbegegnung einen eigenständigen, sehr persönlichen Glauben entwickelt. Das lässt sich an dem Namen erkennen, den sie Gott gibt: „El-Roï" - der Gott, der mich sieht. Eine Bezeichnung für Gott, die Hagar mit einem ziemlichen Selbstbewusstsein gefunden hat. Sie fühlte sich von Gott gesehen und benennt ihren Gott dementsprechend. Gott selbst hat sie eigentlich auf eine andere

Spur gesetzt. Er hat sich vorgestellt als der Gott, der sie hört. An diesen Wesenszug Gottes soll sie der Name ihres Sohnes, Ismael, erinnern. Auf diesen Wesenszug bezieht sich auch die Erklärung für diesen Namen: *„denn der Herr hat deine Hilferufe gehört"* (1. Mose 16,11). Doch Hagar nimmt diese Spur nicht auf, sondern formuliert ein eigenes Glaubensbekenntnis - nicht zu dem Gott, der sie *hört,* sondern zu dem Gott, der sie *sieht,* „El-Roï". Sie hat also ihre ganz eigene Deutung des Gotteserlebnisses gefunden; sie hat ihre Erfahrung in ganz eigene Worte gekleidet.

Nun ist sie wieder in der Wüste - zum zweiten Mal verstoßen. Hagar kennt Gott, sie weiß, wie sie ihn anreden kann. Aber offenbar gelingt ihr das jetzt nicht. Sie sitzt einfach in der Glut und verliert sich in ihrer Verzweiflung. Sie kann nicht beten.

Dennoch reagiert Gott.

> Aber Gott hörte das Schreien des Jungen und der Engel Gottes rief Hagar vom Himmel aus zu: „Hagar, was ist mit dir? Hab keine Angst! Gott hat das Weinen deines Sohnes gehört, der dort liegt. Steh auf, nimm den Jungen und halte ihn fest an der Hand, denn ich werde seine Nachkommen zu einem großen Volk machen." Da öffnete Gott Hagar die Augen, sodass sie einen Brunnen entdeckte. Dort füllte sie ihren Wasserschlauch und gab dem Jungen zu trinken. (1. Mose 21,17-19)

Gott hat reagiert - aber worauf? Auf das Gebet Hagars nicht, sie hatte nicht gebetet. Sie hätte es können, weil sie Gott kannte, aber sie war zu erschöpft. Auf das Gebet von Ismael, ihrem Sohn, auch nicht, denn er hat wohl genauso wenig gebetet. Auch er war ja am Verdursten. Es war einfach das Weinen dieses Kindes, das Gott hörte - und erhörte.

Wieder begegnen wir Gottes Bereitschaft, zu antworten, wo ein Mensch noch gar kein klares Gebet zustande gebracht hat.

Die Israeliten in Ägypten hatten wahrscheinlich kaum Kenntnisse über Gott. Sie schrien und Gott erhörte. Hagar kannte Gott sehr wohl, aber sie schrie nicht einmal mehr. Vielmehr war es ihr Sohn, der schrie: Wieder der elementare verzweifelte Ruf eines gequälten Geschöpfes, mehr nicht. Und das war Gott genug, um sich bewegen zu lassen. Er wartete nicht auf das Gebet von Hagar, er hörte bereits auf das Weinen ihres kleinen Jungen.

Gründe für Gebetsarmut

Kann man eine Gesetzmäßigkeit daraus machen? Gott hört schon da, wo ich nicht bete? Ich bete - aus Gottes Sicht - öfter, als ich denke? Enthalten die biblischen Berichte eine Verheißung?

Nein, das nicht. Es sind ganz bestimmte Gründe, die dazu führen, dass Menschen aus Gottes Volk in gewissen Situationen nicht beten.

- *Keine klare Kenntnis von Gott.* Die Israeliten in Ägypten hatten wenig an der Hand, um sich eine Vorstellung von Gott zu machen. Die Gotteserfahrungen ihrer Vorfahren lagen viele Generationen zurück und waren vermutlich nun sehr verblasst.
- *Übergroße Erschöpfung.* Hagar war mit ihren seelischen und körperlichen Kräften derart am Ende, dass ihr offenbar kein Gebet mehr gelang.

In diesen Fällen kann es sein, so berichtet die Bibel, dass Gott eine Art von Gebet erkennt, selbst wenn die Menschen nur seufzen. Es *kann* sein - es *muss* nicht so sein. Doch allein diese Beobachtung an der Bibel ermutigt mich. Denn Zeiten der Gebetsarmut sind mir vertraut. Sie haben verschiedene Gründe. Manchmal ist es Trägheit oder Unlust zum Gebet. Manchmal ist es Nachlässigkeit in der Tagesplanung. Manchmal habe ich –

obwohl ich es besser wissen sollte – den Sorgen zu viel Raum gegeben. Aber es kommt eben auch vor, dass ich einfach erschöpft bin. Oder dass mir eine Herausforderung so groß erscheint, dass es mir die Sprache im Gebet verschlägt. Oder dass meine Auffassung von Gott schräg geworden ist, weil ich wichtige Wahrheiten über ihn aus dem Blick verloren habe.

Für solche Momente gewinne ich Mut, wenn ich an die Israeliten in Ägypten und an Hagar denke. Gott wartet nicht jedes Mal auf mein klar formuliertes Gebet, sondern kann schon auf mein Seufzen reagieren. Da, wo ich bei mir nur Gebetsarmut diagnostiziere, hat Gott sich manchmal schon aufgemacht, um mich zu erhören.

Wo ich bei mir nur Gebetsarmut diagnostiziere, hat Gott sich manchmal schon aufgemacht, um mich zu erhören.

Der Geist betet, wenn ich es nicht kann

Es gibt noch eine weitere Ursache für Gebetsarmut, neben der Unkenntnis von Gott und der Erschöpfung:

- *Unklarheit, was ich beten soll.* Manche Lebenslagen sind so komplex und vielschichtig, dass kein konkreter Inhalt für ein Gebet naheliegt. Manche inneren Zustände sind so verworren und unklar, dass ich nicht weiß, was ich beten soll.

Für diese Situation gibt es allerdings eine sehr deutliche Verheißung von Gott. Sie geht über die Berichte hinaus, die wir von den Israeliten und von Hagar lesen, denn das sind eben „nur“ Berichte und keine Verheißungen. Doch wenn ich nicht weiß, wie oder was ich beten soll, dann habe ich durchaus eine feste Zusage aus Gottes Wort:

> Der Heilige Geist hilft uns in unserer Schwäche. Denn wir wissen ja nicht einmal, worum oder wie wir beten sollen. Doch der Heilige Geist betet für uns mit einem Seufzen, das sich nicht in Worte fassen lässt. (Römer 8,26)

Hier ist von einer Gebetsbegleitung die Rede, die zwar unsichtbar und unhörbar ist, dafür aber sehr stetig (siehe Kapitel 8). Selbst wenn mein eigenes Beten verstummt ist, bleibe ich ein Beter: weil der Heilige Geist in mir betet. Gott selbst betet in mir, er hält das Gespräch aufrecht. In der Tat: Ich bete öfter, als ich denke.

Was Paulus hier als gültige Verheißung Gottes beschreibt, ist eine sehr allgemeine Aussage. Das Versprechen lautet nicht: *Wenn* wir nicht wissen, was wir beten sollen, *dann* betet der Geist in uns. Sondern es ist vorausgesetzt, dass wir nicht wissen, was oder wie wir beten sollen. Das scheint unser Dauerzustand zu sein. Und dementsprechend ist die Gebetsbegleitung von Gottes Geist ebenfalls ein Dauerzustand. Komisch: Ich weiß ja nun durchaus doch des Öfteren, was ich beten will. Logischerweise bete ich dann auch. Aber hier kommt es wohl auf den genauen Wortlaut an. Mag wohl sein, dass ich oft weiß, was ich beten *will*. Aber das Schriftwort aus dem Römerbrief spricht davon, dass wir nicht wissen, was wir beten *sollen*. Das, was ich beten *will*, ist offenbar nicht immer das, was ich aus Sicht des Geistes beten *soll*. Aber dieser Unterschied wird hier gar nicht als Problem herausgestellt. Ich muss nicht angestrengt das Gebet, so wie ich es will, dem Gebet anpassen, wie es sein soll. Gott kommt mir zu Hilfe. Sein Geist betet in mir. So werde ich zum Beter selbst in gebetsarmen Zeiten. Und in intensiven Gebetszeiten bin ich ebenfalls unterstützt durch den Heiligen Geist. Ergebnis: In mir betet „es" so, wie ich beten soll. Wie es Gott entspricht. So, wie ich es allein nie erreichen könnte.

Eine falsche Schlussfolgerung

Ist die Sache also eigentlich ganz einfach? Ich bete öfter, als ich denke - also muss ich mir gar keinen Kopf um mein Gebetsleben machen? Ich kann alles entspannt und sorglos angehen? Der Alltag ist laut und schnell, es gibt viele Fliehkräfte, die mich vom Gespräch mit Gott wegziehen, aber das macht letztlich gar nichts, denn „es" betet in mir ja sowieso? Ich muss mich also nicht darum bemühen, meinen Alltag so zu gestalten, dass das Gebet einen festen Platz darin hat?

Das wäre die falsche Schlussfolgerung. Es kommt in sehr vielen Situationen entscheidend darauf an, ob ich bete oder nicht - und sei es nur ein Stoßgebet, das vom „Segen der kurzen Gebete" (siehe Kapitel 6) lebt. Erinnern wir uns an Kain, von dem im zweiten Kapitel die Rede war. Das ausgebliebene Gebet war es, das ihn scheitern ließ. Dort, wo Gott ihm sozusagen einen Ball vorgelegt hat, wo Gott ihn angesprochen hat, sodass Kain nur noch hätte antworten müssen, da ließ Kain eine Leerstelle. Ein Gebetsvakuum. Und das war der Moment, wo sein Leben zum Bösen hin kippte. Die Beobachtung aus der Geschichte von Kain bleibt gültig: Es steht sehr viel auf dem Spiel, wenn ich *nicht* bete.

Aber warum hatten es die Israeliten in Ägypten und Hagar dann besser als Kain? Hier antwortete Gott doch, weil er ein Gebet erkannte, als auf Seiten der Menschen noch gar kein Gebet entstanden war. Warum kam Kain diese vorgreifende Erhörung nicht zugute?

Weil Kain bereits von Gott angesprochen worden war. Gott hatte ihm deutliche Signale in den Weg gestellt. Gott hatte ihn bereits mit Freiheit beschenkt - nämlich mit der Freiheit, noch einmal innehalten zu können, bevor seine Gefühlsaufwallung zur Tat wurde. Diese Freiheit entstand durch das Wort, mit dem Gott Kain ansprach. Dieses Wort, diese Intervention Gottes hatte Kain den Israeliten in Ägypten und Hagar voraus.

Die Hebräer damals waren sich nicht genug im Klaren darüber, wer Gott eigentlich ist. Hagar war zu erschöpft, um zu beten. Beides kenne ich auch. Doch weite Teile meines Alltags gleichen eher der Situation von Kain: Ich weiß, was Gott in seinem Wort zu mir sagt, und an mir ist es, mit ihm zu reden. Der Ball liegt in meinem Feld. Dass da zugleich der Geist in mir betet, steht dem nicht entgegen. Das innere Beten des Geistes will mein eigenes Beten nicht ersetzen, sondern begleiten und bekräftigen. Und nach wie vor steht viel auf dem Spiel, und der Ausgang hängt davon ab, ob ich mich vom Heiligen Geist beflügeln lasse, um mit Gott zu reden, oder nicht.

Eine richtige Schlussfolgerung

Was folgt dann aus der Tatsache, dass ich öfter bete als ich denke?

Nun, es mag gebetsarme Zeiten in meinem Leben geben. Das ist die Dimension, die ich wahrnehme. Aber wenn ich dann den Weg zurückfinde ins Gespräch mit Gott, dann komme ich aus einer Phase, die in seinen Augen nur teilweise gebetsarm war. Die Gebetsarmut ist nur die eine Seite der Medaille. Die andere Seite ist: Gott hat all meine Herzensregungen, auch wenn ich sie nicht an ihn adressiert habe, sehr wohl gesehen und gehört. Und Gott hat das Beten seines Geistes in mir wahrgenommen – die ganze Zeit. Ich komme also nicht als unbeschriebenes Blatt zu Gott, wenn ich endlich wieder beten will oder kann, sondern Gott knüpft an einen geheimnisvollen Gesprächsfaden an, der mir wahrscheinlich die ganze Zeit nicht bewusst war.

Ich selbst muss sicher erst einmal nach Worten suchen, wenn ich nach einer Gebetspause bete. Ich fühle mich wie der Wochenendpendler, der am Freitagabend nach Hause kommt und erst einmal mitbekommen muss, was in der Familie gerade los ist und was seine Frau bewegt. Doch wie gesagt – das ist meine Sicht und nicht notwendigerweise Gottes Sicht.

Für meinen Wiedereinstieg ins Gebet heißt das:

- Ich bin bei Gott als Beter hochwillkommen – jederzeit.
- Ich muss nicht damit rechnen, dass Gott mir als Erstes sagt: „Na, da bist du ja endlich!“
- Mein Status als Beter lässt sich nach wie vor mit dem Wort aus Psalm 119,132 beschreiben: *„Wende dich zu mir und sei mir gnädig nach dem Anrecht derer, die deinen Namen lieben!“* (ELB). Als Liebhaber Gottes habe ich ein Anrecht darauf, den Gebetsfaden jederzeit wieder aufzunehmen.
- Vermutlich will Gott mir beibringen, stetiger im Gespräch mit ihm zu sein. Vielleicht lässt er mich auch wissen, wie sehr er dieses Gespräch vermisst hat. Er ist ein lebendiger Gott – dazu gehört auch, dass ich ihn verletzen kann, indem ich mich in Schweigen hülle. Dennoch kann ich davon ausgehen, dass Gott mir in einer gebetsarmen Zeit viel näher war, als ich ihm von meiner Seite aus war.
- Es gibt in der Tat wirksame Fliehkräfte, die mich vom Beten wegziehen. Doch selbst wenn ich mich eher in einer „äußeren Umlaufbahn“ befinde, wirkt in mir eine Anziehungskraft zu Gott hin, die den Kontakt mit ihm aufrechterhält: das verborgene Beten des Geistes.
- Jede Regung ist unnötig, ja falsch, die so klingt wie: „Jetzt brauchst du es auch nicht mehr mit dem Beten zu versuchen. So, wie du gerade gelebt hast, brauchst du Gott nicht mehr zu kommen.“ Es ist nicht die Stimme Gottes, die so spricht.
- Zum Beten ist es nie zu spät.

Zum Schluss: Sei wie ein Seemann auf offenem Meer!

Ein Alltagsbeter werden: Dazu gibt es allen Anlass, denn Gebet stellt sich in unserer lauten Welt nicht von allein ein. Alles Mögliche wirbt um meine Aufmerksamkeit. Wie das bei mir und Menschen aus der Bibel aussieht, habe ich im ersten Hauptteil beschrieben.

Ein Alltagsbeter werden: Das kann man trotz dieser Ablenkungen, denn viele kleine Schritte und Angewohnheiten helfen dabei, den Kontakt mit Gott zu halten. Einige davon sind im zweiten Hauptteil beschrieben, andere entdecken Sie vielleicht für sich persönlich.

Ein Alltagsbeter werden: Gott kommt uns auf diesem Weg weit entgegen. Seine Kraft trägt uns empor. Gottes Wort macht uns dazu viel Mut, und das steht deshalb – last, but not least – im dritten Hauptteil im Fokus.

Immer wieder ist in diesem Buch Franz von Sales zu Wort gekommen, dieser geistliche Leiter und Gebetslehrer. Seine bildhafte Redeweise prägt sich gut ein. Ich möchte das Buch mit einem letzten Zitat von ihm schließen, einem letzten Bild. Was Bischof Franz von Sales hier sagt, zeigt mir, dass er die unterschiedlichen Ansprüche der verschiedenen Arbeiten kennt und auch weiß, dass sie ein unterschiedliches Maß an innerem Gebet zulassen. Es geht nicht immer voll konzentriert. Manchmal aber schon!

An diesem Bild berührt mich besonders, dass Arbeit und Aufblick zu Gott gar keine Feinde sind. Vielmehr hat die Arbeit Gewinn vom Aufblick zu Gott.

Franz von Sales schreibt:

> Hast du nur gewöhnliche Beschäftigungen, die keine gesammelte Aufmerksamkeit verlangen, dann schau

mehr auf Gott als auf deine Arbeit. Hast du aber eine Arbeit, die deine ganze Aufmerksamkeit beansprucht, dann blicke wenigstens von Zeit zu Zeit zu Gott auf, gleich dem Seemann auf offenem Meer; um seine Richtung einzuhalten, schaut er mehr auf den Himmel als auf das Wasser, auf dem er dahinfährt. So wird Gott mit dir, in dir und für dich arbeiten, und deine Arbeit wird dir Freude bereiten.[70]

Anhang

1. Der passende Psalm oder Psalmvers zur Situation

Im Alter: Psalm 16; 71; 92; 103; 115; 126; 148

Anforderungen: Psalm 31; 46; 50,15; 60; 61; 68,20-21; 84; 90,13-17; 121; 127

Angst: Psalm 3; 11; 27; 31; 34,19-21; 46; 53; 55; 56; 57; 61; 69; 70; 112; 130; 143

Arbeit: 90,16-17; 104; 112; 127

Dankbar, voll Freude: Psalm 33; 34; 36,6-11; 40; 65; 66; 67; 95,1-7; 69; 98; 100; 103; 104; 107; 108; 116; 118; 124; 128; 135; 136; 138; 145; 146

Einsamkeit: Psalm 63; 68,5-11; 102; 119; 139; 142; 146

Vor Entscheidungen: Psalm 24,1-6; 25; 32,6-11; 37; 50; 101; 112; 119; 141; 146

Enttäuschung: Psalm 35,13-28; 41; 55; 69; 73; 74; 77; 89

Erfolg: Psalm 1; 112

Freude über die Schöpfung: Psalm 8; 104

Genuss: Psalm 45; 65; 104; 128

Gott ist fern: Psalm 10; 13; 22; 30,7-8; 38; 42–43; 44; 63; 74; 77; 78; 79; 80; 85; 89; 123; 130; 137,1-4

Krankheit: Psalm 6; 23; 38; 88; 102

Nach Krankheit oder Bedrängnis: Psalm 30; 34; 66; 107; 116; 118; 124

Leben unter Menschen, die nicht an Gott glauben: Psalm 10; 11; 12; 14; 36; 37; 47,7-10; 52; 53; 58; 62; 64; 67; 73; 75; 76; 82; 92; 94; 97; 115; 120; 135

Misserfolg: Psalm 33,6-19; 44; 60

Nacht: Psalm 4; 16; 17,1-8; 63; 121

Rätselhafte Lebenswege: Psalm 37; 39; 49; 71; 73; 74; 77; 90; 102; 131; 139

Schlechtes Gewissen, Schuld: Psalm 25; 32; 51; 106; 130

Bitte um Segen: Psalm 20; 67

Sorgen: Psalm 23; 37; 42–43; 55,23-24; 61; 62; 67; 86; 94,16-19; 113; 121; 125; 127; 144; 145

Stille: Psalm 62

Tagesabschluss: Psalm 4; 121

Tagesbeginn: Psalm 5; 17; 57; 90,14-17; 143,8-10

Trauer: 6; 34,19-21; 42–43; 56; 80; 126; 147

Üble Nachrede: Psalm 7; 31,20-21; 35; 38; 55; 109; 120

Unruhe: Psalm 39; 42–43; 62

Vertrauen - oder auf der Suche danach: Psalm 23; 27; 46; 55,23-24; 56; 57; 62; 63; 66; 68; 73; 84; 91; 92; 93; 96; 100; 105; 107; 108; 111; 121; 124; 125; 131; 138; 139; 140; 145; 146

Widerstand, Gegner: Psalm 3; 5; 6; 7; 9; 10; 13; 31; 35; 40,13-18; 48; 52; 53; 54; 55; 56; 57; 59; 64; 69; 70; 79; 83; 86; 94; 109; 123; 138; 140; 141; 142; 144

Zorn und Wut: Psalm 4; 35; 58; 94

2. Biblische Gebete außerhalb des Psalters[71]

1. Mose 18,23-33: Fürbitte von Abraham

2. Mose 15,1-18: Loblied von Mose

2. Mose 15,21: Loblied von Mirjam

4. Mose 10,35b: Gebet von Mose

4. Mose 14,11-19: Fürbitte von Mose

4. Mose 6,22-24: Der aaronitische Segen

5. Mose 3,24-25: Gebet von Mose

5. Mose 9,26-19: Fürbitte von Mose

5. Mose 32,1-43: Das Lied des Mose

Richter 15,28: Bittgebet von Simson

1. Samuel 2,1-10: Loblied von Hanna

1. Könige 8,12-61: Gebete von Salomo zur Einweihung des Tempels

1. Chronik 4,10: Gebet von Jabez

1. Chronik 16,8-36: Danklied von David

1. Chronik 17,6-27: Dankgebet von David

1. Chronik 29,10b-17: Lobgebet von David

2. Chronik 20,6-12: Bittgebet von Joschafat in Bedrängnis

Nehemia 9,5b-37 Bußgebet von Nehemia

Hiob 7,7-21; 10,2-22; 13,20-28; 14,3-6; 14,13-22; 16,7-8; 17,3-4; 30,20-23; 40,4-5; 42,2-6: Gebete von Hiob inmitten seiner Klage oder als Antwort auf Gottes Anrede

Sprüche 30,7-9: Gebet von Agur

Jesaja 12,1-6: Lob und Dank

Jesaja 25,1-5: Dank für Rettung

Jesaja 26,1-19: Dankbares und vertrauensvolles Gebet

Jesaja 37,15-20: Bittgebet von Hiskia

Jesaja 38,9-20: Danklied von Hiskia

Jesaja 51,9-10: Bitte um Gottes Eingreifen

Jesaja 61,10-11: Freudiges Lobgebet

Jesaja 63,15–64,11: Gebet um Barmherzigkeit und Vergebung

Jeremia 10,19-25; 12,1-4, 15,10-18: Klagegebete von Jeremia

Jeremia 14,7-9: Klagegebet des Volkes
Jeremia 17,13-18; 32,17-25: Bittgebete von Jeremia
Jeremia 51,15-19: Lobpsalm
Klagelieder 1–5: Klagepsalmen eines Einzelnen und des Volkes
Daniel 4,31b-34: Bekenntnis und Lob von Nebukadnezar
Daniel 9,4-19: Bußgebet von Daniel
Hosea 14,3b-4: Ehrliches Bußgebet
Joel 1,15-20: Klagegebet
Jona 2,3-10: Dankpsalm für Rettung
Micha 7,18-20: Lobgebet von Micha
Nahum 1,1-8: Psalm von Nahum
Habakuk 3,1-19: Psalm von Habakuk
Matthäus 22,39: Gebet von Jesus in Gethsemane
Matthäus 27,46: Klageruf zu Gott von Jesus am Kreuz
Matthäus 6,9-11; Lukas 11,2b-4: Vaterunser
Lukas 1,46b-57: Marias Lobgesang
Lukas 1,68-79: Gebet von Zacharias
Lukas 2,29-32: Gebet von Simeon
Lukas 10,21: Lobpreis von Jesus
Lukas 23,34: Fürbitte von Jesus am Kreuz für seine Feinde
Lukas 23,46: Vertrauensgebet von Jesus am Kreuz
Johannes 11,41-42: Gebet von Jesus bei der Auferweckung des Lazarus
Johannes 12,28: Gebet von Jesus um Verherrlichung des Namens Gottes
Johannes 17: Abschiedsgebet von Jesus für seine Jünger
Apostelgeschichte 4,24b-30: Bittgebet der Gemeinde
Apostelgeschichte 7,58-59: Gebet des sterbenden Stephanus
Römer 11,33-36; 16,25-27: Lobgebete von Paulus
2. Korinther 1,3-7: Lobgebet von Paulus
Epheser 1,3-14: Lobgebet von Paulus
Epheser 1,16-23: Bittgebet von Paulus
Epheser 3,14-21: Bitt- und Lobgebet von Paulus
1. Thessalonicher 5,23-24: Segensbitte
2. Thessalonicher 2,16-17: Fürbitte für die Gemeinde
2. Thessalonicher 3,16: Segensbitte
1. Timotheus 1,17: Lobgebet von Paulus
1. Timotheus 6,15-16: Lobgebet
1. Petrus 1,3-5: Lobgebet von Petrus
1. Johannes 1,5b-9: Hymnus auf die Vergebung
Hebräer 13,20-21: Fürbitte, Segensgebet

Judas 24: Lobgebet von Judas

Offenbarung 4,8b; 4,11; 5,9-10; 5,12b; 5,13b; 7,10; 7,12; 11,17-18; 15,3b-4; 16,5b-6; 16,7b; 19,1-3; 19,4; 19,6b-8: die vierzehn Lobpreisungen der Offenbarung

3. Wer bin ich in Gottes Augen?

Die Bibel über die Identität der Menschen, die an Christus glauben (Auswahl)

Ich bin ...

Ebenbild Gottes (1. Mose 1,27)

nur wenig geringer als Engel und mit Ehre und Pracht gekrönt (Psalm 8,6)

Gesegneter des Herrn (Psalm 115,15)

schon vor der Geburt von Gott gekannt und gewollt (Psalm 139,13-16)

jemand, der die Ewigkeit im Herzen trägt – und doch nicht imstande, Gottes Werk zu begreifen (Prediger 3,11)

zu einer doppelten Zukunft bestimmt: Der Körper zerfällt zu Staub, der Geist kehrt zurück zum Schöpfer (Prediger 12,1-7)

Salz der Erde, Licht der Welt (Matthäus 5,13-14)

wertvoller als viele Sperlinge (Matthäus 10,31)

ein Diener, der nur seine Pflicht getan hat (Lukas 17,10)

Kind Gottes (Johannes 1,12; Römer 8,14-17; 1. Johannes 3,1; Galater 3,26)

ganz rein als Jünger von Jesus (Johannes 13,10; 15,3)

Rebe am Weinstock Jesus (Johannes 15,5)

Freund von Jesus (Johannes 15,14-15)

jemand, den Gott an Christus gegeben hat (Johannes 17,2.6)

von Gottes Art; in ihm lebe und bewege ich mich und bin ich (Apostelgeschichte 17,28)

in Christus (Römer 8,1; 1. Johannes 5,20)

von Gottes Geist bestimmt (Römer 8,9)

nicht mehr der Selbstsucht verpflichtet (Römer 8,12)

Erbe Gottes und Miterbe von Christus (Römer 8,17)

auf Hoffnung hin gerettet (Römer 8,24)

mehr als Überwinder durch den, der uns geliebt hat (Römer 8,37)

Eigentum des Herrn, egal ob ich lebe oder sterbe (Römer 14,8)

Gottes Mitarbeiter, Gottes Ackerfeld, Gottes Bau (1. Korinther 3,9)

Tempel des Heiligen Geistes (1. Korinther 3,16; 6,19)

Tempel des lebendigen Gottes (2. Korinther 6,16)

von den Sünden gereinigt, für Gott ausgesondert, vor Gott gerecht gesprochen durch den Namen von Jesus Christus, den Herrn, und durch den Geist Gottes (1. Korinther 6,11)

teuer erkauft (1. Korinther 7,23)

zu einer doppelten Gegenwart und Zukunft bestimmt: Der äußere Mensch wird aufgerieben, der innere aber täglich erneuert (2. Korinther 4,16)

eine neue Schöpfung (2. Korinther 5,17)

dazu bestimmt, ein Lob von Gottes Herrlichkeit zu sein (Epheser 1,6.12.14)

Gottes Schöpfungswerk, in Christus Jesus neu geschaffen, um die guten Taten auszuführen, die Gott für mein Leben vorbereitet hat (Epheser 2,10)

Körperteil am Leib Christi (Epheser 5,30)

gestorben, und mein Leben ist verborgen mit Christus in Gott (Kolosser 3,3)

Teil von Gottes Haus (Hebräer 3,6)

Teilhaber des Christus (Hebräer 3,14)

jemand, der zum auserwählten Volk, der königlichen Priesterschaft, Gottes heiligem Volk, seinem persönlichen Eigentum gehört (1. Petrus 2,9)

berufen, Segen zu erben (1. Petrus 3,9)

beschenkt mit allem, was ich brauche, um ein Leben zu führen, das Gott gefällt (2. Petrus 1,3)

jemand mit der Aussicht, Anteil an der göttlichen Natur zu bekommen (2. Petrus 1,4)

von Gott – und der in mir ist, ist größer als der, der in der Welt ist (1. Johannes 4,4)

4. Namen und Ehrentitel von Jesus[72]

Amen: Offenbarung 3,14

Anfang der Schöpfung: Offenbarung 3,14

Anfänger und Vollender des Glaubens: Hebräer 12,2

Apostel: Hebräer 3,1

Die Auferstehung und das Leben: Johannes 11,25

Aufgang aus der Höhe: Lukas 1,78

Abdruck des Wesens Gottes: Hebräer 1,3

Brot des Lebens: Johannes 6,35

Der Christus: Matthäus 1,16; 2,3-4

Diener am Heiligtum: Hebräer 8,1-2

Diener: Lukas 22,27

Eckstein: Markus 12,10; Apostelgeschichte 4,11; Römer 9,33; Epheser 2,20; 1. Petrus 2,6-7

Einziger Sohn: Johannes 1,18

Der Erste: 1. Korinther 15,23
Freund der Sünder: Matthäus 11,19
Fürsprecher, Beistand: 1. Johannes 2,1
Der Geliebte: Epheser 1,6
Großer Hoher Priester: Hebräer 4,14
Grundstein: Jesaja 28,16; 1. Korinther 3,11 (Fundament)
Guter Hirte: Johannes 10,11.14
Herr der Ernte: Matthäus 9,38; Lukas 10,2
Hirte und Aufseher (Bischof) eurer Seelen: 1. Petrus 2,25
Immanuel: Matthäus 1,23
König der Könige, Herr der Herren: Offenbarung 19,16
König Israels: Matthäus 27,42; Johannes 1,49
Kraft und Weisheit Gottes: 1. Korinther 1,24
Lamm Gottes: Johannes 1,29.35-36
Lehrer: Matthäus 26,18; Johannes 3,2
Licht der Welt: Johannes 8,12; 9,5
Lösegeld: 1. Timotheus 2,6
Löwe aus dem Stamm Juda: Offenbarung 5,5
Meister: Matthäus 23,10
Der Mensch Jesus Christus: 1. Timotheus 2,5
Menschensohn, Sohn des Menschen: Lukas 19,10
Messias: Johannes 1,41
Heller Morgenstern: Offenbarung 22,16
Der versprochene Nachkomme Abrahams: Galater 3,16.19
Oberster Hirte: 1. Petrus 5,4
Passahlamm: 1. Korinther 5,7
Prophet: Apostelgeschichte 3,22
Quelle: Sacharja 13,1
Rabbi: Johannes 3,2; 20,16
Retter: Lukas 2,11; Römer 11,26
Richter: Apostelgeschichte 10,42
Sohn Davids: Matthäus 15,22
Sohn des Höchsten: Lukas 1,32
Sohn Gottes: Lukas 1,35; Matthäus 16,16
Spross: Jesaja 11,1; Sacharja 3,8
Die Tür: Johannes 10,9
Treu und Wahrhaftig: Offenbarung 19,11
Der treue Zeuge: Offenbarung 1,4-5; 3,14
Urheber des Lebens: Apostelgeschichte 3,15

Urheber der Rettung: Hebräer 5,9

Vermittler, Mittler: 1. Timotheus 2,5

Vorläufer: Hebräer 6,19-20

Wahrer Weinstock: Johannes 15,1

Der Weg, die Wahrheit, das Leben: Johannes 14,6

Das Wort, das Wort Gottes: Johannes 1,1; Offenbarung 19,13

Wunderbarer Ratgeber, starker Gott, Vater der Ewigkeit, Fürst des Friedens: Jesaja 9,5

Wurzel Davids: Offenbarung 22,16

Zweiter Mensch: 1. Korinther 15,47

Anmerkungen

1 Meinen Gedanken über Kain und das Gebet liegt der folgende Aufsatz zugrunde: Michael Rohde: Kain und das ausgebliebene Gebet. Anmerkungen zum Verständnis der Figuren, der Opferablegung und der Sünde von Genesis 4, in: Theologisches Gespräch 33/2009; Heft 1, 15-33.

2 ebd. 29f.

3 Franz von Sales: Philothea. Anleitung zum frommen Leben, Eichstätt 2015, 76.

4 Hiob 7,7-21; 10,2-22; 13,20-28; 14,3-6; 14,13-22; 16,7-8; 17,3-4; 30,20-23; 40,4-5; 42,2-6. Hier sind die Antworten auf Gottes Anrede am Schluss mitgezählt.

5 Susan Cain: Still - Die Kraft der Introvertierten, München 2013.

6 Mark Tanner: The Introvert Charismatic. The gift of introversion in a noisy church, Oxford 2015.

7 Plinius d. J.: Briefe I 9; zitiert nach Rolf Rilinger (Hrsg.): Lust an der Geschichte - Leben im Alten Rom, München 1991, 332f.

8 Eine hundertfache Ernte ist im Rahmen der damaligen Landwirtschaft nicht völlig utopisch, aber auch nicht normal. Isaak hat so etwas einmal erlebt (1. Mose 26,12), doch es handelt sich um eine besondere Situation, einen Ausnahme-Segen. Von einem solchen nicht alltäglichen, besonders großen Segen spricht Jesus in seinem Gleichnis.

9 Auch der darauffolgende Asaf-Psalm schließt mit diesem Anliegen (79,13). Doch weil dieser Psalm schon von der Zerstörung des Jerusalemer Tempels spricht, passt der 79. Psalm nicht recht in Asafs Zeit. Man muss die Widmung in Vers 1 wohl mit „für Asaf“ übersetzen (vgl. NEÜ). Hat man also erkannt, dass das Anliegen, die nachfolgenden Generationen mögen Gott loben, so sehr zu Asaf gehörte, dass man es in einen ihm gewidmeten Psalm aufnahm?

10 Die meisten Bibeln haben bei Matthäus 6,13 den Hinweis, dass die Schlusswendung *„Denn dein ist das Reich und die Kraft und die Herrlichkeit“* nicht in den ältesten Handschriften des Neuen Testaments steht. Sie ist offenbar ein recht früh entstandener Zusatz zum ursprünglichen Text. Dennoch ist es nicht falsch, das Vaterunser in der traditionellen Fassung zu beten. Der Zusatz in Vers 13, der sich je nach Übersetzung auch nur in der Fußnote findet, hat sehr starke Anklänge an 1. Chronik 29,10-12 und Psalm 145,11-13; er ist in diesem Sinne also „biblisch“.

11 Bruce Wilkinson: Das Gebet des Jabez. Durchbruch zu einem gesegneten Leben, Asslar 2002. Dazu gibt es noch besondere Ausgaben für Frauen, für Teens sowie ein Andachtsbuch. Ferner: Bruce Wilkinson / Brian Smith: Neue Horizonte. Was wir vom Gebet des Jabez lernen können, Asslar 2006.

12 Wörtlich heißt der Ausdruck: „Erinnerung tun“: Römer 1,9; Epheser 1,16; 1. Thessalonicher 1,2; Philemon 4; ähnlich Philipper 1,3. Paulus kann mit diesem Ausdruck auch beschreiben, wie er ausführlich für eine einzelne Person betet (2. Timotheus 1,3). Doch die anderen hier genannten Stellen

beziehen sich jeweils auf eine große Gruppe von Personen, und selbst in einer längeren Gebetszeit dürfte hier für jeden Einzelnen nur ein Augenblick des betenden Erinnerns bleiben.

13 Der 57. Vers aus Psalm 119, um den es hier geht, ist nicht ganz eindeutig zu übersetzen. Er könnte auch so gemeint sein, dass der Beter jetzt aktuell verspricht, sich an Gottes Wort zu halten. Es wäre dann kein Rückblick auf das Versprechen einen Vers zuvor. Doch die Übersetzung Luthers, der ich in diesem Kapitel folge, ist eine gute und sinnvolle Möglichkeit, die von der Zürcher Bibel, der Neuen Genfer Übersetzung und dem philologisch besonders genauen „Münsterschwarzacher Psalter" gestützt wird.

14 Bibelliga (Hrsg.): 365 – Bibeltagebuch. Kostenlos zu beziehen auf der Homepage der Bibelliga: https://www.bibelliga.org/365 (abgerufen am 18.04.2017).

15 Martin Luther: Eine einfältige Weise zu beten, für einen guten Freund. In: Luther Deutsch, Band 6, Stuttgart / Göttingen 1966, 222 (WA 38,372).

16 Die Vielfalt der Bauformen palästinischer Häuser zeigt Gustaf Dalman in seinem Buch „Arbeit und Sitte in Palästina, Band VII: Das Haus, Hühnerzucht, Taubenzucht, Bienenzucht" (Gütersloh 1941), 77-88. 112-175. Dort auch die Deutung von Lk 11,7 auf das palästinische Einraumhaus.

17 Gustaf Dalman (a. a. O., 79) meint zwar, es handele sich um eine Vorratskammer, doch die deutliche Mehrheit der Belege aus dem griechischen Alten Testament spricht für „Schlafzimmer" oder „Privatgemach" als vorrangige Wortbedeutung, so z. B. in 1. Mose 43,30; 2. Mose 7,28; 5. Mose 32,25; Hohes Lied 1,4; 3,4; 8,2 u. a.

18 Heinrich C. Rust: Mein eigenes Ritual entdecken, in: Aufatmen 3/2012, 54.

19 Franz von Sales: Philothea, a.a.O., 170.

20 Vgl. z. B. Rainer Harter: Brannte nicht unser Herz? Wie die Schönheit Gottes unsere Leidenschaft weckt, Witten 2016, 97-103; Daniel Tibi: Auf der Suche nach dem unablässigen Gebet. Eine Hinführung zum Jesusgebet. In: Geist und Leben 81, 2008; siehe https://upload.wikimedia.org/wikipedia/commons/8/8e/Tibi_jesusgebet_ebook_2011-07-24.pdf (abgerufen am 04.02.2017); Hansgünter Ludewig: Gottes Gegenwart erleben. Das Herzensgebet mit Gerhard Tersteegen einüben, Gießen 2005.

21 Jesus hat in einer bestimmten Situation zwar die Anrede „guter Meister" abgelehnt (Markus 10,18 LUT) und darauf hingewiesen, dass Gott allein gut ist. Doch von seinen Jüngern wurde er als Meister angesprochen und fand das auch richtig: *„Ihr nennt mich Meister und Herr und sagt es mit Recht, denn ich bin's auch"* (Johannes 13,13 LUT; vgl. Matthäus 23,8.10).

22 Mehr dazu in Kapitel 9 über die „Psalmbrücke" (Seite 101).

23 Martin Schleske: Das Sprachengebet, in: Aufatmen 1/2016, 17.

24 Franz von Sales: Philothea, a.a.O., 98. Mit „Herzensgebet" meint Sales hier nicht die in diesem Kapitel (Seite 82) beschriebene Übung, eine bestimmte biblische Formulierung immer wiederkehrend im Atemrhythmus zu beten, sondern eben ein Stoßgebet aus dem Herzen heraus.

25 Ebd. 103.

26 Ebd. 98.

27 Joachim Wanke: Gebete, kurz wie ein Mausklick. Wie die Bibel im Alltag beten hilft, in: Faszination Bibel 4/2016, 31.

28 Mit dieser Formulierung zitiert Mark Tanner einen ungenannten Leiter seiner Kirche. Vgl. Mark Tanner, a.a.O., 190.193.

29 Unter den Bibeltexten, die zu diesem Thema eine deutliche Sprache sprechen, sind z. B. 1. Samuel 15,22; Psalm 50; Jesaja 66,1-4.

30 Whitney Balliett: American Musicians II. Seventy-One Portraits in Jazz, Jackson (Mississippi) 2006, 113-114. Hier auch die folgenden Zitate von Williams.Übersetzung vom Autor.

31 Joachim Wanke, a.a.O., 31.

32 Erschienen 2012 bei SCM R.Brockhaus.

33 Eine ausführlichere Einweisung in das tägliche Psalmgebet findet sich in der Einleitung zu dem oben erwähnten Buch „Du hörst mein Gebet".

34 Franz von Sales: Philothea, a.a.O., 87.

35 Zitiert nach Wilhelm Bruners. Verabschiede die Nacht. Gedichte - Erzählungen - Meditationen - Biblisches, Düsseldorf 1999, 27.

36 Rainer Maria Rilke: Gesammelte Briefe. Band 6: Briefe an seinen Verleger, 1906 bis 1926, Leipzig 1941, 247.

37 Joachim Wanke, a.a.O., 31.

38 Ebd.

39 Ebd.

40 „Du tust", Text und Melodie von Tobi Wörner, © SCM Hänssler 2008.

41 Thompson Studienbibel. Mit Wortkonkordanz, Witten 2015.

42 Z. B. nach Hans-Joachim Eckstein: Bibel-Anstreichsystem mit Verzeichnis biblischer Begriffe, Witten 2017.

43 Die Anregung zu dieser Übung fand ich in Walter Feckinghaus (Hrsg.): Praxisbibel Lehre und Verkündigung, Witten / Dillenburg 2015, 1293.

44 Alfred Christlieb: Der Apostel Paulus. Marburg / Wuppertal 1971, 287f.

45 Rudolf Bohren: Das pneumatologische Denken; in ders.: Vom Heiligen Geist. Fünf Betrachtungen, München 1981, 32; siehe auch ebd. 34f.

46 Franz von Sales, a.a.O., 90f.

47 Ebd. 91.

48 Hella Thorn: Drinnen ist da, wo Gott ist, in: dran next 8/2015, 51.

49 Ebd.

50 Jochen Klepper: Der Sand soll blühen. Worte aus seinen Tagebüchern, geschrieben von Kurt Wolff, Wuppertal 1968.

51 Der Text ist von Cornelius F. A. Krummacher, Evangelisches Gesangbuch Nummer 407.

52 Zum Beispiel „Ohne dich, mein Gott" von Frank und Peter Hübner. Siehe www.liederdatenbank.de unter der Titelsuche „ohne dich".

53 „Die stärkste Festung", deutscher Text von Jenni Terlitzki.

54 Joachim Wanke, a.a.O., 32.

55 Alfred Christlieb: Ich suche, Herr, dein Antlitz. Blicke ins Neue Testament und in biblische Gebetstexte („Ich aber bete"), hrsg. von Arno Pagel, Marburg 1974, 156-157.

56 Charles H. Spurgeon: Betet ohne Unterlass. Wuppertal / Kassel 1986, 62.

57 Spurgeon a.a.O., 63.

58 Spurgeon a.a.O.,85.

59 Roger Steer: Georg Müller. Vertraut mit Gott, Bielefeld 2009, 193.

60 Vgl. Erich Sauer: Toni von Blücher. Eine Glaubenszeugin in Berlin, http://www.efg-hohenstaufenstr.de/downloads/bg/bluecher.html (abgerufen am 02.05.2017).

61 Elisabeth Seiler: Berufen und geführt. Erlebnisse einer Chinamissionarin, Band 1, bearbeitet von Erich Mauerhofer; Bad Liebenzell 1987, S. 16.

62 Mark Batterson: Kreiszieher. Kühn beten - und Wunder erleben, Witten 2016, 7-17. Vgl. auch: Der Talmud. Ausgewählt, übersetzt und erklärt von Reinhold Mayer, München 1980, 416-418.

63 Dieser Vers wird von manchen Bibelübersetzungen anders wiedergegeben, z. B.: *„Durch Glauben empfing er* [d.h. Abraham] *auch mit Sara, obwohl sie unfruchtbar war, Kraft, Nachkommenschaft zu zeugen"* (ELB). Der griechische Wortlaut gibt zwar auch diese Übersetzung her, doch mir scheint, bei einem ersten unbefangenen Lesen des Textes ist das, was Luther übersetzt, die näherliegende Möglichkeit.

64 Frederick Fyvie Bruce: The Epistle to the Hebrews. New International Commentary on the New Testament, Grand Rapids 1985, 300. Übersetzung durch den Autor.

65 Vgl. Lukas 23,34; Apostelgeschichte 3,17; 17,30; 1. Korinther 2,8; 1. Timotheus 1,13. Mehr zu diesem Zusammenhang: Ulrich Wendel: Sieben Worte für das Leben. Ein Begleiter für die sieben Wochen der Passionszeit, Witten 2013, 21-25.

66 Spurgeon, a.a.O., 85.

67 Siehe Römer 15,30; Kolosser 4,12.

68 Matthäus 17,17.

69 Darius Götsch: Du sollst nicht pendeln. Über ein Gebot, welches eigentlich auch in die Bibel gehört, und das Überleben jenseits dieses Wunsches, in:MOVO 4/2016, 17.

70 Franz von Sales: Philothea, a.a.O., 170.

71 Entnommen aus Ulrich Wendel (Hrsg.): Orientierungsbibel, Witten 2012, 1663; vereinzelte Ergänzungen bzw. Änderungen.

72 Nach Harold L. Willmington: Elberfelder Begriffskonkordanz, Witten / Dillenburg 2009, 386-397.